项目管理一指禅

极简项目管理法

朱志敏 著

机械工业出版社
CHINA MACHINE PRESS

BANI（巴尼）时代，无项目，不增长！然而，在事事皆项目、人人皆项目经理的大趋势下，缺少项目管理方法论的组织与个人，如何做才能在激烈的市场竞争中立于不败之地？

本书从典型项目场景切入，结合 AI 浪潮的影响，为我们展示了项目经理能力提升的核心路径。同时，围绕项目完整生命周期中的五个关键环节——立项、策划、执行、监控和复盘进行拆解，帮助读者形成项目大局观意识，精准承接决策层的战略思想，精密把控项目落地重点，精细执行每个项目任务，最终实现投入与产出的"精益求精"。

本书有战略思考，有理论体系，有方法论和模板，还有生动的案例，为读者总结出一套即学即用的项目管理方法论体系，是为数不多的集道、法、术、器于一体的项目管理书籍。

本书浅显易懂，文字生动，无论是企业老板、项目总监、项目经理、运营总监、产品经理，还是人力资源经理、后备干部、骨干员工等，都能从中找到适合自己的内容。

图书在版编目（CIP）数据

项目管理一指禅：极简项目管理法 / 朱志敏著.
北京：机械工业出版社，2025.6. -- ISBN 978-7-111-78547-7

Ⅰ.F224.5

中国国家版本馆CIP数据核字第2025PV7780号

机械工业出版社（北京市百万庄大街22号　邮政编码100037）
策划编辑：解文涛　　　　　责任编辑：解文涛
责任校对：樊钟英　张昕妍　　责任印制：常天培
北京联兴盛业印刷股份有限公司印刷
2025年7月第1版第1次印刷
170mm×242mm・22印张・1插页・290千字
标准书号：ISBN 978-7-111-78547-7
定价：88.00元

电话服务　　　　　　　　　网络服务
客服电话：010-88361066　　机　工　官　网：www.cmpbook.com
　　　　　010-88379833　　机　工　官　博：weibo.com/cmp1952
　　　　　010-68326294　　金　书　网：www.golden-book.com
封底无防伪标均为盗版　　　机工教育服务网：www.cmpedu.com

推荐序一
科学的项目管理是数字化转型成功的关键路径

张月强

管理学博士、北京大学人力资源管理兼职教授、
用友网络科技股份有限公司副总裁、中国国际科技促
进会企业人才工作委员会副主任

欣闻朱志敏女士的《项目管理一指禅》付梓，衷心地祝贺！

人工智能飞速发展，在企业的应用也在逐渐深入，企业也必然面临着前所未有的商业模式变革和经营管理挑战。利用数字化技术提升自身管理水平和商业模式创新的数字化转型，已成为企业提升竞争力、实现可持续发展的必由之路和共同选择。然而，不同于上一轮以优化既有业务流程或借鉴成熟实践经验，提升管理水平的"还原"思维的信息化建设，数字化转型既要企业面向不确定性商业环境的组织能力提升，又要持续的商业模式创新。因此，数字化转型只有确定的目标，并没有放之四海皆准的实践路径，面向未来组织发展的变革属性是其根本特征，这就要求企业必须从科学项目管理和持续数字化人才培养的视角来思考和推进数字化转型过程。在这个过程中，项目管理的重要性日益凸显，可以毫不夸张地说，如果ERP建设是"三分软件七分实施"，数字化转型则是"三分规划七分项目管理"，项目管理在数字化转型中的重要性不言而喻。

让人倍感欣慰的是，在《项目管理一指禅》一书中，作者全面阐述了项目管理在数字化转型中的关键作用。本书构建了一个结构化的项目管理

"作战地图"，从项目典型场景切入，结合AI浪潮的影响，围绕项目完整生命周期的五个关键环节展开拆解，结合数字化人才培养的理念，帮助项目经理建立项目大局观意识，精准承接决策层的战略思想，精密把控项目落地重点，精细执行每个项目任务，最终实现投入与产出的"精益求精"。这对于数字化转型过程中的企业来说，具有重要的指导意义。

书中的几个核心观点，与本人所从事的数字化转型与变革咨询工作的核心理念不谋而合。

一、需要认识到数字化转型中的变革属性以及项目管理的重要性

数字化转型是一场深刻的变革，它涉及企业的业务模式、管理架构、业务流程、文化创新、数据治理等多个方面。在这个过程中，企业需要不断地创新和改进，以适应数字化时代的发展需求。数字化转型的项目管理则是实现数字化转型目标的重要手段，项目管理不仅仅是数字化了流程应用，更有数字化转型的目标管理、变革管理，同时包括数字化系统建设、数据治理和数字化持续运营。因此，企业可以借助科学的项目管理将数字化转型的战略目标分解为具体的项目任务，明确项目的目标、范围、时间、成本和质量等关键要素，制订详细的项目计划和进度安排，合理分配资源，有效控制风险，确保项目的顺利实施、交付及持续优化运营。

项目管理是数字化转型的基石。 数字化转型是一项复杂的系统工程，需要企业各个部门和各个环节的协同配合。项目管理可以为数字化转型提供统一的管理框架和方法，确保各个项目之间的协调一致，避免出现冲突和混乱。同时，项目管理还可以对数字化转型的过程进行有效的监控和评估，及时发现问题和风险，采取措施加以解决，保证数字化转型的目标得以实现。

项目管理是推动数字化转型与创新的科学实践。 数字化转型需要企业不断地创新和尝试新的技术和方法，项目管理为数字化转型的创新提供支持和保障。通过项目管理，企业建立创新机制，鼓励员工提出新的想法和建

议，对创新项目进行有效的管理和评估，及时推广和应用创新成果，推动数字化转型的不断深入。

科学的项目管理确保数字化转型的成功率。数字化转型是一个充满风险和挑战的过程，失败的案例屡见不鲜。项目管理帮助企业有效地识别和控制风险，制定应对措施，降低风险的影响，从而提高数字化转型的成功率。

二、需要梳理并遵循数字化转型项目管理的关键环节

在数字化转型过程中，顶层设计是起点，项目执行和组织实施是关键，过程监督和执行复盘是策略。在本书中，作者全面阐述了在数字化转型过程中，项目管理涉及的多个关键环节，包括项目立项、项目策划、项目执行、项目持续运营和项目复盘等。这些环节相互关联、相互影响，共同构成一个完整的项目管理体系。

在项目立项阶段，企业需要明确数字化转型的需求和目标，进行项目的可行性研究和风险评估，制定项目的立项报告和审批流程。同时，企业还需要组建项目团队，明确项目团队的成员和职责，为项目的顺利实施做好准备。我一直坚定地认为，无论是大型集团企业、跨国公司，还是快速发展的中小企业，数字化转型启动之初，必须深入、全面思考企业数字化转型的目标，才能指导数字化转型走向成功。

在项目策划阶段，企业需要根据项目的目标和需求，制订详细的项目计划和进度安排，明确项目的工作内容和任务分解，制订项目的资源配置计划和成本预算，制订项目的风险管理计划和沟通计划。同时，企业还需要对项目的技术方案进行论证和优化，确保项目的技术可行性和先进性。

在项目执行阶段，企业需要按照项目计划和进度安排，组织项目团队开展工作，确保项目的各项任务按时完成。同时，企业还需要加强项目的过程管理、变革管理，及时解决项目中出现的问题和风险，并结合数字化转型目标，持续推动变革管理，确保项目目标达成、项目质量、业务稳定和数据安全。此外，企业还需要注重项目团队的建设和管理，提高项目团

队的凝聚力和战斗力。

在项目持续运营阶段，企业更需要建立完善的项目监控体系，对项目的进度、质量、成本和风险等关键指标进行实时监控和评估。同时，企业还需要及时发现项目中出现的问题和偏差，采取措施加以纠正，确保项目的顺利进行。此外，企业还需要定期对项目进行总结和评估，及时总结项目经验教训，为项目的后续实施提供参考。

数字化转型项目，需要在建设过程中探索，在探索中沉淀，因此复盘是必然和有效的策略，也是重要的阶段。在项目的重要阶段，企业需要对项目的过程进行及时的回顾和阶段总结，分析项目的成功经验和失败教训，评估项目的效果和效益，尤其是涉及变革和创新部分，需要通过复盘将创新实践总结提炼为可借鉴的实践方法，便于全面推广和深入应用。

三、数字化人才培养保证数字化转型的持续成功

数字化转型只有起点没有终点，需要持续培养与配置具备数字化思维、数字化技能和数字化能力的人才，进而推动企业商业模式和组织运营的持续变革与优化。在数字化转型过程中，企业需要加强数字化人才的培养和引进，提高数字化人才的素质和能力，为数字化转型提供有力的人才保障。

数字化思维的培养。 数字化思维是指运用数字化技术和数据来思考和解决问题的思维方式。在数字化转型过程中，企业需要培养员工的数字化思维，让员工学会运用数字化技术和数据来分析市场趋势、客户需求和业务流程，发现问题和机会，制定创新的解决方案。

数字化技能的提升。 数字化技能包括数字化技术、数据分析、数字化营销、数字化运营等方面的技能。在数字化转型过程中，企业需要对员工进行数字化技能的培训，让员工掌握数字化技术的基本原理和应用方法，学会运用数据分析工具和方法来处理和分析数据，掌握数字化营销和运营的基本策略和方法。

数字化能力的提升。数字化能力包括创新能力、协作能力、沟通能力、领导力等方面的能力。在数字化转型过程中，企业需要提升员工的数字化能力，让员工具备创新精神和创新能力，能够在数字化环境中不断创新和改进工作方法和流程；具备良好的协作能力和沟通能力，能够与团队成员和其他部门密切合作，共同推进数字化转型；具备较强的领导力，能够带领团队完成数字化转型的任务和目标。

众多领先企业的数字化转型实践验证了变革属性是数字化转型的核心特征，科学的项目管理成为推动数字化转型与变革的根本保障，同时数字化人才培养奠定了数字化建设和数字化运营的基础，因此，企业需要从顶层设计、项目管理、人才培养、持续建设与运营等不同的视角全面推动数字化转型。

市面上阐述数字化转型、项目管理的图书众多，从企业数字化转型、项目管理和数字化人才培养视角阐述的并不多见。我很欣喜地看到朱志敏女士的《项目管理一指禅》一书，不仅系统地阐述了项目管理的理论和方法，还结合数字化转型的实践案例，深入分析了项目管理在数字化转型中的应用和实践。我对该书的最大感受是：

- 既有前瞻性的项目管理和数字化人才培养体系的建构，又有深入浅出的项目管理实践分享；
- 既有专业、深刻的阐述和观点总结方便学者研究和升华，又有深入浅出的形象描述便于读者理解与学习；
- 既有可以直接借鉴的、可操作的方法与工具，又有发人深省的思考与启发；
- 既有数字化转型和项目管理常见问题的解答，又有面向未来的、引发持续学习与创新的探讨。

我相信本书能为企业数字化转型提供宝贵的经验和借鉴，更希望和呼吁企业重视科学的项目管理，从而更好地实现数字化转型。

推荐序二
项目管理的智慧与实践

钟东霖

老鹰基金合伙人、《融资战略》《销售铁军养成》《创业风险管理》作者

在当今这个充满不确定性的 BANI（巴尼）时代，企业的生存与发展已经越来越依赖项目的成功交付。无论是科技企业推动创新，传统企业进行数字化转型，还是创业公司寻求市场突破，项目管理都是决定成败的关键因素。然而，许多组织和个人在面对复杂的项目时，往往缺乏系统的方法论，导致项目进度失控、资源浪费、团队协作低效，甚至最终以失败告终。那么，在这个"人人皆项目经理"的时代，如何真正掌握项目管理的核心能力，从而在竞争激烈的市场中占据优势？朱志敏老师的新作《项目管理一指禅》正是一本为此而生的实践指南。

一、作者的实践与积淀

朱志敏老师深耕企业信息化与数字化转型领域20余年，先后担任产品经理、信息化与数字化项目负责人，并长期从事项目管理培训。她不仅拥有8年的产品管理经验，10年的数字化项目实践，还积累了10年的项目人才培养经验，帮助众多企业成功实施数字化升级。她主导和交付的项目总金额超过10亿元，累计培训超300场，受众超过万人，影响深远。这本书正是她多年来实践经验的总结与升华，既有理论深度，又极具实操价值。

在数字化变革的时代背景下，朱志敏老师结合国内外数字化转型的最佳实践，构建了中国项目经理四维能力模型，为企业在项目管理中的能力建设提供了系统化指导。她不仅关注项目的执行层面，更从战略高度剖析项目管理的核心逻辑，帮助企业和个人形成完整的项目管理思维，使其在实际操作中能够精准落地。

二、从典型场景出发，构建系统方法论

本书的最大亮点之一，是以项目管理的典型场景为切入点，结合 AI 浪潮对项目管理方式的深远影响，系统阐述了项目经理的核心能力路径。不同于其他空谈理论的书籍，本书聚焦于项目管理的五大关键环节——立项、策划、执行、监控与复盘，以实战经验为依托，为读者提供了一套可落地的项目管理方法论。

1．立项：从战略高度把握项目方向

许多项目失败的根本原因，往往不是执行问题，而是立项时方向就出现了偏差。本书深入探讨了如何进行高质量的项目立项，包括需求分析、目标设定、可行性评估等环节，帮助项目经理精准承接决策层的战略目标，确保项目从一开始就朝着正确的方向前进。

2．策划：科学规划，确保资源最优配置

一个成功的项目离不开科学的规划。本书详细讲解了如何制订项目计划，合理配置资源，明确角色分工，以及如何制定风险管理策略，确保项目能够在可控范围内顺利推进。

3．执行：高效推进，精细管理每个项目任务

在执行阶段，团队协作、进度管理、沟通机制、问题应对等因素，都会直接影响项目的最终成效。本书提供了大量的实用工具和方法，帮助项目经理在复杂环境下依然能够保持高效执行，确保任务按时高质量完成。

4．监控：实时跟踪，及时调整

市场环境和业务需求的变化，使得项目管理不能是"计划一次，执行到底"的线性模式，这就需要项目经理具备动态调整的能力。本书详细介绍了如何建立有效的监控体系，通过数据分析、风险评估、里程碑检查等手段，确保项目始终处于可控状态。

5．复盘：总结经验，实现持续优化

优秀的项目管理者，不仅关注当下的项目成功，更注重从每一个项目中积累经验，为未来的项目优化提供依据。本书提供了一整套项目复盘方法，帮助项目团队识别成功经验与不足之处，实现项目管理能力的持续进化。

三、理论与实践并重，助力项目落地

项目管理不仅是一种技术，更是一种思维方式和管理艺术。本书的另一个特点，就是将"道、法、术、器"四个层面的内容融会贯通，帮助读者从多个维度理解项目管理。

- 道：战略思维——如何从全局视角思考项目的价值与目标，使项目真正服务于企业战略，而不仅仅是一个孤立的任务。
- 法：管理体系——如何建立科学的项目管理体系，让项目有章可循，而不是依赖个人经验和主观判断。
- 术：执行方法——如何拆解任务、优化流程、提高执行力，让项目团队高效协同作战。
- 器：工具与模板——如何运用合适的工具（如项目策划表、甘特图、看板等），让项目管理更高效、更可视化。

书中不仅包含系统化的理论讲解，还提供了丰富的实操模板和生动的案例，使得不同背景、不同层次的读者都能快速上手，即学即用。这使得

本书不仅适用于项目经理，还对企业高管、PMO（项目管理办公室）负责人、产品经理、运营总监、人力资源管理者等多个岗位的管理者具有重要的参考价值。

四、推荐给所有希望提升项目管理能力的读者

在这个"事事皆项目，人人皆项目经理"的时代，每一个职场人都需要具备项目管理思维，而这本书正是一本能够帮助个人和组织快速提升项目管理能力的指南。

- 如果你是企业管理者，希望提高组织的项目管理成熟度，这本书能帮助你建立清晰的方法论，推动项目成功交付；
- 如果你是项目经理，面临复杂的项目挑战，这本书能为你提供实操指南，让你在项目执行中更加得心应手；
- 如果你是职场人，想要提升自身的竞争力，这本书将助你掌握项目管理的核心能力，使你在职业发展中抢占先机。

朱志敏老师以 20 余年的实战经验，将项目管理的理论、方法、工具与案例融为一体，为我们呈现了一本兼具深度与实操性的经典之作。相信每一位阅读本书的读者，都能从中受益，成为更优秀的项目管理者。

作为一本专业的工具书，《项目管理一指禅》一书值得你拥有！

序言
好的项目经理，
是毁了一批项目练出来的

第一回　天命不凡

恭喜你，你刚刚被如来佛祖任命为去西天取经的总指挥！那么，接下来你准备怎么做呢？让我们来看看以下几个选择：

A. 开始招兵买马，组建你的"梦之队"

B. 了解市场情况，制订一份完美的业务计划

C. 和如来佛祖私下聊聊，获取一些指点

D. 和老成员聊聊，借鉴他们的得失经验

聪明的项目管理者一眼就能看出，选择 C 是最明智的。然而，许多刚入行的小伙伴却常常陷入选择的迷雾中，不知该如何抉择。在我的培训课堂上，90% 的学员往往会选择 A 或 B，急着招人或是赶紧制订计划。可惜的是，单靠埋头苦干而忽视与干系人的沟通，常常会使项目最终陷入"辛苦半年，感动自己，无人买单"的尴尬境地。

经过对近万名项目从业人员的调研，我发现，普通职场人在初次接触"项目管理"时，常常会掉入以下四个"思维陷阱"：

（1）项目管理就是管业务，最重要的是精通本专业的业务。

（2）管项目没有什么窍门，撸起袖子加油干就行，时间久了自然就能

干好。

（3）要多关注项目细节，凡事自己做才会安心。

（4）只要做完计划、分配好任务，项目自然就会顺利推进。

思维决定习惯，习惯决定行为，行为决定结果。**项目管理界有句名言："好的项目经理，是毁了一批项目练出来的！"** 那些没有经过系统训练的项目经理，成才往往依赖悟性和运气，因此"阵亡率"自然居高不下。

从组织发展的角度来看，在这个 BANI[①] 时代，企业竞争愈发激烈，降本增效成了企业发展的首要目标，而这背后正是需要"项目管理"这种精细化管理能力的支撑。

从个人发展的角度来看，**项目管理**是职场人**必备**的职业技能之一，和**系统思考、学习整合**并列为职场晋升的"**三大硬技能**"。越早掌握这项能力，越能助力职业发展。想要快速突破职业瓶颈，单靠零敲碎打的学习显然是不够的，对个人的系统赋能显得尤为紧迫。

在如今的商业世界，企业之间的竞争就像一场精细化管理的"军备竞赛"，而战略执行力则是这场竞赛的关键因素。项目管理则是将战略化为实际行动的核心支柱。想要提高项目的成功率，提升企业的管理水平，组织必须建立一套高效的项目管理机制，才能为高绩效的组织创造出良好的土壤。看看华为这些行业巨头，正是凭借出色的组织级项目管理能力，才在激烈的市场竞争中脱颖而出的。

再看项目经理，他们可不是普通的管理者。项目的资源往往是**临时聚集**而来的，项目经理的权力通常也十分有限。在这种"人微言轻"的情况下，项目经理需要同时具备多重技能：既要懂业务，又要懂管理；既要有领导力来激励团队，又要有经营意识来推动业绩；既要理解战略，与老板保持同

[①] BANI（巴尼）是脆弱性（Brittleness）、焦虑感（Anxiety）、非线性（Non-Linearity）、不可理解性（Incomprehensibility）的英文单词首字母组合，该词被用来描述当今世界复杂的变化。

频，又要踏实地创造成果，这确实有点"强人所难"。也因此，项目经理才被称为"职场中的战斗机"。掌握好项目管理，就能轻松驾驭团队和业务，所谓"得项目者得经营，得结果者得晋升"，便是如此。

在这本书里，凭借 20 年来负责各种项目的丰富经验，以及在培训和人才发展过程中收集的真实案例，我为你绘制出一张清晰的**项目管理"作战地图"**（见图 1），并总结出一个简单易记的口诀——24 字管理心法。这本书的每一个章节都将围绕这张地图和这个口诀展开，帮助你轻松掌握项目管理的核心要素，让你在职场中游刃有余。

让我们一起探索项目管理的**"作战地图"**。要想把项目管理得风生水起，项目经理一定要跳出单调的平面思维，升级为立体的三维视角。假设你自己坐在发起人或老板的椅子上，你会如何关注及思考项目目标、团队成员的能力、意愿和准备度情况，才能更好地掌控全局？

在项目推进的过程中，我们不妨借鉴《西游记》中唐僧的智慧，时刻保持对**目标的敏锐感**。唐僧一路西行，面对各种挑战，却始终没有忘记自己的使命。我们也要**定期检查**关键节点的目标，**跟踪干系人**的满意度，才能让项目顺利步入良性循环的轨道。

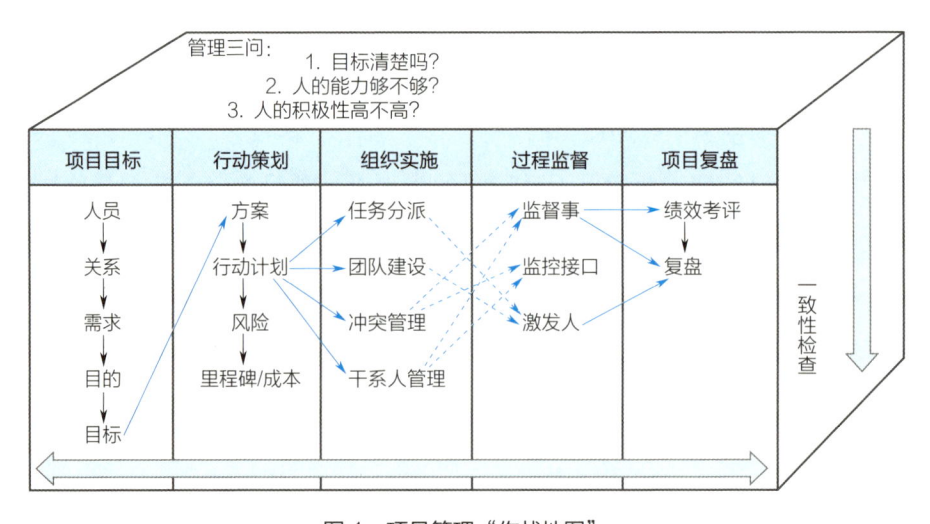

图 1　项目管理"作战地图"

接下来，我要分享一个简洁明了的项目管理口诀——**24 字管理心法**。它强调从项目的干系人出发，一颗红心，两手过硬，做到"管人"与"做事"双线并行，兼顾目标与干系人，实现"业务达成"和"客户满意"的双循环。这个 24 字口诀具体是：

- 追问目的。
- 全面推演。
- 标杆打样。
- 监控节点。
- 过程激励。
- 及时复盘。

彼得·德鲁克曾经说过："管理的本质不在于知，而在于行。"这句话真可谓一针见血！与其在书本和理论中苦苦寻找解决项目问题的"灵丹妙药"，不如勇敢地迈出第一步，亲自参与实践。只有在实际操作中，我们才能真正提升自己的管理认知与能力。想要成为项目管理的高手，最好的办法就是做一个"勤而行之"的探索者。不要害怕犯错，正是这些经历让我们不断成长，逐渐成长为项目管理的专业人士。

让我们一起踏上项目管理的精彩旅程吧！无论你是刚刚步入职场的"小白"，还是已经在工作中游刃有余的"老手"，这段冒险之旅都将充满乐趣与成长的惊喜！

- 对于项目新人，建议先通读全书一遍，形成初步认知，然后结合工作、生活进行效仿与实践式操练；
- 对于项目老手，可以结合思维导图（见作者微信公众号）快速浏览各章节，再按需选择具体内容细读。

目 录

推荐序一　科学的项目管理是数字化转型成功的关键路径

推荐序二　项目管理的智慧与实践

序言　好的项目经理，是毁了一批项目练出来的

第一章　事事皆为项目　初识项目　001

第一节　千人千面，项目之意自现 ...002
一、项目特性早知道 ...002
二、项目分类有门道 ...003

第二节　驯龙高手，项目管理之"降龙十八掌" ...005
一、纲举目张，项目管理脑中有"谱" ...005
二、当局者迷，组织影响不可小觑 ...007
三、项目 & 运营，企业经营的"任督二脉" ...009

第三节　飞龙在天，项目经理的战力储备 ...009
一、审时度势，管好项目需借力 ...010
二、文治武功，自我修炼永无止境 ...014
三、AI+ 时代，跨界学习先人一步 ...021

本章总结 ...026

第二章　追问目的　如何理清项目目标　029

第一节　抬头看人，理清干系人 ...031
一、影响力先行，干系人识别方法与策略 ...031
二、结构决定角色，典型干系人心态分析 ...034
三、各个击破，干系人登记册的妙用 ...037

第二节　追本溯源，找到项目原点 ...039
一、都是差距惹的祸，三类问题要看清 ...040

目 录

二、客户痛点，心理学也有大用途 ...043
三、追问不休，直达理想的尽头 ...050

第三节　分清目的和手段，项目途中不迷路 ...053
一、指哪打哪，目的和手段的差异 ...053
二、初心不改，目标分类设置原则 ...054
三、项目策划，GOLD 模型来帮忙 ...057
四、度量指标，项目成功的"指北针" ...062

第四节　直击要害，用好项目启动会 ...066
一、事半功倍，启动会应该这样开 ...068
二、科学"打鸡血"，提升"荷尔蒙"水平 ...073

本章总结 ...076

第三章

全面推演

如何精准策划项目

077

第一节　方案比选的总体逻辑 ...079
一、血泪教训，项目计划毫无章法 ...079
二、方案比选，决策矩阵来助力 ...081

第二节　方案制定的心法与手法 ...083
一、进退有据，12 字口诀记心间 ...083
二、内外兼顾，SWOT 分析找方案 ...086
三、案例阅读：环保优先，出海项目面临的第一道考验 ...087

第三节　计划制订五步走 ...090
一、第一步：工作分解——庖丁解牛功夫好 ...092
二、第二步：任务进度排序——先来后到莫取巧 ...096
三、第三步：工作量估算——精准估算打地基 ...100
四、第四步：确定关键路径——进度计划紧盯好 ...107
五、第五步：分配资源——资源优化少不了 ...116

XVII

第四节　风险管理有技巧 ...120
一、聚焦本质，风险识别与分类 ...121
二、各个击破，风险管理定策略 ...129
三、防微杜渐，风险预防早规划 ...133
四、案例阅读：文化因素，出海项目不可忽视的成败关键 ...134

第五节　沟通计划莫忘了 ...136
一、一句之差，言语决定项目成败 ...137
二、多管齐下，遵循法则保障效果 ...139
三、运筹帷幄，沟通计划决胜千里 ...142

第六节　会算账，升职跑不了 ...145
一、投入产出，经营意识记心间 ...146
二、精益管理，项目估算打牢地基 ...149
三、思量周全，成本计划覆盖风险 ...151
四、案例阅读：现金为王，做好材料价差的预判与把控 ...152

本章总结 ...155

第四章
标杆打样
如何组织专人落实任务

159

第一节　知人善任，责任巧分配 ...160
一、知人善任是基础 ...161
二、用好工具效率高 ...174
三、有效承接新任务 ...177

第二节　团队激发，精诚创佳绩 ...180
一、团队和团伙，一字之差两重天 ...181
二、治乱有法，团队发展心动曲线 ...182
三、角色识别，团队贡献最大化 ...187

第三节　同理表达，沟通传佳音 ...197
一、抽丝剥茧，沟通的本质 ...197

目录

二、定其交而后求，信任沟通三步走 ...201
三、知己解彼，沟通风格大揭秘 ...211

第四节　春风化雨，柔性消障碍 ...221
一、冲突为常，心中有底切莫慌张 ...222
二、治乱有方，障碍消除 36 计 ...226
三、案例阅读：守正出奇，甩项引发的攻防战 ...228

本章总结 ...233

第五章　监控节点 过程激励

如何强化 过程监督

237

第一节　管理技巧一点通 ...238

第二节　百密一疏，监控事莫忘接口 ...242
一、接口多发风险，提前预见保进展 ...242
二、所见即所得，可视化管理是个宝 ...246

第三节　动态追踪，绩效情况巧度量 ...247
一、管好资金流，项目成本控制流程 ...248
二、挣到即赚到，项目绩效的关键指标 ...251
三、战略需抓手，指标库体系建设势在必行 ...257

第四节　智者千虑，监督人还需有度 ...260
一、擦亮眼，绩效辅导双管齐下 ...260
二、会表扬，任务达成事半功倍 ...265
三、巧批评，润物无声"事成人爽" ...267

第五节　乙方难当，管好甲方有妙招 ...273
一、怕麻烦，就用变更控制流程 ...274
二、登门槛，得寸进尺获得认可 ...278
三、吐槽会，为客户情绪留出口 ...280

本章总结 ...284

XIX

第六章
及时复盘
如何开展项目复盘

287

第一节　知其然，复盘的前世今生 ...288
他山之石，缘起与光大 ...289

第二节　解其妙，复盘的价值所在 ...290
一、双循环，打通复盘的任督二脉 ...290
二、修齐治平，一套复盘打天下 ...292

第三节　取其精，复盘的操作手法 ...295
一、三省吾身，个人复盘建习惯 ...295
二、日新月异，阶段复盘见真章 ...297
三、条分缕析，整体复盘现得失 ...303

第四节　摄其魂，复盘的应用心法 ...313
一、有则改之，复盘心法的常见误区 ...314
二、缺一不可，复盘的成功要素 ...316

本章总结 ...320

尾声　项目管理一指禅 ...321
附录　项目管理常用模板 ...323
致谢 ...332

第一章

事事皆为项目

初识项目

第一节　千人千面，项目之意自现

一、项目特性早知道

说到"项目"，大家可以回想一下自己过去的工作经历，慢慢地你会发现项目的特点就像一幅画卷，渐渐清晰起来。项目就像《西游记》里的取经之旅，几位素不相识的伙伴在一起，齐心协力，为了一个共同的目标而努力。他们在**有限的时间和预算内**，追求的是改变世界的伟大使命。

全球知名的公益项目组织 PMI（项目管理协会）给出的定义是：**项目是为了创造独特的产品、服务或结果而进行的临时性努力**。这个定义告诉我们，项目有几个显著的特点：**独特性、临时性和渐进性**。而这些特点的背后，还有许多约束条件，就像孙悟空头上的紧箍咒，时刻提醒项目经理不能随心所欲地行动。

在项目管理中，最重要的约束包括进度（T）、质量（C）、成本（Q）、范围（S）这四个要素（TCQS）共同构成了"项目黄金三角形"，如图 1-1 所示，它就像一个提线木偶，牵一发而动全身。项目经理需要时刻关注这些约束，因为一旦其中某个条件发生变化，其他要素也会受到影响。因此，做项目就像走钢索，必须在不断变化的环境中保持"动态平衡"，只有保持项目黄金三角形的相对稳定，才能顺利完成任务。

企业的日常工作大致可以分为两大类：**运营型工作和项目型工作**。无论是日常运营，还是特定项目，背后都需要人来推动，**资源有限**，且都必须经过精心的计划、执行和控制，最终目标都是**实现组织的愿景和战略**。

运营型工作就像每天、每周、每月按部就班的"例行公事"。想象一下，八戒每天出门化缘，太白金星每周要做仙丹的核算与发放、每个月要处理各种人事合同的盖章，这些都属于运营型工作。它们是我们工作中的日常琐事，虽然看似平常，却是**企业正常运转的基石**。

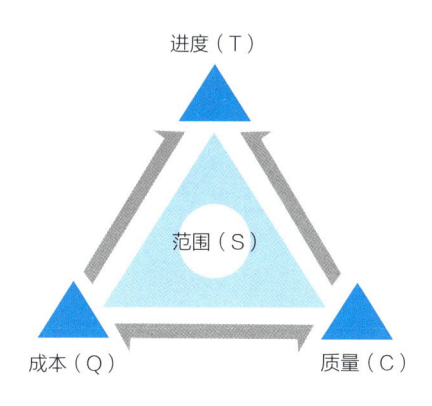

图 1-1　项目黄金三角形

而项目型工作则是另一番景象。比如，悟空要开发一款新产品，开拓一个仙界的新客户，或者准备一场三界的动员大会。这些都是一次性的活动，充满了挑战和机遇。从更广阔的视角来看，**项目管理是企业战略落地的重要工具**。当企业需要推动变革时，就需要启动变革项目，组建新的项目团队来实现目标。再看小的方面，像王母娘娘组织天庭的新年联欢会，唐僧举办取经招聘会等，都可以运用项目管理的**思路和方法**，经过充分策划，确保万无一失。

总之，运营型工作和项目型工作各有其独特的魅力与重要性，掌握这两者的管理技巧，会让我们的职业生涯更加精彩纷呈。

二、项目分类有门道

项目管理就像一场冒险游戏，**目标明确，方法得当**，才能顺利通关。在本节中，我们来聊聊项目的四种分类，看看它们各自的特点和成功的概率，如图 1-2 所示。

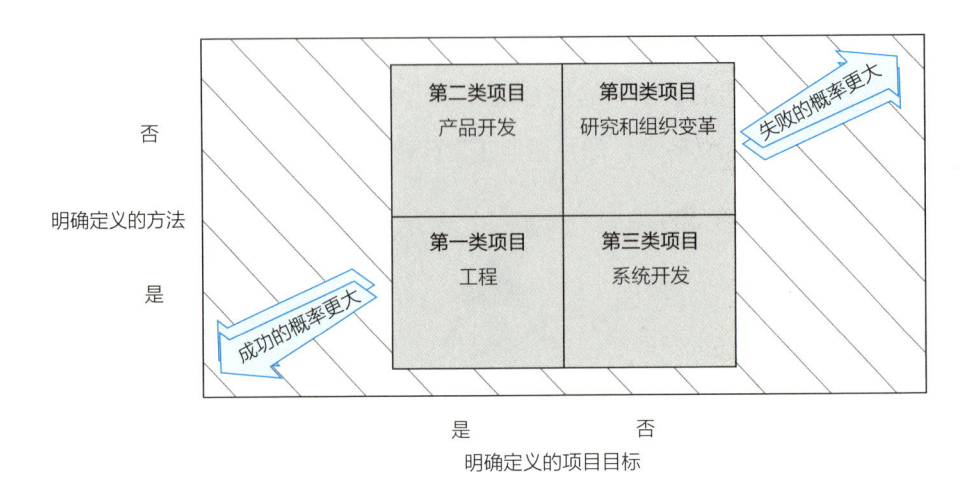

	第二类项目 产品开发	第四类项目 研究和组织变革	失败的概率更大
否 明确定义的方法 是	第一类项目 工程	第三类项目 系统开发	
成功的概率更大			

　　　是　　　　否
　　明确定义的项目目标

图 1-2　项目分类之"目标 – 方法"矩阵

第一类项目是"**有目标有方法**"。这类项目成功的概率相对较高。像跨银河大桥这样的超级工程，既有清晰的目标，又有明确的方法，实施起来就容易成功。

第二类项目是"**有目标无方法**"。这类项目虽然有明确的目标，但缺乏具体的方法论。这样的创新项目，成功的机会往往带着一丝偶然性，像是一次充满期待的抽奖，开出来的奖品可能让人惊喜也可能让人失望。

第三类项目是"**有方法无目标**"。这类项目虽有一套成熟的方法，但如果缺乏具体的目标，那就像在迷雾中航行，方向不明，容易导致项目偏离轨道。很多数字化项目就是因为客户心中没有清晰的画面，加上缺乏蓝图，最终导致建设效果不尽如人意。

第四类项目是"**既无目标又无方法**"。这类项目失败的概率极高，如组织与文化变革类项目。为了避免这种情况的出现，我们需要定期进行阶段性总结，巩固每一步的成果，确保不会迷失方向。

所以，找到明确的目标和清晰的方法是项目成功的关键！

本节作业

项目识别大挑战：你能分得清吗？ 什么算是一个项目，什么又不是呢？让我们来做个小测试，看看你能否识别出这些情境中的项目。准备好了吗？开始吧！（正确答案见本章总结）

（1）销售经理第一次去某大客户公司做陌生拜访。

（2）某地投资建立垃圾焚烧厂。

（3）某地进行地铁线路扩建。

（4）170号手机的售后服务。

（5）企业日常办公耗材采购。

（6）某互联网公司开发新能源汽车。

（7）员工通过移动app进行财务报销。

（8）公司举办年中表彰庆功会。

（9）产业孵化园区的物业管理。

（10）某地推行新退休制度。

第二节　驯龙高手，项目管理之"降龙十八掌"

项目管理到底管些什么呢？虽然我们之前提到过，项目管理的核心在于"项目黄金三角形"四要素的管理，但仅仅停留在这些内容上可远远不够！

一、纲举目张，项目管理脑中有"谱"

项目要取得成功，得从**干系人**入手。干系人就是那些与项目息息相关的人，他们的需求和期望必须被识别并妥善管理。我们需要调动各种资源来实现项目目标，同时还得建立一个高效的组织架构，把项目内外的**资源、人力和信息**都串联起来。项目中往往充满未知，因此，风险管理也是必不可少的一环。

有时候，项目所需的资源超出了我们的掌控范围，此时就得向供应商寻求支持，这就涉及项目的采购与合同管理。听起来是不是有点复杂？别担心，这些都是项目经理的日常工作，熟能生巧。

面对如此复杂的项目要素，项目经理需要具备超强的统筹能力，巧妙整合资源，并通过合理的计划将各个要素系统化。同时，沟通能力也是项目经理的必备技能。成熟的项目经理通常会把 80%～90% 的精力投入到沟通上，只有这样才能在项目的沙场上游刃有余。

为了帮助大家更好地理解项目管理，我将其浓缩成"**降龙十八掌**"，即一张简单易懂的项目管理谱系图，如图 1-3 所示。项目管理的**核心目标是客户满意**，而实现这个目标的过程则需要我们"两条腿走路"：一头是做人，一头是做事。因此，我们既要**抬头看人**，又要**低头做事**。

在项目管理中，目标、过程和结果紧密相连，互相影响，最终构成一个四象限的图表，如图 1-4 所示，将这三者的关系一目了然地展示了出来。

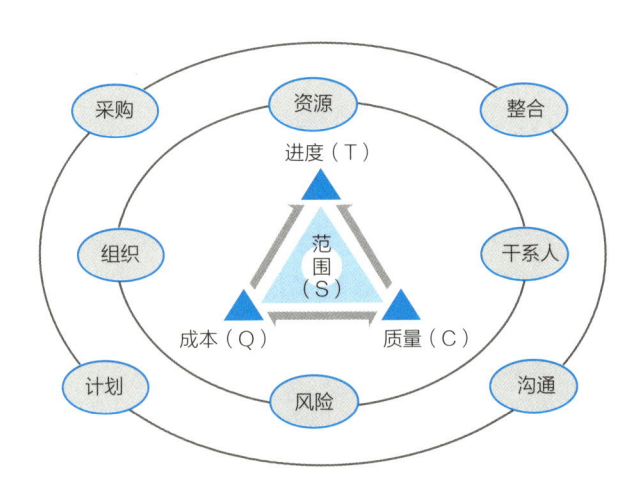

图 1-3 项目管理谱系图

	过程正确	过程错误
目标正确	贡献	可惜
目标错误	损失	天意

图1-4 "目标、过程和结果"对应矩阵

如果你设定的目标是正确的,而在实现目标的过程中也采取了合适的方法,那么你将获得**一片恭喜**!你的项目将为企业和团队带来丰厚的贡献,大家会开心地庆祝这一成功。

假如你的目标是正确的,但方法不对,结果往往会让人失望。这时候,你可能会听到远方的**一声叹息**,仿佛在说:"唉,怎么会这样呢?"

如果你的目标不对,但方法正确,那就算你是齐天大圣这样的超级英雄,也无力回天。这样无效的努力就像是南辕北辙,耗费了大量的人力和物力,最终却**一地损失**,令人痛惜。

如果目标和过程都不对,结果却意外的好,那也只能算是老天的眷顾,误打误撞之下收获"负负得正"的**一种奇迹**了!

因此,做好项目经理可不是一件轻松的事。他需要灵活应对各种挑战,在"上推下压,左拥右挤"中闯出一条路,全凭着项目管理的各种方法与技巧,才能将项目顺利推进。

二、当局者迷,组织影响不可小觑

组织结构是项目运转的基础设施,没有它,项目就像没有方向的船只,只能随波逐流。管理学里提到过各种各样的组织结构,如职能式、事业部式、矩阵式、网络式和项目式等。但在实际应用中，我们通常会遇到三种典型的组织结构：职能式、项目式和矩阵式。

1. 职能式组织结构：命令如山，资源紧张

在职能式组织中，职能经理更像是项目的"总指挥"，他们给团队成员下达命令，而项目经理根本没有资源分配的权力。每个成员都有明确的上级，想要调动资源就得乖乖去请示。

2. 项目式组织结构：资源集中，权力下放

在项目式组织中，团队成员通常会集中在一起工作，组织的大部分资源都倾斜到项目上，项目经理则拥有很大的自主权和决策权。

3. 矩阵式组织结构：权力均衡，如履薄冰

矩阵式组织结构兼具了项目式组织结构和职能式组织结构的特点，拥有全职项目经理和全职行政人员，环环相扣又自成一体。比如，在王母娘娘的蟠桃会项目中，七仙女被任命为项目经理，临时统管各路神仙。要做好这个项目，既要利用手中的权力"拉大旗扯虎皮"调动诸神，又要梳理清楚各路神仙的来路，小心谨慎地平衡好各方的关系，多向各路领导"请示汇报"，及时同步成果和进度，真可谓是"战战兢兢"过日子！

三类组织结构的特点对比如表 1-1 所示。

表 1-1 三种典型的组织结构对比

	职能式	项目式	矩阵式
优点	指挥路线明确 专业性强	项目经理对项目拥有完整的控制权 团队对项目忠心 沟通更有效	改进了项目经理对资源的控制 加强了跨职能的协调
缺点	局限在单个职能领域，缺乏跨职能的沟通 项目经理缺乏对资源的控制	项目成员没有"家"的感觉 缺乏专业训练	管理更复杂 多头领导，沟通复杂

三、项目＆运营，企业经营的"任督二脉"

项目经理是典型的知识型管理者。彼得·德鲁克在《卓有成效的管理者》中提到，知识型工作者经过教育，懂得如何把知识、理论和理念转化为实际的成果。即使没有下属，他们依然能在项目中发挥管理者的作用，负责计划、组织、整合、激励和考核，简直是六边形战士！

说到全能，项目经理可不是空手上阵的。他们通常会使用两个非常实用的管理工具，分别是 SDCA（标准—实施—检查—行动）和 PDCA（计划—实施—检查—行动）。SDCA 就像是一个精细的作业手册：你得先制定出工作标准，然后按照这个标准去执行。在执行的过程中，别忘了检查和纠正，最后把这一切标准化。其实就是让你的工作更高效、更规范。听起来是不是很容易？

而 PDCA 则是项目管理中的"循环小能手"。当项目完成后，我们需要总结和验证成果，找到纠正措施和预防机制。随着时间的推移，制定目标和达成目标的方法也会逐渐标准化，形成一个完美的 SDCA 式运营管理，这便打通了企业管理的"任督二脉"。

作为"技而优则管"的典范，项目经理往往是从业务人员中脱颖而出的。他们在专业领域的表现可圈可点，如果能轻松掌握这两种工具，基本上就可以在管理界游刃有余，事半功倍。

第三节　飞龙在天，项目经理的战力储备

在你成为管理者以前，成功只同自己的成长有关；当你成为管理者以后，成功都同下属的成长有关。

——杰克.韦尔奇

一、审时度势，管好项目需借力

项目经理，听起来似乎有点"九品芝麻官"的味道，但可千万别拿项目经理不当干部，因为项目经理是组织管理的末梢神经，作用不容小觑！实际上，他们在公司内外扮演着多重角色：

对于上级来说，他们是代表，负责项目或业务的管理；对于员工而言，他们是领导、榜样和教练；而对于客户来说，他们则是朋友和顾问。

在项目管理的舞台上，项目经理就像是指挥家，手握指挥棒，带领着团队演奏出一曲和谐的交响乐。那他们的核心职责到底有哪些？让我们来看看项目经理的五大绝技：

（1）**制定项目目标及总体计划**。一位技艺高超的大厨，首先得有个好食谱，才能做出美味菜肴。项目目标和计划就像食谱，明确了方向，才能让团队心往一处使。

（2）**组织与协调资源，实现项目目标**。项目经理要像心灵手巧的刺绣大师一般，把散落一地的图案找出来，在方寸之间穿针引线完成图案的拼合。合理配置资源，才能保证项目顺利进行。

（3）**激励员工，与各干系人沟通从而获取支持**。项目经理要像洞察人心的心理按摩师那样，懂得如何激励团队成员，让他们在枯燥的工作中找到乐趣。同时，也要善于与各干系人沟通，争取他们的支持。

（4）**监督、衡量项目绩效并定期反馈**。项目经理就像是眼观六路的驾校教练，时刻关注队员的驾驶表现，及时给予反馈和指导，确保每个人都能发挥出最佳状态，平稳顺畅地开到终点。

（5）**临场应变，处理各种项目变更与突发事件**。在项目管理中，意外总是会不请自来。这时候，项目经理就要像身形灵活的杂技演员，随时准备应对各种突发状况，保证项目的平稳运行。无论是突发的需求变更，还是团队不和谐的小插曲，他们都能轻松应对，确保不掉链子。

合格的项目经理就像超人，肩负着拯救项目于水深火热之中的重任。他们的KPI（关键绩效指标）可不是简单的"完成任务"那么轻松，而是要在规定的时间内，按照预定的质量标准和预算，完成项目所涉及的所有工作。这就像是在玩一场"既要又要还要"的平衡游戏，稍不留神，可能就会掉进"延期、超支、质量不达标"的陷阱。处理不好这些平衡，天神队长就会秒变凡夫俗子，难怪项目经理的职业生涯总是充满波折。

与那些在职能式组织中拥有"权力法杖"的管理者不同，项目经理的权力就像是一个氢气球，一捅就破。在日常工作中，除了那些周期长、涉及范围广的工程类项目需要项目制推进外，很多项目都是以"弱矩阵"的形式存在的。在这种情况下，项目经理的权力就像是"无财权、无人事权、无决策权"的"三无产品"，很难获得各方的信任和支持。在这样的环境下，发挥领导力，影响团队和干系人，达成目标，就显得尤为重要。

作为一名项目经理，你的使命就是运用**各种项目管理的知识、方法、工具和技能**，发挥你的领导魅力，让团队成员们心甘情愿地为实现项目目标而努力。古人云"君子善假于物"，这意味着你不能只靠单打独斗，而是要巧妙地利用身边的资源。你需要在关键时刻找到合适的支持，帮助你顺利推进项目。

当然，借用资源可不仅仅是依靠运气。你还要像精明的狐狸学习，学会运用外部的"势力"来壮大自己。如果你能把各方资源都吸纳到项目团队中，让各路神仙为你服务，项目绩效自然水涨船高。

管理学研究结果表明，管理者可借用的影响力主要来自两部分：**职位权力与个人权力**，我将其戏称为**"强取"**与**"巧夺"**，详细构成如图1-5所示。

什么是**职位权力**？这就像是在真人秀里你抽中了一张"通行证"，可以轻松地让所有导师为你转身。职位权力包括法定权、强制权、奖赏权和关联权。毫无疑问，职位权力就是项目经理行走江湖的令牌，颇有种"号令天下，莫敢不从"的气势。

```
影响力基础
├── 职位权力
│   ├── 法定权
│   ├── 强制权
│   ├── 奖赏权
│   └── 关联权
└── 个人权力
    ├── 关照权
    ├── 信息权
    └── 专家权
```

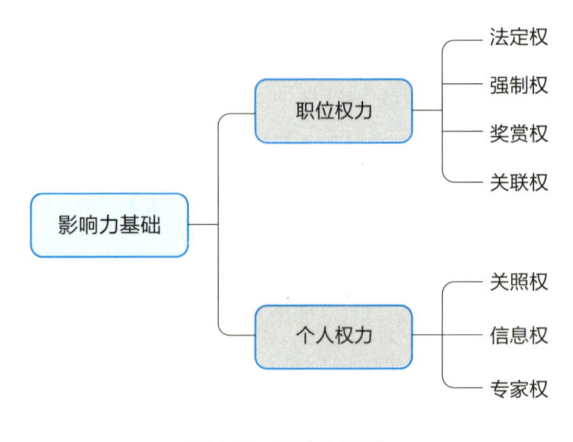

图 1-5　影响力基础

（1）法定权，头衔的魔力。头衔使上级有资格做决定，能够控制和调动组织资源。

（2）强制权，锋利的双刃剑。它建立在下属对不服从命令会遭遇可怕后果的恐惧之上。比如，项目经理可以通过解雇、降级来逼下级乖乖听话。在实际工作中，项目经理很少用到这种权力，但就像唐僧对孙悟空偶尔念紧箍咒那样，强制权确实能在关键时刻发挥作用。话虽如此，这把双刃剑还是要谨慎使用，别伤了和气又误伤了自己。

（3）奖赏权，"钞能力"的诱惑。上级有权对下级做出奖励，如加薪、发奖金、晋升等。在项目制的情况下，项目经理虽然不能完全掌控这些奖励，但可以提出一些"建议"，让下级的努力得到应有的认可。

（4）关联权，"关系户"的暗示。这是一种让别人相信你与组织内外的重要人物有联系的技能。比如，你告诉大家你和某副总裁是校友，或者你和总经理是亲戚。这些小技巧可以帮助项目经理赢得更多的支持和信任，谁不想和有"背景"的人合作呢？当然，关联权也不能随便用，毕竟没有高层的真实支持，容易遭遇各种"反噬"。

项目经理可不仅仅靠职务来撑场面，他们还有一手"暗牌"——个人权力，个人权力包括关照权、信息权和专家权。

（1）关照权，"读心术"有妙用。项目经理如同优秀的心灵捕手，能够敏锐地捕捉团队成员的需求，并以良好的沟通技巧将这些需求转化为行动。这种人际感知力能让他在团队中如鱼得水。

（2）信息权，"小道消息"的力量。掌握信息差的项目经理，就像是"开天眼"的孙悟空。他们总能第一时间获取那些别人不知道的"小道消息"，或者从高管助理那里打探到绝密情报，说他们是"山寨特工"毫不夸张。毕竟，在这个信息爆炸的时代，谁掌握了一手信息，谁就掌握了主动权。

（3）专家权，"知识就是力量"。拥有丰富知识和技能的专家，往往在某个专业领域游刃有余，话语权自然也就强大。想当年，我的一位学员，为了在客户面前树立起专家形象，特意把鬓角染成白色，配上金框眼镜，瞬间变身为"风度翩翩"的老专家，结果在客户那里获得了极大的尊重，项目推进得很顺利。

项目经理就像取经路上的唐僧，虽然权力不大，却肩负着调动各种资源的重任。想要推动项目的顺利运转，光靠嘴皮子是不够的，还得充分发挥关照权、信息权、专家权等"暗牌技能"。

项目经理的立足之本还是专业能力，打铁还需自身硬。虽然唐僧不需要和悟空比拼72般变化，但在经文翻译和与各国君主的交往上，他可是当之无愧的首要人选。

优秀的项目经理知道如何以法定权调度资源，以关联权获取支持，以信息权交换价值，以专家权赢得信任。他们在"取势、明道、优术"的循环中不断修炼自己。正如古语所言："于禁忌之处见风骨，于高天之外看春秋。"前路越是艰难险阻，越能彰显出项目管理者的英雄本色。对于优秀的职场人而言，充满挑战的工作，才能助自己逆风飞扬；困难重重的任务，才能帮自己砥砺成长。

二、文治武功，自我修炼永无止境

说到对项目经理的要求，国内外的研究和实践可谓层出不穷，涉及经验、知识和能力等多个方面。本节我们就来聊聊国际上三大主流项目管理组织，它们提出的能力模型能帮助你轻松掌握通往高级项目经理大门的"金钥匙"（末尾我将抛砖引玉提出中国项目经理能力模型）。

首先是美国项目管理协会（PMI），它提出了一个炫酷的"能力三角模型"，帮你搭建起项目管理的基础。其次是美国项目管理学会（AAPM），它的"项目管理6能力模型"有24个指标，简直是项目经理修炼的"葵花宝典"。最后是瑞士的国际项目管理协会（IPMA），它推出了四级项目经理资质认证体系，像是给项目经理量身打造的"晋级打怪攻略"。三个能力模型如图1-6所示。

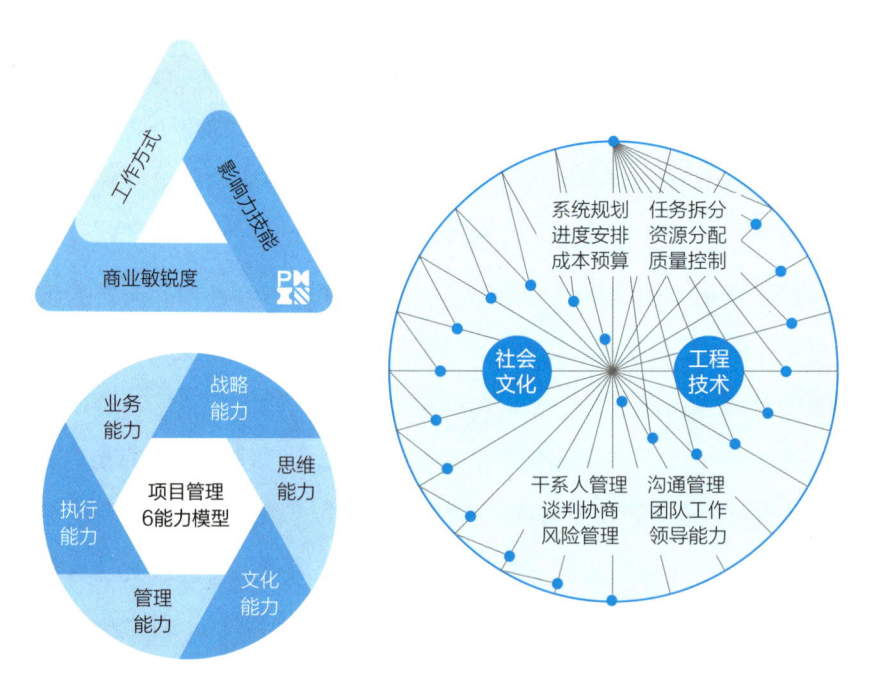

图1-6 国际主流项目管理组织的能力模型

（1）PMI的能力三角模型，包括工作方式、影响力技能和商业敏锐度。

严格来说，能力三角模型所包含的三个维度：**自己做事、领导他人、承接战略**，是由三类能力构成的，站在人才发展的角度看，这三类能力有一定的层次关系。所谓技而优则管，项目经理首先需要修炼安身立命的本领。在硬功夫和软技能（影响力）的基础上，若具备商业视角，能够敏锐地意识到通过项目成果带来的价值，并不遗余力地去推动和对外宣传，那就承接战略了。

1）**工作方式**。工作方式是项目管理的基本功，类似于练武术的扎马步。你得会规划、执行和监控项目，就像你得知道怎么起势收势、踢打摔拿，才能最终发出"天马流星拳"一样。

2）**影响力技能**。影响力技能是项目经理的"撒手锏"，包括团队建设、沟通、冲突解决、激励等。

3）**商业敏锐度**。在职场上，商业敏锐度可以帮助你迅速洞察那些藏在表象下的**战略方向、市场需求和财务管理**的秘密。想要在工作中脱颖而出，这可是必不可少的技能。战略方向就像助力飞翔的"风口"，只有当你的项目与公司的战略目标完美对接时，才能让"好风凭借力，送我上青云"的梦想成真！

这三种能力环环相扣。首先，你得有扎实的专业技能；其次，你还要有一呼百应的影响力；最后，你还得有敏锐的商业视角。同时具备了这三种能力，你才是一个好的项目经理。

（2）AAPM的项目管理6能力模型。能力三角模型就像一个宽阔的舞台，而AAPM则为我们搭建了一个更为精细的多幕剧。这六幕场景分别是：业务能力、战略能力、思维能力、文化能力、管理能力和执行能力。每一幕场景都有自己独特的定义和四个度量指标。

1）**助理项目经理（APM）**。这是新手们白手起家的出发点，主要考察你在**管理能力、执行能力和业务能力**这三个方面，能否与当下项目管理的需求相匹配。

2）中级项目经理（CIPM）。当你逐渐成长为中坚力量时，你需要在**思维能力、文化能力、管理能力、执行能力和业务能力**这五个方面表现出色。你不仅要能应对眼前的挑战，还得具备团队合作的魅力，成为项目中的"超级合伙人"。

3）资深项目经理（MPM）。在**战略能力、思维能力、文化能力和管理能力**方面，你需要展现出超凡的智慧，能够驾驭复杂的项目组合和项目群管理。此时，你不仅是项目的守护者，更是引领者。

项目经理的晋级之路就像游戏通关一样，越往上走，你需要的装备就越高端，技能就越精深。表1-2是6项能力与24个指标的具体对应关系，让我们对照这些标准检查自身，有则保持，无则补齐，争取在项目经理选拔、评级、晋升中脱颖而出。

（3）IPMA的四级项目经理资质认证体系。项目管理就像一支迷人的探戈，既需要有力的节奏感（工程技术），又离不开灵活的舞步（社会文化）。IPMA为我们提供了一张清晰的能力地图，把项目管理所需的技能划分为两大类，强调"硬实力"和"软实力"的完美结合，可谓与我们传统的阴阳平衡力量不谋而合。

首先是"工程技术能力"。这部分能力主要以项目经理的"脑力"运动为主，包括**系统规划、任务拆分、进度安排、资源分配、成本预算和质量控制**。项目经理运用专业知识和技巧，把每个环节都安排得妥妥当当，才能让整个项目运转如飞，达到"运筹帷幄、决胜千里"的效果。

其次是"社会文化能力"，这可是项目经理"心力"的展现。它涵盖了**干系人管理、沟通管理、谈判协商、团队工作、风险管理和领导能力**。这些技能与人息息相关，需要项目经理具备超强的人际敏感度，才能在各种复杂的情况下游刃有余，在"纵横捭阖，睥睨天下"的同时，赢得客户满意。

表 1-2　项目管理的 6 项能力与 24 个指标对照表[一]

能力项	对应指标	能力指标说明
业务能力： • 对项目所涉及业务、专业技术的掌握程度，以及对涉及行业的了解程度 • 以职业力、胜任力、方法力和承受力衡量个体或团队的业务能力	职业力	• 理解职业人的职业化要求 • 了解本职业、本行业涉及的业务、专业等基本知识
	胜任力	• 了解项目管理 • 了解岗位职责与胜任标准 • 能够胜任，符合岗位所要求的标准
	方法力	• 掌握能够完成专业业务的基本方法 • 掌握本行业项目管理的基本特点 • 恰当运用方法
	承受力	• 了解并能承受本行业项目管理面临的压力
战略能力： • 决定战略方向，在不断变化的环境中确立愿景，明确目标 • 探索和维持核心竞争力 • 打造对项目成功有效的组织环境和文化 • 不断调整组织结构，平衡组织制约和控制 • 以规划力、决策力、治理力和变革力衡量个体或团队的战略能力	规划力	• 确立愿景、使命、价值观 • 确立目标并进行目标管理 • 战略部署与战略质询
	决策力	• 价值导向与核心竞争力 • 项目支撑战略与战略选择 • 投资组合决策，确立优先级并调动资源
	治理力	• 组织治理与项目治理 • 单项目管理与多项目管理 • 营造环境，充分授权，提供支持
	变革力	• 组织结构 • 对项目影响，驱动项目因素 • 灵活性组织，临时性组织，组织适应性 • 组织变革管理
思维能力： • 系统思维 • 以系统力、理解力、分析力和综合力衡量个体或团队的思维能力	系统力	• 系统化思维 • 结构化 • 敏捷化，圆桌开发，设计思维
	理解力	• 认知理解 • 高中低不同水平的理解能力
	分析力	• 分析工具 • 对比分析 • 因果分析，相关分析，趋势分析 • 关键分析，模型分析
	综合力	• 归纳汇总 • 概括 • 整合 • 泛化

[一] 表格内容来自 AAPM 官网资料，由作者重新整合而成，有删改。

（续）

能力项	对应指标	能力指标说明
文化能力： • 对干系人语言、行为、情绪、心态等背后的异质文化的敏感度和洞察力 • 打造高效团队并使团队持续保持高效 • 人际关系能力 • 以塑造力、人际力、领导力和合规力衡量个体或团队的文化能力	塑造力	• 塑造企业文化 • 打造项目文化 • 营造适合项目的环境
	人际力	• 人际理解能力与人际关系能力 • 打造并维持高效团队 • 自我管理与干系人管理
	领导力	• 影响力与控制力 • 决断力 • 前瞻力与感召力
	合规力	• 营造合规环境 • 项目管理职业操守
管理能力： • 项目启动、规划、执行、监控与关闭管理 • 项目管理工具与技术（预测、适应、混合） • 知识模块：项目控制、人员、范围、风险和机会（问题）、合同、资源、计划和进度、成本估算和预算、项目进展、变更、项目数据库、取证分析管理等 • 以流程力、知识力、工具力和角色力衡量个体或团队的管理能力	流程力	• 项目启动、规划、执行、监控与关闭的全流程管理
	知识力	• 计划、范围、成本、进度、质量、资源等知识 • 干系人、采购、风险与问题 • 信息和文档 • 变更、汇报、收益 • 组织变革与经验教训学习
	工具力	• 项目管理工具与通用管理工具 • 预测型项目管理工具 • 敏捷项目管理工具
	角色力	• 角色定位 • 合规性 • 职业规范
执行能力： • 贯彻战略意图，实现预定目标 • 执行上级命令和指示，完成既定计划，达到预期目标 • 结果获得干系人满意 • 以贯彻力、转化力、协作力和实现力衡量个体或团队的执行能力	贯彻力	• 理解并贯彻意图 • 目标导向 • 价值导向
	转化力	• 将意图转化为行动
	协作力	• 与团队协作，形成团队凝聚力 • 团队执行力
	实现力	• 实现预期目标 • 获得预期价值 • 获得客户满意

IPMA将项目经理的认证分为四个级别，从高到低分别是A、B、C、D，像是一场不同级别的挑战赛，让我们来看看每个级别的"画像"吧。

1）A 级 (Level A) 是**国际特级项目经理**（Certified Projects Director）。获得这个认证的项目管理人员，简直就是项目管理界的"灭霸"。他们能**指挥整个公司，甚至是一个分支机构，管理那些复杂得像线团一样的项目，或者带领团队完成国际合作的超级大项目**。

2）B 级 (Level B) 是**国际高级项目经理**（Certified Senior Project Manager）。获得这个认证的项目管理人员，可以独当一面，**管理大型复杂项目，或者调动资源来处理国际合作项目**。他们就像是项目管理界的"钢铁侠"，总能把复杂的事情打理得井井有条。

3）C 级 (Level C) 是**国际项目经理**（Certified Project Manager）。获得这个认证的项目管理人员，能够**管理一些普通的复杂项目**，当然，他们也可以在"钢铁侠"身边打打下手，学习和协助管理，做个好门徒。

4）D 级 (Level D) 是**国际助理项目经理**（Certified Project Management Associate）。获得这一认证的项目管理人员属于刚入门的小伙伴，掌握了基本的项目管理知识，并可以在某些领域灵活运用。可以说，他们是项目管理界的"新鲜血液"，未来的发展充满了无限的可能。

（4）**中国项目经理四维能力模型**。在国内，项目管理的理论体系已经相当成熟，但关于项目经理能力模型的讨论却像一场没有裁判的辩论，众说纷纭，难以达成共识。

在这里，基于十多年在项目人才发展领域的经验，结合学术界和企业界的研究成果，运用**文献研究和高频词归纳法**，我整理出了一个通用的项目经理四维能力模型，如图 1-7 所示。抛砖引玉，希望能激发大家的思考与讨论。

这个能力模型的核心分为四大类：**项目管理、领导他人、发展关系和个人特质**。每一类又细分成若干个小能力，形成一个三环结构。越靠近**内核的能力圈**，越能**直接影响项目经理的工作成果**；而外围的能力则是项目绩效的基础支撑，类似于通用技能，适合所有项目相关岗位，无关乎你身处哪个行业。

图 1-7　中国项目经理四维能力模型

1）**项目管理能力**。项目管理的基础能力包括危机管理、资源统筹、监控管理、计划安排和专业创新等。这些都是入门的必备技能，不会因个人差异而有所不同。真正能让你脱颖而出的**经营管理和市场拓展**这两项能力，是项目经营绩效的基石，但往往会被组织忽视。很多时候，技术专家被错误地放到了项目经理的岗位上，结果常常事与愿违。归根结底，就是**没有重视这两项能力的培养**。"没有结果的努力就是在感动自己！"同样的道理，项目管理如果没有业绩，那就是在白忙活。最终，**项目是否真正成功，还得看经营结果**。

2）**领导他人能力**。项目经理的成就来自**团队的努力**。这个能力的基础是**团队建设、分析判断**和**系统思考**。想要明确方向，就得设定有意义的目标，这样才能凝聚人心。和项目管理能力类似，这也是管理者的必修课。真正的优秀体现在**前瞻洞察**和**个人感召**上。

3）**发展关系能力**。在这个领域，基础能力包括**团队协作**和**建立信任**，而优秀能力则主要体现在**沟通协同**上。

4）**个人特质能力**。适合做项目经理的人通常具备成就导向、积极主动和政治敏锐等基本特质。这些特质在其他管理岗位上也同样存在。不过，真正的优秀个人特质集中在四个方面：抗压能力、学习能力、自信和责任心。根据这些优质特质，企业在选人用人时，可以勾勒出优秀项目经理的形象：积极乐观、善于学习、责任心强。

三、AI+ 时代，跨界学习先人一步

在 AI 发展突飞猛进、日新月异的时代，想必热爱学习的朋友对生成式人工智能工具，早已经有过一番尝试了吧？想要生成优秀的文本，秘诀就在于**提出好问题和使用合适的提示词**。以下我将为大家分享一个向 AI 提问的万能公式——CSAT，分别代表**角色**（Character）、**情境**（Situation）、**动作**（Action）和**目标**（Target）。

（1）**塑造角色的技巧**。你需要明确将要**扮演的角色**，越具体越好，如"我是一名有 8 年项目经验的专家"或者"我刚刚从开发经理升级成项目主管"，这样才能更好地引导出专业的回答。

（2）**明确情境的技巧**。这就像给 AI 设定一个舞台，提供交流的上下文，通常包括 5W2H 要素——何时、何地、与谁、为什么、做什么等。例如："一周后，我需要向客户的总经理汇报项目进度，争取对方下一阶段的支持，并持续投入资金和资源。"

（3）**给出动作指令的技巧**。要明确告诉 AI 你想要的**动作**，指令要清晰且有步骤，把大问题拆解成小问题，要求 AI 从**多个角度**给出答案。比如："请按照情境、挑战、选择方案、结果、反思评估五个步骤，告诉我 ×× 项目复盘的核心结论。"

（4）**设定目标的技巧**。指定你希望输出的**语言风格**，甚至可以提供样例格式，要求答案多元可选。例如："请用轻松、活泼的语言，输出一封项目验收会动员邮件，至少给出三种风格的邮件标题与正文。"

以下是 AI 按照提示语输出的结果。

邮件标题建议：

（1）项目验收会：让我们共同见证项目的成果

（2）期待与您相聚——项目验收会动员通知

（3）一起欢庆项目成功——验收会邀请函

邮件正文：

示例一

亲爱的团队成员们：

大家好！随着我们的项目即将迎来重要的验收时刻，我想借此机会向大家发出动员信，鼓励大家一同参与这一激动人心的时刻！

本次项目验收会定于[具体日期]在[具体地点]举行。届时，我们将展示项目成果，分享我们的经验与收获。每一位团队成员的努力和贡献都是这个项目成功不可或缺的一部分，因此我们诚挚邀请您莅临现场，共同见证这一辉煌的时刻。

在会议上，我们将：

- 回顾项目的整体进展与成就
- 分享团队成员的心得体会
- 进行成果展示与互动交流

请大家提前准备，带上你们的热情与创意，积极参与讨论，让我们的验收会充满活力和创意！期待大家的精彩表现！

如有任何问题，请随时与我联系。让我们一起为项目的成功欢呼，为团队的努力喝彩！

祝好！

[您的姓名]

[您的职位]

[公司名称]

[联系电话]

[邮箱地址]

示例二

亲爱的同事们：

时间飞逝，我们的项目即将迎来验收盛典！在这里，我想邀请每一个辛勤付出的你，加入我们的项目验收会，共同庆祝这一里程碑的到来。

会议定于[具体日期]在[具体地点]举行，我们将共同回顾项目的点滴历程，分享成功的喜悦与经验的收获。会议上，我们还将展示各个环节的成果，期待你们的积极参与与精彩发言！

请大家提前准备，带上你的热情与创意，展现我们的团队风采。让我们在这个欢庆的日子里，共同感受成就的喜悦！

期待与大家相聚！

[您的姓名]

[您的职位]

[公司名称]

[联系电话]

[邮箱地址]

示例三

亲爱的团队伙伴们：

大家好！随着项目的圆满完成，我们即将迎来激动人心的验收会。为了庆祝这一重要时刻，我诚挚邀请大家参加此次活动，一同见证我们的努力与成果！

验收会将于 [具体日期] 在 [具体地点] 举行。在会上，我们将回顾项目的精彩瞬间，分享各自的心得体会，并展示我们的成果。每个人的贡献都值得被赞美，所以请务必出席，与大家一起分享这份喜悦！

如有任何问题或建议，欢迎随时与我联系。期待在验收会上见到每一个充满激情的你！

祝好！

[您的姓名]

[您的职位]

[公司名称]

[联系电话]

[邮箱地址]

看完这些 AI 生成的邮件，是不是有种眼前一亮的感觉？有兴趣的读者可以尝试一下 CSAT 提问公式，说不定你能像哈利·波特那样，用一句"咒语"召唤出所有想要的文本！

除了日常工作，项目经理如果需要**借助工具提升学习效率**，这里为大家分享一个 AI+"个十百千"学习法。

（1）**关注竞品**。首先，咱们要做个名副其实的"侦探"。让 AI 帮你找出本行业排名前三的竞品，至少选一个来做"对照组"。然后抽丝剥茧，逐层拆解它们的业务逻辑，看看它们是如何运作的。细节决定成败，可不要小看每一帧像素中的活动和逻辑，它们能让你从细微中发现业务的奥秘。

（2）**专家面谈、访谈**。其次，不要闭门造车，要能打破常规，向行业里的专家们请教。借助 AI 和社交网络，列出本行业排名前 50 的专家，至少约其中的 10 位面对面聊聊。记得准备好问题，带着你的好奇心，和专家面对面"论道"。

（3）**行业资料、专题阅读**。再次，让 AI 为你搜罗出 100 篇被高频引用的财报、研报和专业文献。认真研究其中的业务逻辑，像个外科医生一样深入探讨，厘清行业的脉搏。拆解这些行业报告，如庖丁解牛一般，分离出文章的观点、逻辑主线、支撑的数据与案例。通过思维导图绘制出业务的资金流、资源流和信息流，标记出这些数据流向的关键点，从中发现业务的管理重点。

（4）**关注行业大牛及自媒体博主**。最后，量变是王道！至少阅读 1000 篇行业相关文章，再让 AI 帮你提炼出要点，形成一幅**行业知识图谱**。这样，你就能变成一个行走的"Kimi"，随时随地分享你的个人见解！

在人才发展圈，有句老话："底子不对，培养白费。"这句话的意思是，人才的甄别是所有培养的基础。优秀的项目经理，可不是天上掉下来的，而是通过甄别、选拔和培养而造就的。可以说，项目人才的成长就像游戏里的角色升级，从"新手小白"一路打怪到"高管大佬"，每一关都需要**自我管理、管理他人、管理项目、管理业务、管理战略**等层层挑战。每通过一关，虽然得消耗不少"血点值"，但那种通关后的酣畅淋漓感，绝对值得一试！

未来的项目环境将更加复杂，无论你是项目负责人还是团队成员，都得不断学习、更新自我，洞察趋势、灵活应对。我们需要运用管理创新和技术手段，来适应新时代的考验。项目经理的修炼之路就像一场没有终点的马拉松，只有不断努力、砥砺前行，才能飞得更高，最终修成正果。

"工欲善其事，必先利其器。"掌握科学的项目管理方法和工具，对项目经理来说至关重要。接下来的五章将围绕项目完整周期内的管理要素，逐一介绍管理要点和有效的方法工具。让我们放松心情，打开脑洞，一起踏上项目管理的"体验之旅"吧！

本章总结

（1）项目的特性与分类方法。

（2）项目管理谱系图。

（3）组织结构对项目的影响。

（4）项目经理的角色定位与能力要求。

附：本章各节作业参考答案

第一节

（1）销售经理第一次去某大客户公司做陌生拜访。

这是一个比较有争议的话题，从项目的定义来说，大客户的首次拜访**是项目**，因为它的目标和时间都是明确的：建立信任，取得对方的认可。

（2）某地投资建立垃圾焚烧厂。

这可是一项大工程，**符合项目的定义**。它有明确的目标、时间框架和预算。

（3）某地进行地铁线路扩建。

绝对是项目。扩建地铁需要详细规划和执行，时间和资源都要精打细算。

（4）170号手机的售后服务。

售后服务属于日常运营，而不是一个具体的项目。它没有明确的起止时间和目标。

（5）企业日常办公耗材采购。

这也是日常事务，不算项目。采购虽然重要，但它是持续性的活动。

（6）某互联网公司开发新能源汽车。

这是一个激动人心的**项目**，它涉及创新、团队合作和明确的交付成果。

（7）员工通过移动 app 进行财务报销。

这更像是一个流程，而非项目。虽然涉及技术，但没有明确的目标。

（8）公司举办年中表彰庆功会。

这可以算作一个项目。庆功会有明确的时间、目标和计划。

（9）产业孵化园区的物业管理。

物业管理是持续性的工作，不符合项目的定义。

（10）某地推行新退休制度。

这也是一个项目，它涉及变更和实施，需要精心策划和执行。

第二章
追问目的
如何理清项目目标

第二回　众口难调

为了尽快推进取经项目，你加班加点，终于在佛祖寿诞前召开了项目启动会。启动会举办得很隆重，玉帝与王母娘娘亲自出席，唐王远程发表讲话，但私下里，观音、悟空等人都对你的工作颇有微词，感觉你做得有点花哨，缺少了对目标的专注，佛祖也没有表扬你一句。

你很困惑，该做的都做了，为什么还是有人不满意？

为什么别人对你的项目成果不买账？

有一种可能是，你做了很多事情，但却不知道为什么要这么做，或者根本不清楚如何才能做好。这就像我们在第一章第二节提到的：**目标正确方法不对，结果是一地损失。**

又或者，你虽然知道大概的目标，但对于最终的结果却模糊不清，只有一个大方向，像是在海上航行却没有导航仪，难免会迷路。

最重要的是，即便你心中有目标，但如果**团队成员之间没有达成一致性共识**，大家各自为政，执行项目时就像无头苍蝇，缺乏具体的措施，最终的结果自然也不尽如人意。

项目管理的核心目的是"从干系人的需求出发，以干系人的满意为验收标准"。用这种以终为始的思维来推动项目，才是真正掌握了项目管理的精髓。

第一节　抬头看人，理清干系人

所有的项目都源自某个商业问题，而在这个问题的背后，往往有一群手握"筹码"的干系人[一]。你知道吗？"干系人"的英文（Stakeholders）原意竟然是"筹码持有者"！项目启动时，所有与该商业问题相关的角色，手中紧握着关乎自身、关乎项目成败的"**筹码**"。随着项目的推进，项目团队在既定的时间和预算框架内，通过努力成功交付了符合质量标准的产品或服务（即可交付成果）。此时轮到干系人来验收成果，假如他们对交付成果满意，便会将手中的"筹码"交给项目团队。当所有的"筹码"全部收回到项目经理与项目团队手中时，就宣告了项目的成功验收。而这一系列的价值交换，其实也正是项目管理的本质所在。

一、影响力先行，干系人识别方法与策略

干系人的态度与行为直接决定项目成败，项目经理必须在项目启动之初清晰地辨识出敌友，以便于在项目开展过程中精准调动资源，从而获取各方支持。基于 MAN 三维分析法（Money-Authority-Need，利益、权力、需求），可构建结构化干系人识别体系。

1. 利益维度

通过经济收益、成本分摊及风险敞口分析，识别关键利益群体。例如，在某医疗信息化项目中，医护人员关注操作效率的提升，而患者则聚焦于隐私保护。我们需要绘制利益映射矩阵，量化各方的损益比，区分支持

[一] 干系人也叫相关方，英文为"Stakeholders"，指参与项目或受项目影响的个人或组织，又可称为"筹码持有人"。

者（如项目发起人）、潜在反对者（如流程调整后的冗余岗位）及中立观望者。

2．权力维度

法定权与专家权的差异化影响需通过权力网络图谱可视化。在某制造业数字化转型项目中，技术总监虽无直接审批权，但其技术否决权对方案落地构成实质性约束。项目经理需识别"隐性权力节点"，避免陷入"程序合规但执行受阻"的困境。

3．需求维度

需求是各方对项目的**期待和目标**，具体来说，我们可以把它分为三大类：**商务需求、项目管理需求**和**交付需求**。商务需求就像项目的"愿望清单"，关注的是项目如何为公司带来利益，增加市场竞争力。项目管理需求则是确保项目顺利进行的"**大护法**"，帮助我们制订计划、分配资源，确保每一步都稳扎稳打。而交付需求则是最终成果的"检察官"，确保我们交付的产品或服务能够满足客户的期待。

在项目管理实践中，识别干系人就像一场刺激的探险，下面是我为你准备的"寻宝指南"：

（1）首先，召集项目团队，开启一场"头脑风暴"，鼓励大家运用MAN三维分析法，不放过任何一个可疑人员，直到找出所有与项目相关的角色，判断谁是项目的参与者。

（2）确定完干系人后，把所有干系人的名字写在即时贴上，每张即时贴只写一个名字，就像给每位参与者发放项目入场券。

（3）根据这些干系人在项目中的利益，按照项目利益的从小到大（1分到10分）进行横向排序，顺序贴到A1海报纸上。

（4）根据干系人在项目中的影响力，从低到高（同样是1到10分）进行纵向排序，调整位置，形成一个错落有致的干系人影响力图谱。

此时，在横轴和纵轴居中点（5分的位置）分别画一条平行于横轴和纵轴的线，我们就可以得到干系人分布的四个象限，在项目管理中称其为"利益－影响力矩阵"，如图2-1所示。这个矩阵就像一张"演职人员落位表"，有了它，你就可以设计出有针对性的干系人管理策略。

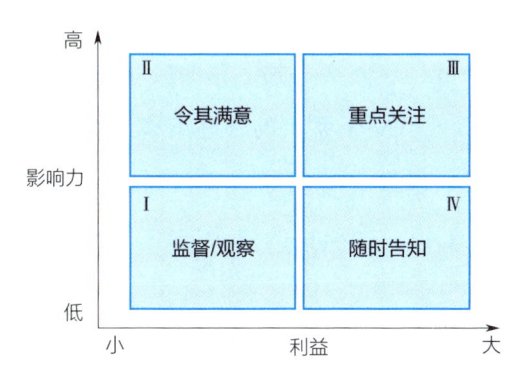

图2-1 利益－影响力矩阵

从左下角开始，按照顺时针方向，我们可以把干系人分为四类。第一类（监测型群体）就像是"人微言轻"的"小透明"，这类人在项目中既无利益又无影响力。作为项目管理者，我们要时刻保持警惕，监督和观察他们，确保他们不会给项目带来额外的麻烦。比如，我曾经做过面向"90后"管理者的"明日之星"培养项目，没有进入该项目的其他管理者就属于此类。对于这类角色，我们可以采取"监督/观察"的策略，投入精力≤10%，定期扫描风险信号。

第二类（维护型群体）在项目中影响力很高，但利益并不算大。例如，某位负责专业技术的总工，他对项目拥有建议权；或者一些分管其他业务的高管，虽属于项目当中的参与方，但他们不直接对项目发表意见。对于此类人，你就需要让他们满意，让他们开心，不要让其发表的负向言论影响项目的进展。针对此类干系人的管理策略为"令其满意"。此外，对于一些高管或专家，即便项目与其无直接关联，项目经理也应该经常去"拜会"，听取其对工作的指导意见，征求其个人看法，这些尊重对方的行为将有助于获得此类干系人对项目的支持。当然，时间有限，项目经理通过非正式沟通维持关系，对其投入精力 ≤ 20% 即可，以免舍本逐末，得不偿失。

第三类（核心型群体）是项目中**最重要**的群体，此类人在项目中利益较大，影响力非同小可，对此类人**投入精力应 ≥ 50%**，并**建立专属沟通渠道与快速决策通道**。针对此类干系人的管理策略为"重点关注"：针对每个项目的发起人、出资人以及分管领导，项目经理一定要设定好沟通节奏，如每周向这类干系人汇报一次项目的最新进展。对于项目中发生的重要信息，要按时同步给此类干系人，因为他们会担心自己成为最后一个知晓消息的人。有了全面的信息，他们才能做好项目后续的关键决策，并为项目注入更多的资源。

第四类（告知型群体）是直接受到项目成果影响的人群，对其投入精力 ≤ 20%。他们可能是操作层的员工、基层人员，也可能是某个最终产品的服务对象。比如，在某个医疗信息化项目，除了直接使用该产品的医护人员，前来就医的病患也会受到该项目的影响。虽然他们的影响力不大，但自身利益却与项目息息相关。因此，作为项目经理，你需要时刻关注他们的需求，采取"随时告知"的策略，将项目的最新进展、相关动态和关键信息通过标准化报告实现透明化管理，降低他们对不确定性的焦虑感。

以上针对四种干系人的差异化管理策略，有助于项目经理聚焦有限的资源与精力，实现管理上的单点击穿，提升项目效率。

二、结构决定角色，典型干系人心态分析

哲学家让-保罗·萨特曾说："人首先是情境的生物。"这句话可谓字字珠玑。社会心理学的研究表明，在特定的组织结构中，人往往会被"编

码"，大多数人会按照自己所"扮演的角色"来开展工作。说到这里，不妨看一个经典的心理学实验——"斯坦福监狱实验"。

1971年，心理学家菲利普·津巴多在斯坦福大学进行了一项角色模拟实验。他招募了24名身心健康、情绪稳定的大学生，将他们分成两组：一组扮演狱警，另一组扮演囚犯。这两组人被安置在一个模拟监狱中，津巴多和他的女助手只负责记录实验过程，全程不干预实验活动。然而原本计划持续14天的实验，在第7天就被迫终止了。

原因何在？因为狱警们在这个实验中完全入戏，随着实验的展开，不断对囚犯进行言语攻击和人身伤害，而囚犯们则团结一致，私下策划如何反击和逃脱。两组人之间的火药味越来越浓，眼看就要爆发严重冲突。在女助手的强烈要求下，津巴多只好宣布停止实验。

这个实验结果如一颗重磅炸弹，震惊了所有人。为了避免伦理问题的再度发酵，心理学家们联名宣布彻底封杀此类实验。此后，这类实验的消息几乎"绝迹"了。然而，斯坦福监狱实验留给我们的启示却如影随形挥之不去：人一旦陷入某个角色，就会被这个角色的心理台词"绑架"。

在日常生活中，这种由角色赋予心理编码的案例层出不穷：婆婆和儿媳妇，谁都想赢，最后却经常是两败俱伤；老板和员工之间的互动像极了《年会不能停！》的情节，充满了剑拔弩张的气氛，随时可能引发一场"广进风波"；司机和路人，可谓"互怼"高手，时不时就能在街头上演一出热搜剧；而老师和学生之间的互动，更像是经典的"打地鼠"游戏，双方都在较劲，谁也占不到便宜。你看，这些矛盾的产生，都是"角色"冲突造成的，所谓"与人品无关，结构使然！"

（一）在项目中，组织结构对不同干系人的心态会产生不同的影响

（1）高层管理者的典型心态是：我已经知道你们要做什么了，现在就看你们的舞姿是否足够优美。这意味着，决策早已在他们心中定下，而他们更

关心的是**团队的表现如何**。因此，聪明的下级总是紧盯着老板的言行，确保自己做的都是老板们最关心的事情，争取在业务上加分。

（2）在那些有乙方参与的项目中，甲方业务部门负责人的典型心态是：**我们才是最懂业务的**，你们那些听上去很高级的先进理念和最佳实践，在我们这里不过是外来的和尚念经，念得再好也不适合我们的小庙。毕竟，自己家里的事情，自己人才最懂门道。

（3）乙方（无论是公司内部的职能部门，还是第三方专业公司）的典型心态是：一定要哄好各位甲方，别惹事。在工作中，他们处处看甲方的脸色，谨言慎行，怕惹怒甲方被伺机穿小鞋。

（二）不同职业状态干系人的心态会被组织重新编码

（1）**新上任的管理者，一定要烧"三把火"**，以显示自己的主导权和管理能力。我曾在一家知名企业的人力资源部门工作，有幸经历了四年换三位 HRVP 的"盛况"。每位新领导都带着自己的三年大计，渴望尽快推出几个重磅项目，赢得业绩和口碑，得到总裁的青睐。于是，领导们施展浑身解数，调动多方资源，今年推出一个数字化学习平台升级项目，明年启动一个薪酬体系改革项目，后年落地一个核心人才培养项目，场面热闹得好似过年唱大戏。遗憾的是很多业务部门却不买账，自我感动的表演最后演变成无人围观的"独角戏"，只能尴尬收场。

（2）**新入职的员工，总是充满干劲**，迫不及待地想要证明自己的能力。无须动员，他们会不自觉地开启"内卷"模式，主动加班、抢着干活。作为项目经理，我们可以巧妙地利用他们这种"急于表现"的心态，给新人分配一些"重要但不紧急"的项目任务，如项目复盘资料记录、作业文件编写、会议纪要分发等。这样，新人不仅能为项目提供强大的推力和支持，还能在实践中快速成长，成为组织未来的栋梁。

（3）**即将退休的员工则是另一番景象**，他们的态度往往显得较为消极。

对于他们来说，在职业生涯的最后一段旅程中，走得稳比走得快更重要，不是"稳赢"要不起，而是"躺平"更有性价比！他们希望尽量少承担责任、少干活、少决策，争取安全地度过每一个工作日。因此，如果项目经理给这些"老人"分配过多的任务，可能会引发连锁阻力和风险，所以还是少给自己"挖坑"为妙，给这类员工分配任务时一定要适可而止。

当然，凡事皆有例外，并非所有临近退休的人员都是项目的"减速带"。我曾遇到一位财务总监，她在退休前为了给自己的职业生涯画上一个完美的句号，倾尽全力推动财务数字化项目上线：在项目方案落地时，她不仅冲在最前线，主动帮助项目组扫除各种人为障碍，还加班加点与项目组一起讨论推进细节，最终助力该公司实现了管理流程的智能化和一体化。

要破解组织结构对项目角色施加的"行为固化魔咒"，可以采取以下几个应对策略。

（1）**动态画像系统**：整合干系人的职业背景、绩效压力、决策偏好等数据，预判行为趋势。

（2）**德尔菲迭代法**：每季度组织跨部门专家更新干系人登记册，识别新增势力（如空降高管）及消退势力（如即将退休的内部元老）。

（3）**非对称博弈模型**：针对利益—影响力矩阵错配群体，设计"资源置换"方案。例如，以技术培训换取基层员工对流程变革的支持。

总之，优秀的项目经理，**必须学会"抬头看人"**。通过收集整理企业的组织架构、干系人的重要信息，系统分析出干系人在项目中的典型心态，再针对性制定出各干系人对应的管理策略。只有如此，才能为项目的顺利开展和成功验收打下坚实的基础。

三、各个击破，干系人登记册的妙用

识别完干系人之后，可以结合其在项目中的需求、利益、影响力等维度，形成一份完备的干系人登记册，如表 2-1 所示。

表 2-1 干系人登记册

干系人	角色	主要期望	利益	权力	影响力	状态	优先级	管理策略
佛祖	咨询公司老板	将自己的管理思想引入东土大唐	高	大	高	领导	1	重点关注
玉帝	外包公司老板	保持与各方的稳定合作	中	大	中	中立	3	令其满意
观音	佛祖发言人	能力得到老板认可	高	中	高	支持	4	重点关注
唐王	金主	提升组织能力，巩固统治	高	中	低	支持	2	随时告知
鳌精	群众	围观	低	低	低	不了解	5	监控动向
……	……	……	……	……	……	……	……	……

干系人在项目中的参与水平不同，最终会形成五种状态：

（1）**不了解型**：完全不知道项目的存在，甚至连潜在影响都没听说过。

（2）**抵制型**：知道项目及其潜在影响，但抵制项目工作或成果可能引发的任何变更。此类干系人不会支持项目工作或项目成果。

（3）**中立型**：对于项目，他们既不支持又不反对，表现得像是一个"局外人"。

（4）**支持型**：了解项目及其潜在影响，并且会支持项目工作及其成果。

（5）**领导型**：了解项目及其潜在影响，而且积极参与以确保项目取得成功。

项目经理的职责就是带领团队识别出干系人当下的参与水平，并评估出为确保项目成功干系人所必不可少的参与水平，设置对应的管理策略与具体方案，推动干系人朝期望的参与水平发展。

请记住，干系人识别不是一成不变的，项目经理和团队要形成"**干系人动态管理模式**"：定期（如每月、每季度）检视各干系人的参与水平是否发生变化，是否有新的干系人加入，是否需要剔除已有的干系人，及时将这些变化记录到干系人登记册中，形成干系人管理的闭环，确保有始有终。

我曾经负责过一个三甲医院的数字化运营项目，该项目由院长力排众议发起，因此在前期的项目方案、计划等环节得到了院长的大力支持。眼看项目进展形势一片大好，有一天，一位自称分管临床业务的副院长突然来到项目组办公室，前前后后询问了若干个问题，弄得我有些手足无措。一周之后，项目组突然接到院方通知：之前的院长由于工作需要调任离开，新任院长需要重新听取项目组的汇报，以判断是否继续履行项目合同。这个消息犹如晴天霹雳，让人一时难以适应。等到调整好心态后，我忐忑不安地敲开新任院长办公室的大门，蓦然发现，新任院长竟然是之前到项目组办公室"微服私访"的那位副院长！原本形势大好的项目转瞬间就变成了"残局"。可见，干系人的动态识别是多么重要！

本节作业

请选择自己负责的某个项目，运用 MAN 三维分析法识别出最少 10 个干系人，并运用"利益–影响力管理矩阵"制定干系人管理策略；通过项目所属的组织架构和干系人的职位，分析其可能存在的典型心态，最后将干系人管理的详细信息填入附录 2 "项目干系人登记册"中。

第二节　追本溯源，找到项目原点

你是否曾经想过，项目到底是如何来的？

简单来说，因为差距产生了问题，而问题又决定了项目的性质。就像那句名言："生活不只是眼前的苟且，还有诗和远方。"在这里，苟且代表了我们眼前的现状，而诗和远方则是我们心中的期望。正是这两者之间的差距，促使我们想要走出去看看，探索世界，这就是我们的需求，也是旅行项目的目的。

在图 2-2 中，我们可以清晰地看到项目目标的来源——**所有的需求都源于差距的存在**。在日常工作中，很多任务其实都源于发起人不满足于现状与预期之间的差距。这种差距意味着有问题，而问题的存在就需要我们采取行动，项目于是应运而生。

现状，是我们不喜欢的模样，也称为非期待结果 R1（Undesired Result）；预期状况，是我们想要的画面，也称为期待结果 R2（Desired Result）；**现状与预期状况之间的差距即问题**，或行动改进方向——项目目标。在解决问题的时候，不应该拘泥于现状，而应该站在应有状态或预期状况上来想办法。

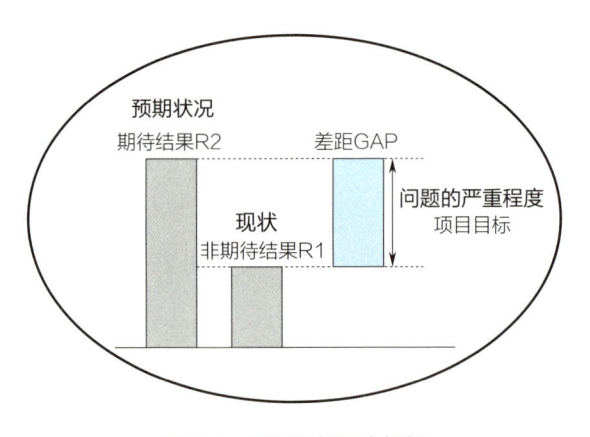

图 2-2 项目目标界定框架

一、都是差距惹的祸，三类问题要看清

现状和预期状况之间存在的问题，一般有以下三种情况，如图 2-3 所示。

（一）亡羊补牢类问题

第一种情况，现状低于预期，这在现实中可谓屡见不鲜。我们将这种情况称为"亡羊补牢类问题"。简单来说，就是要把事情拉回到我们理想中的状态。好在问题通常都很清晰，属于**"看得见的问题"**。

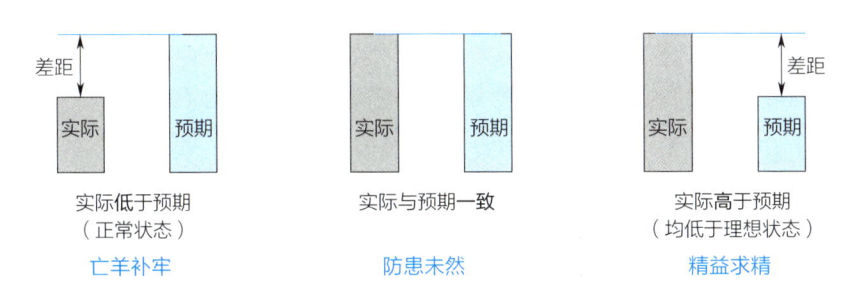

图 2-3　三种问题类型

在应对亡羊补牢类问题时，管理措施的重点是**如何迅速恢复原状，挽回损失**，如产品的废弃、返工、保修或召回等。

想想取经项目里八戒，从天庭被贬到人间，心中唯一所想的就是"**如何尽早完成取经大业，重返天庭**"。有了这个目标的驱动，八戒的每一步行动都围绕着恢复他光鲜的身份展开。所以我们自然就能理解，面对重重困难，他为何会口头说要散伙回家，却总是愿意去承担那些累活儿，这就是目标的力量。

（二）防患未然类问题

第二种情况看似风平浪静，实际上却暗流涌动。表面上，一切都与预期相符，似乎没有问题，但企业经营就像逆水行舟，不进则退。作为经营者和管理者，我们必须居安思危。若缺乏危机意识，问题就已经在前方路上等你了。表面上看安然无恙，但若你满足于岁月静好，危机可能就会在不经意间降临。因此，管理者要始终绷紧一根弦，**防患于未然**。在这种情况下，时常检视一下风险因素是否发生变化，思考应对措施是否到位，做到未雨绸缪是至关重要的。

需要注意的是，放任问题蔓延将导致不良后果，而解决这些问题的关键就是维持现状。具体行动方向包括假想与预测，针对对手的打击制定**应急预案**，比如，提前进行培训、测试、检查和评审，强化风险管控意识。

很多行业的标杆企业都对风险有着明确的防范措施。

以取经为例，悟空看似是项目的坚定支持者，但他心猿意马，缺乏纪律性，实际上可能会成为项目失败的根源之一。在这个背景下，悟空面临的挑战就是"**如何克服心魔，保护唐僧完成取经大业**"。事实证明，取经项目的总顾问——观音早已洞察到这一问题，并制定了风险预案：为悟空戴上紧箍咒，提前避免了危机的出现。

（三）精益求精类问题

第三种情况，眼下的情况看似还不错，虽然没有什么大问题，但因为预期和实际都未能达到理想状态，所以我们还是将它视作问题来对待。这就需要管理者不断琢磨，如何在**精益求精**的这条路上走得更远。

精益求精类问题，**目标在于改善**。我们要探索各种方法，努力让自己和现状都变得更好。行动的方向主要是提升自我，努力让理想变为现实。那些领先的企业并非一味故步自封，而是在实践中不断学习新技术、引入新资金、搭建新平台、优化管理机制，所有这些都是为了**挑战自我、持续改进**。

让我们来看取经项目中的唐僧，他便是"精益求精"的最佳代言人。为了追求心中的理想，唐僧放弃了在长安的优渥生活，一路上遭遇艰难险阻，但心中始终怀有一个信念："如何尽早完成取经大业，弘扬佛法？"唐僧的高尚情操和坚定信念，让他成了取经项目的最佳人选。

在项目的早期阶段，运用这三类问题界定类型框架，就如同找到了项目的"北极星"，让我们能够清晰地捕捉到发起人和关键干系人对项目的期待，从而明确项目的目标和行动方向。然而，现实并非如此简单，问题界定的准确性需要依赖更多的信息输入。要探究理想状态，我们需要深入分析，甚至要发扬"刨根问底"的精神，借助一些实用工具来识别出项目的理想状态。

表2-2展示了一些在项目中经常使用的项目纠偏、预防工具，通过这

些管理工具的应用可以降低项目的不确定性，进而推进项目目标的达成。

表 2-2 三类项目问题与应对

问题类型	典型特征	管理工具	案例场景
亡羊补牢类	关键指标异常波动	根本原因分析（RCA）	产品突发故障导致交付延迟
防患未然类	风险指数突破阈值	失效模式与影响分析（FMEA）	数据安全漏洞的预防性加固
精益求精类	对标行业标杆，存在差距	精益六西格玛（LSS）	客户满意度提升计划

二、客户痛点，心理学也有大用途

（一）识别"想要"和"需要"

做过项目的人都知道，项目最大的敌人并非"时间紧、任务重"，而是需求"变奏曲"——需求总是**不断地变化**，让人难以捉摸。干系人口中的需求往往像天上的浮云，飘忽不定，一会儿是效率优先，一会儿又变成安全第一，以至于项目经理想要弄清楚干系人"完整的需求信息"，简直比解开达·芬奇密码还难！

谈到需求，我们必须先理清两个关键概念：**想要和需要**。心理学里对个体认知的解释五花八门，但在管理学领域，马斯洛的"需求层次理论"[一]、麦克利兰的"冰山模型"[二]最为人所熟知。我们可以观察到个体的外显行为和语言，但要深入挖掘其深层动机和需求却并非易事。**"想要"就像冰山**

[一] 需求层次理论是由美国心理学家亚伯拉罕·马斯洛（Abraham Maslow）于 1943 年在《人类动机理论》一文中首次提出的。该理论描述了人类有五个层次的需求，从层次结构的底部向上，分别为：生理需求、安全需求、爱和归属需求、尊重需求和自我实现需求。马斯洛认为需求层次越低，力量越大，高级需求出现之前，必须先满足或部分满足低级需求。

[二] 冰山模型是美国心理学家麦克利兰于 1973 年提出的一个著名的模型，所谓冰山模型，就是将人员个体素质的不同表现划分为表面的"冰山以上部分"和深藏的"冰山以下部分"。其中，"冰山以上部分"包括基本知识，基本技能，是外在表现，是容易了解与测量的部分。而"冰山以下部分"包括社会角色、自我形象、特质和动机，是人内在的、难以测量的部分。

上那显眼的部分，而"需要"则潜藏在水面之下，等待我们去探索。

举例来说，如果你在蒸汽机问世之前去问那些商旅人士："你们最大的需求是什么？"他们可能会毫不犹豫地说："我想要一匹更快的马！"在这里，"马"就是他们的"想要"，而当我们深入探讨之后发现，**更快**才是他们真正的"需要"。

同样的道理，公司的年会对于老板来说是"想要"，而其背后的"需要"则是提升企业影响力和树立行业口碑；在人力资源部门组织的领导力培训项目中，丰富多样的学习内容是"想要"，但识别人才和甄别能力才是更深层次的"需要"；企业通过"数字化转型"进行业务升级是"想要"，而实现收入倍增和效能提升才是根本的"需要"。

在日常项目中，我们可以运用 KANO（卡诺）模型[一]对需求进行分层管理：

- 基本型需求（如系统稳定性），此类需求必须得到满足，否则会引发干系人的抵触。
- 期望型需求（如界面友好性），此类需求的满足程度与满意度正相关。
- 兴奋型需求（如 AI 辅助诊断），此类需求往往是超越预期的增值点。

> 小测验：根据下述的描述，判断用户的真实需求是什么
> - 我要一匹更快的马。
> - 给我一杯"忘情水"。
> - 用 ××× 家教机，妈妈再也不用担心我的学习了。
> - 请在手机上增加一个求救报警按钮。
> - 请把产品名称的字号调大两号。
> - 在手机上做一个外勤打卡功能。

[一] KANO 模型是由东京理工大学教授狩野纪昭提出的，用于分析用户需求对用户满意的影响，体现了产品性能和用户满意之间的非线性关系。

项目的干系人类别与角色越多，组织结构越复杂，干系人的需求也就越复杂，不同角色之间甚至可能会出现需求矛盾的现象。比如，在某个管理变革类项目中，高层管理者的目标是"**降本增效，管控到位**"，而中层管理者则在呼吁"**流程优化，业务灵活，数据精准**"。管控与灵活性本身就是一对矛盾。

发起人或干系人在语言层面描述的往往是"想要"，很少有人会意识到真正的"需要"。这就需要项目管理者具备火眼金睛，善于从发起人或干系人的语言行为中抓住要点，运用"需求炼金术"，在一众"想要"中挖掘"需要"。要想突破"需求迷雾"需运用双重解构技术来挖掘个体和组织痛点。

（1）**深度挖掘个体动机**。有效区分出"想要"与"需要"，可以尝试运用以下四个方法进行探索。

1）**删减替代法**。对提出要求的人，尝试询问他们："这个方案能不能删掉？有没有什么替代方案？"如果他们毫不犹豫地回答"可以"，那么恭喜你，这个需求很可能只是"想要"层面而已。

2）**延迟满足法**。当某干系人抛出一堆要求时，请他们按优先级进行排序，并持续追问："这个需求可以等多久？"如果他的回答是"三个月没问题"，那么这个需求大概率是"想要"。真正的"需要"并不会轻易被搁置，更不会等到三个月后再满足。

3）**词性分析法**。语言是有魔力的，**形容词一般表达的是情绪与感受**，能帮助我们更深入地理解需求。和需求提出者讨论他们语言中的修饰词，挖掘他们的"感受"与"体验"，这样不仅能找到真正的"需求"，还可能激发出意想不到的创意。

4）**行为日志分析**。某些线上产品通常都内置了用户行为收集点，例如，观察用户操作系统时的频繁返回操作，识别未明示的导航优化需求。

（2）**获取组织痛点**。从心理学角度分析，项目管理者可以从两个方面获取组织的痛点。

1）**利益－影响力矩阵**，结构决定了干系人的利益与典型心态，详细分析见本章第一节。

2）**客户常常会为他们最担心的东西买单**。人们总是对那些**反复出现**的担忧念念不忘，这些恰恰就是客户的痛点。

例如，刚毕业的大学生最担心的是职业发展与个人成长；即将退休的员工则在为顺利过渡而焦虑；职能部门的同事可能会担心业务人员的配合度；业务部门则在纠结如何适应新产品；管理者担心控制力不够，员工则害怕被限制。作为项目管理者，别忘了要"听话听音"。多倾听他人的焦虑与担忧，痛点自然而然就会浮出水面。

（二）调研方法和沟通工具

回到项目需求，所有那些"高大上"的管理需求都需要基层人员来配合。他们的任务不仅是记录数据，还需要分类整理，这个过程中的工作量可想而知。然而基层人员并不想加班，他们宁愿少干点活，也希望责任能够轻松点。作为项目经理，你必须能巧妙地平衡各方需求，判断每位干系人在项目中的"权重"。只有这样，才能在项目开展时，精准地分配资源，满足各类需求，确保项目不"翻车"。

个人动机与组织架构共同决定了每一位干系人在项目中的痛点与具体需求，想要深度识别个人需求与组织需求，还需要借助具体的方法与工具。接下来，我将就项目中常用的需求调研方法及需求沟通工具展开说明。

（1）**需求调研方法**。项目经理在进行需求调研时，需要从**知觉**、**心态**、**行话**（专业术语）、**提问**四个方面，确保与客户、关键用户"保持同频共振"，发掘到真正的业务需求。

1）**知觉**：在需求调研中，尽量避免**选择性知觉**。所谓选择性知觉，是指如果**锤子**眼里看到的都是**钉子**，那得到的结果一定是处处碰壁。我们在调研时，必须学会放空自己，避免先入为主。只有抛开已有的经验与判断，多倾听客户的声音，而不是急于推销已有的解决方案或产品策略，才有可能找到客户深层次的"需要"。

2）**心态**：在需求访谈中，避免"疤痕效应"是至关重要的。疤痕效应是一种心理现象，指的是我们对自己的缺陷过于敏感，而忽略了他人的看法。心理学家曾做过一个实验，让志愿者们化妆成面部有疤痕的人，结果即使他们脸上根本没有疤痕，却依然相信别人会用异样的目光看待自己。这种心态在需求访谈中同样适用：我们可能会因为自己的成见而错失客户的真实需求。因此，放松心态，保持开放，才能更好地捕捉到那些潜在的需求。

疤痕实验告诉我们一个有趣的真相：**别人是以你看待自己的方式来看待你的**。所以，对于乙方的项目人员来说，在需求访谈之前，别急着想象甲方会如何与你"对峙"。不如打开你的右脑，想象一下与客户愉快互动的场景，设想对方如何认可并赞赏你。因为，积极的心态能让沟通更加顺畅，也能让项目进展顺利。

3）**行话**：尽量使用**与客户同频的专业词语**，以获得信任。行话就像一把钥匙，能打开客户信任的大门。想象一下，假如你和客户谈论服装行业时，能够自信地提到"打板""翻样""品番"，他们的眼中会闪烁着惊喜的光芒；而在建筑行业，术语如"应力""打灰""拉毛"则能让你瞬间拉近与客户的距离。医疗行业也不例外，熟悉"HIS"（医院信息系统）、"MRI"（磁共振成像）、"EMS"（紧急医疗服务）和"EMR"（电子病历）等术语，能迅速增加客户对你的信任。

和不同专业背景的客户交谈时，提前**通过 AI 进行"补课"**是个明智的选择。在与财务专家讨论时，如果你能深入表达对"预算"和"资金管理"的观点，他们一定会对你刮目相看。而在人力资源领域，能头头是道地分析出"组织发展"或"人才激励"措施，会让你在需求调研时如鱼得水，快速洞察到客户业务的本质。总之，掌握行话，不仅能让你赢得客户的信任，更能让你在项目管理的路上游刃有余。

4）提问：在需求访谈中，可以增加以下六类典型问题的使用频率，这将有助于项目经理获得大量真实、有效的项目信息，进而找到针对性的解决方案。

- 事实类问题：通常是指5W2H类的问题，即何时、何地、何人、做什么、为什么做、如何做、费用情况等。
- 感受类问题：例如，当遇到此类问题时，您的感受是怎样的？用1~5分（1代表情绪最弱，5代表最强）来评价的话，可以打几分？
- 追加类问题：此类问题可以帮助项目经理获取更多表象之下的信息，并激发受访人发表更多意见。例如，关于操作方面的问题还有哪些？还有呢？
- 两级类问题：此类问题有助于获取项目的压力或性能指标，确定产品或服务的上下限。例如，每月/周最高峰、最低谷时的数据量是多少？
- 第三视角问题：用有人如何做的问题启发受访人打开思维局限。例如，某客户/企业是这么做的，您觉得呢？
- 魔术棒问题：通过假设启发受访人跳出当前的限制性认知与信念，进而找出更多的解决方案。例如，假如您担心的时间/质量……不存在问题，您建议项目怎么做？

（2）需求沟通工具。项目工作内容如果是**具象化的产品、成果**，可以在需求调研过程中，多借助工具来推进访谈的开展，常见方法有**低保真界面**和**用户画像**。

1）低保真界面：低保真界面就是让你与用户在同一个频道上，用形象的画面将抽象的想法变得具象。**常见的需求绘制工具如Axure、**

Dreamweaver、Xmind 和 Visio 等，可以将复杂的业务流程和数据，转变成清晰的流程图和界面交互图。在需求调研时，项目经理可以带着低保真界面与用户进行沟通，不仅能把用户从天马行空的幻想中拉回现实，还能让双方聚焦于可实现的目标，避免早期的模糊需求为项目后期带来干扰。

2）**用户画像**：我们可以创造虚拟用户，这个角色要有**足够的代表性**，可以是某个真实人物的翻版，或者是几种性格的综合体。一定要给虚拟用户命名，但最好不要用项目中真实的人物名称，可以用岗位特点来替代，如技术大咖牛工、财务总监钱总、销售专员小关等。同时，在网络上搜索一个头像，并为其编写一段此任务的传记，讲述他的背景和需求。编写完成后，一定要用大纸张**打印**出来，**悬挂**在项目小组的公共区域。大家在讨论时，尝试站在虚拟用户的视角来想象他的反应，并根据用户视角发现的问题进行项目方案的调整。

需求的本质可以归结为三个关键问题：**谁？为什么？是什么？** 当我们把用户的需求想象成一座冰山，海面上露出的部分只是冰山一角，而隐藏在水下的才是更为庞大的真相。如图 2-4 所示，在管理产品类项目时，项目管理者不能急于求成，用户一提要求就直接把自己的产品功能抛出来。我们要像中医问诊一样，耐心地多问几个"为什么"，深入挖掘用户的隐含需求，找到他们真正关心的内容。

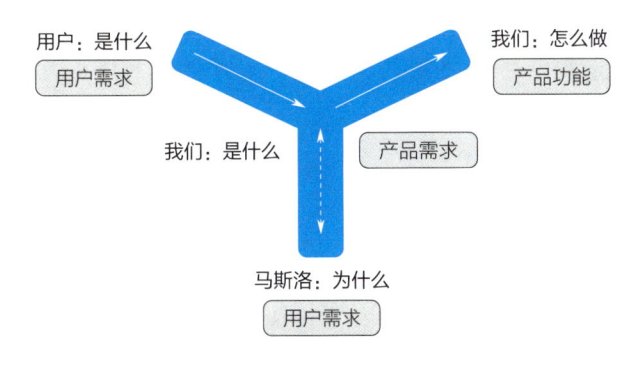

图 2-4 用户需求的本质

关于用户需求，在此给大家讲一个故事。在一个电子商务项目中，我曾担任交付负责人，客户是一家专门销售红木家具的厂商，手里握有一套价值上千万元的"镇店之宝"。一次，与客户方召开系统方案汇报会时，对方老总不断追问："这个产品放到网上去，别人能看到吗？"

"当然可以！只要放到我们的电商平台上，登录的用户都能看到！"我信心满满地回答。

没想到，老总听完后，脸色立刻变得阴沉起来，二话不说就离开了会议室。不到半天，项目就宣布暂停了。我当时心里纳闷不已，却不知道自己到底做错了什么，只能求助于客户方的项目经理。

经过一番深入交流，我终于明白了这位老总的担忧：红木家具的成本构成非常灵活，外行人可能无从得知，但业内专家只需要看完图片，就能推测出其详细成本。老总担心一旦产品售价被外部专家看到，就会影响公司的销售策略。

意识到他的真实顾虑后，我迅速改进了项目方案：在电商平台上对商品售价进行加密处理。顾客点击商品链接后，基本信息将直接进入 CRM（客户关系管理）系统，服务人员可以根据系统数据获取销售线索，及时与潜在顾客联系。

这个方案最终获得家具厂老总的认可，他的顾虑得到了妥善解决，项目也因此顺利步入正轨。

三、追问不休，直达理想的尽头

工作中，我经常运用 5 个 Why，也称追问法来获取项目发起人的理想状态及项目需求。该方法源自日本丰田公司，主要用于挖掘问题的根本原因，避免同样的错误再次出现。在项目启动的早期阶段，项目经理如果能用追问法弄清楚项目的真正背景与需求，对项目目标可谓事半功倍。接下来，我会以自己曾经负责的一个培训项目为例，展示如何进行项目需求的挖掘工作。

（1）现象：存在什么问题？何时、何地、谁、频率是怎样的？

某天，企业的CEO突然要求人才发展总监迅速举办一场针对销售团队和运营团队的培训，以提升团队士气。总监心里忍不住要问：为什么老板突然想要举办这场培训（项目）呢？

（2）追问角度：人，为什么该问题会发生？

为什么重点人群是销售人员？出现了什么问题？这次培训需要达到什么效果？答案是企业的销售人员压力较大，流动非常快。很多人每天的目标只有完成销售指标与拜访客户，个人能力没有得到提升，职业前途一片迷茫。时间一久，团队士气变得低落，从而影响了销售业务的开展。

（3）追问角度：方法，为什么该问题没有被规避？

针对销售人员的团队建设，已经做了哪些工作？为什么没有取得效果？答案是针对销售团队，每天早上都会召开半小时销售站立会，由销售经理分享客户拜访经验，并沟通当天的销售任务与可能遇到的困难。同时，还会开展一些团队建设小游戏，以增强销售人员之间的黏性。然而，这些活动均是比较常规化的方法，短期内虽有利于员工了解彼此，但是没有外部专家的介入，方法不够系统，学习效率偏低，效果自然也并不明显。

（4）追问角度：环境，为什么允许该问题发生？

为什么方法不系统？团队成员的士气为什么没有持续提升？答案是，企业规模较小，缺乏经验总结与整理，分享的内容往往比较片面。此外，企业对销售岗位没有设置任职体系和晋升路径，销售人员在日复一日的工作中，找不到工作的成就感，也看不到发展前景。

（5）追问角度：纠正，问题如何纠正？

针对销售人员士气的提升，如何从短期与长期两方面进行改善？总监找到的核心解决方案是：要体现对销售人员的尊重与关心，同时明确个人发展方向，帮助他们在企业内实现快速成长。

（6）防止复发：吸取教训，杜绝再次发生。

最终，针对 CEO 的培训要求，人才发展总监识别出的需求是：建立一个针对核心人才的培养与发展机制，激发销售骨干的内驱力，最终提升销售队伍的战斗力。

那么，怎样判断追问到位了？其实只需要两个要素即可：

1）问题的目的要明确，画面要清晰，目标得可控，且是我们能干预和实现的。

2）目的与目标之间要自洽，逻辑要通顺，后续的行动也要支持实现这个目的。

本节作业

请你尝试运用追问法，找到某位项目发起人的真实意图，即理想状态。同时，尝试用问题界定框架，分析该项目可能的问题类型，以及差距改进方向。

若有机会进行项目需求的实地访谈，请结合六类典型问题，设计一份需求访谈大纲。下载一个需求绘制工具，在访谈结束后，结合业务逻辑，尝试绘制出业务流程图或逻辑图。

第三节　分清目的和手段，项目途中不迷路

一、指哪打哪，目的和手段的差异

本节我们来讨论项目目的与目标。以日常生活当中的典型事件为例：减肥，你觉得减肥是目的还是目标？减肥成功的核心指标又是什么？

要回答这个问题就先得看目的和目标的定义是什么。**目的是期望达到的效果或产生的意义**，如弥补现实与期望的差距（产生或消亡、更多或更少，见本章第二节介绍）。目的是做事情的根本和出发点，人的活动是有意义的，同时又受条件限制，讲求投入产出，必然具象化方能执行。

而目标就是期望实现的具体可描述的现象或状态，简称界定成果，也是"目的"的具体体现和衡量标志，做事的具体方向，调整前进步骤的依据。

手段是基于目标的实现过程、路径或者方法。分清楚目的与手段的区别后，开篇的问题就简单多了。

正如很多读者所说，如果你的目的是健康或美丽，那么减肥其实只是手段而已。如果我们把手段误当成目的，结果可能就会大错特错，甚至付出惨痛的代价。关于过度减肥导致疾病甚至失去生命的报道屡见不鲜，读后不禁令人感到痛心。

如果把减肥视为手段，追求的目的是健康，那么监控健康的成功指标一般就是体脂率、BMI指数、腰围尺寸（腰臀比）等；反之，如果把减肥当成目的，就会一味追求绝对体重，结果可能舍本逐末，失去健康。

在职场上，错把手段当目的的也大有人在。比如，有一次人力资源部门接到高层指示：在年末举办一场千人规模的年会，以达到鼓舞士气、表彰

先进的效果。各职能部门在年会策划与执行方面可谓轻车熟路，于是项目组设计了文艺表演、抽奖互动、荣誉表彰等"年会三板斧"，预算竟然高达七位数，方案很快被否决。项目负责人满腹狐疑：年会历来都是这样办，怎么方案就通不过呢？

问题的根源在于，项目负责人错将"年会"这个形式，变成了手段，而却忽略了"鼓舞士气、表彰先进"才是项目的最终目的。如果我是项目出资人，看到这样的花哨方案，肯定会追问：花几百万元给员工发奖品、请明星助阵就能达到鼓舞士气的目的吗？显然，答案是否定的。

项目管理中 67% 的失败源于目标混淆，如果要避免项目失败的风险，需要实施下面的三级校验体系：

（1）**战略一致性校验**。使用平衡计分卡（BSC）验证项目目的与企业战略地图的匹配度，充分探索项目背景及目的，明确真正问题所在。

（2）**逻辑完备性校验**。通过目标分解树（Objective Tree）确保子目标完全覆盖母目标，形成项目目标和度量的指标值。

（3）**实施可行性校验**。运用定量工具分析，如蒙特卡洛模拟预测目标达成概率。例如，某基础设施项目模拟显示，雨季施工将导致工期延误概率增加 37%。

通过运用三级校验体系，可以保障项目在正确的轨道上前进，最终实现预期目标。

二、初心不改，目标分类设置原则

目标并不是千篇一律的，可以分为**理性目标**和**感性目标**，软硬结合，才能做到包容一切。

（一）理性目标体系

理性目标就是那些能被量化的目标，通常要遵循 SMART-C 的原则，具体如下：

（1）Specific（具体的）。指项目目标要切中特定的工作目标，不是笼统的，而是适度细化并且随情境变化而发生变化的。

目标要明确，不是模糊的"做得更好"，而是"某线上客服系统最终要将客户满意度提升10%"，这样项目工作才有明确的改进方向。

（2）Measurable（可度量的）。项目目标要指标化或数量化，或行为化，验证这些指标的数据或信息是可以获得的。

例如"app每月新增客户保持5%的增长率"，这样你就能精准追踪进展，确保自己没有在盲目摸索。

（3）Achievable（可实现的）。项目目标在付出努力的情况下要可以实现，避免设立过高或过低的目标。目标要现实可行，设定一个"跳一跳才能够到"的高度。

如果去年的销售额是1000万元，今年定为1300万元，30%的增长幅度刚好合适；但假如想直接冲到1亿元，那难度就太大了，反而会让团队士气低落。

（4）Relevant（相关联的）。项目目标不是单个的，是为了完成整体业务目标而设定的具体目标，并且目标中的要素之间是相关联的。每一个小目标都像拼图的一部分，缺了哪一块，整个画面都不完整。

（5）Timebound+Trackable（有时限的+可追踪的）。项目目标要使用一定的时间单位，即设定完成这些指标的期限，此外，确保目标是可追踪的，这样你才能清楚地知道进展如何，避免项目失控。

（6）Cost-constraint（有成本的）。理性目标还要考虑成本。设定目标时，要明确投入产出比，避免不必要的浪费。毕竟，谁都不想在项目结束时发现自己花了大把钞票，换来的却是华而不实的空壳产品。

基于符合SMART-C原则设置的项目目标如表2-3所示。

表 2-3 项目目标书写示例

要干什么	在什么方面	达到什么状态	什么时间	预算/资源
缩短	生产周期	18%	本年年底	××万元
开发	功能软件包	达到 3.5 级或更高级别	2025 年 12 月 31 日正式推出	6 名开发人员、1 名产品经理

针对理性目标体系，可以通过构建"指标—阈值—权重"矩阵进行度量与跟踪，以某新产品开发项目为例，其度量指标、指标值与所占权重如下。

（1）质量指标：首批次不良率≤0.1%（权重30%）。

（2）成本指标：BOM（物料清单）成本较竞品低15%（权重25%）。

（3）进度指标：从概念到量产≤180 天（权重45%）。

（二）感性目标体系

项目的**感性目标要能够激发人**。感性目标通常以**定性描述**的形式存在，度量难度较大，但它们最大的魅力在于那种生动的画面感，让人听了忍不住热血沸腾，愿意为之全力以赴。任何项目的启动，都离不开发起人的期待和情绪的投入。聪明的项目经理在接手项目时，不妨多问问发起人，深入挖掘一下他们心中项目的"成功画面"是什么样的。

感性目标体系的度量，可以采用以下两种典型方式。

（1）视觉化故事板。如某新能源汽车项目，通过制作 3 分钟概念视频，描绘"零碳出行生态"场景，激发项目成员的参与热情与成就感。

（2）情感账户管理。设立"创新勋章"制度，将技术突破与个人荣誉绑定，每一位项目成员取得的成绩最终都将通过荣誉体系来呈现，在组织的各类重要会议上，专门设置优秀项目、优秀项目团队和优秀个人等曝光专区，强化项目成员的组织归属感。

时至今日我依然记得在 2012 年年初，春寒料峭，冰霜还未消退的时候，公司突然传来一个令人振奋的消息——董事会计划投入5000万元，启动一个全新的医疗数字化自主研发项目。在项目启动会上，总经理热情洋溢地为团队描绘了项目的美好愿景：

"因为你们参与的这个项目，患者的就医时间将大大缩短，再也不需要清晨起早，拿着小马扎在现场排队；再也不需要在走廊里扎帐篷，睡在冰冷的水泥地上受罪。你们的亲人去医院就医时，医保实时结算，医生的问诊更加精准，病情也能提前得到控制，省去奔波转院的疲惫，免去为看病而砸锅卖铁的无奈，他们会自豪地说'这个就医便利的项目是我家亲戚负责的'……"

是不是感觉热血沸腾了？项目的理性目标虽然没说太多，但这样的画面感却深入人心，参与项目的成员们都激情满满，久久难以忘怀。这种效果可比拉横幅、挂标语、喊些不痛不痒的口号强了千百倍！

三、项目策划，GOLD 模型来帮忙

"运筹帷幄，决胜千里"，项目管理的真正**发端在于项目策划**，而项目策划的关键在于从源头梳理清楚项目几个关键核心要素：**目的、目标、约束条件、交付物及验收标准**。

（1）Goal（目的）。目的回答项目为何存在，需要连同项目背景、商业问题一并描述清楚。项目管理的核心在于如何正确地做事，而确保起点的正确性，对项目成功至关重要。

（2）Objective（目标）。目标是你希望达到的具体结果。这里我们依然可以用 SMART-C 原则来清晰呈现，这样一来，目标就不再是空中楼阁，而是触手可及的蓝图。基于不同的项目形态，项目目标可以细分为三类：产品类项目目标、服务类项目目标及活动类项目目标。

1）产品类项目目标，可以采用 SMART+S/C(规模/成本)原则。例如，

9月30日前完成智能客服系统V2.0的开发,实现响应速度提升40%,支持10万人并发访问,成本控制在20万元以内。

2)服务类项目目标,可以采用RATER模型(可靠性、保证性、有形性、移情性、响应性)。例如,客户服务满意度达到95%,首次响应时间<15分钟,服务升级率<3%,等等。

3)活动类项目目标,可以采用ROI+影响力模型。例如,行业峰会实现超过800个参会者,媒体曝光量100万次,潜在客户转化率15%,等等。

(3)Limitation(约束条件)。约束条件是已知的限制条件,就是项目管理中的"黄金三角形",包含5W2H要素,你需要仔细思考:要用多长时间完成?预算范围是多少?质量标准如何?哪些内容在项目范围内,哪些又不在项目范围?明确"不可逾越的边界",这些都是你必须面对的限制。例如,在某政府项目中,数据存储必须符合网络安全法中的本地化要求,构成技术选型的刚性约束。

(4)Deliverables(交付物)及验收标准。你要明确交付的是**有形的产品**,还是无形的服务或结果。无论是什么,确保交付物清晰可见,验收标准明确,这样才能让项目顺利收官。

产品类项目的验收标准建议采用敏捷度量,如速度、迭代完成率等;服务类项目目标的度量可引入客户旅程地图进行目标细化和过程监控;活动类项目目标的度量需特别关注前导指标(如预售进度、嘉宾确认率)。

结合表2-3项目目标书写示例和表2-4的项目策划书梳理模板,项目经理就可以在策划阶段形成最早期版本的项目策划书。

基于实践经验来看,项目交付物若是有形产出,无论是质量目标、工期目标还是产品特性等都容易界定,相较于无形产出、服务类项目,交付物和验收标准都会比较容易描写,如表2-5所示。

服务类、活动类项目策划书比较难书写的原因,在于交付成果不易量化,其中的感性目标较多,难以观测和感知,即便尽量去做目标定性描述,结果都难以做到尽善尽美,皆大欢喜。

表 2-4　项目策划书梳理模板

要素	名称	具体含义
Goal	目的（why）	为什么要有任务的产生？
Objective	目标（what）	希望达成的具体结果是什么？（SMART-C）
Limitation	约束条件（when、how much、scope、quality）	时间？预算？范畴？质量？
Deliverables	交付物及验收标准（what、how to）	如何交付任务完成后的有形或无形产出物？

表 2-5　产品类项目策划书示例

二、项目描述

1. 项目背景与目的（所有的项目均起始于某个商业问题，该部分简要描述这些问题）

背景：随着国内劳动力的紧缺及国外新型托盘式自动络筒机在市场上的不断推广，开发和研制低支纱相匹配的自动化、智能化程度相当的新型自动络筒机，已是当务之急。2024年10月收到意向用户的订单，在适纺双品种、高效供纱、异型管排除、生头成功率提高、单锭除尘系统方面提出明确需求。

目的：

1. 在现有自动络筒机卷绕、接头、集中供纱等技术的基础上、满足用户需求，提高产品质量，达到国外同类技术先进水平。

2. 聚焦低支纱市场领域需求，以需求为动力推动技术创新，促进产品提升，利用项目契机开拓低支纱应用市场。

2. 项目目标（包含质量目标、工期目标、费用目标和交付产品特征的主要描述）

项目于 2024 年 10 月 31 日正式启动，项目投资 ××× 万元，项目团队 ×× 人，建设周期为 10 个月。通过项目建设，聚焦低支纱市场领域需求，实现对管纱处理要求的速度快、效率高、稳定性强等技术研发，打开应用市场。

【质量目标】

1. 单纱库三生头络筒机设备的试验验证、优化改进及市场推广，关键技术指标：三生头 CBF 是生头能力达到 55 支/分，插管速度稳定在 50 支/分，各托盘输送通道运行顺畅，不发生卡管、堵管现象，整机运行稳定可靠。

2. 双纱库三生头筒机（双品种）设备的试验验证、优化改进及市场推广，依托重点项目，关键技术指标：三生头 CBF 的生头能力达到 55 支/分，单个纱库插管速度达到 50 支/分（纱库供纱能力超过生头需求），各托盘输送通道运行顺畅，不发生卡管、堵管现象；双品种托盘，采用不同轨道路径实现分类输送、满足一台络筒机，同时生产 2 个品种细纱的要求；整机运行稳定可靠。

3. 实现工艺报警管纱的分类拔除、分类存放，提高设备智能化程度，降低工人的劳动强度。

4. 满足低支纱运行稳定性优化改进。

5. 单锭除尘系统的试验、优化及小批量推广，通过该项技术的研发，延长单锭及管纱输送系统的免维护清洁周期，减少短绒、花毛等有害杂质给设备正常运行带来的故障。

（续）

6. 筒纱等待位以锭节为单位，可以进行双品种分别落筒。
【开发重点】
1. 双品种刚性分组优化改进及推广。
2. 双品种可以按照锭节，调整双品种生产比例。
3. 工艺报警纱智能排除。
4. 筒纱等待位以锭节为单位，进行双品种分别落筒。
【工期目标】2024 年 10 月 –2025 年 8 月 20 日
【费用目标】×××万元
【交付产品特征】
1. 用户现场测试验证，单纱库三生头 CBF 的生头能力达到 55 支 / 分，插管速度稳定在 50 支 / 分，各托盘输送通道运行顺畅，不发生卡管、堵管现象，整机运行稳定可靠。
2. 双纱库三生头络筒机（双品种）CBF 的生头能力达到 55 支 / 分，单个纱库插管速度达到 50 支 / 分（纱库供纱能力超过生头需求），各托盘输送通道运行顺畅，不发生卡管、堵管现象。
双品种托盘，用户现场采用不同轨道路径实现分类输送，满足一台络筒机，同时生产 2 个品种细纱的要求；整机运行稳定可靠。
3. 通过增加整机吸尘系统，增加单锭侧吸风装置，实现单锭除尘功能，延长单锭及管纱输送系统的免维护清洁周期，减少短绒、花毛等有害杂质给设备正常运行带来故障。
4. 对单锭产生的工艺报警纱，进行 RFID 识别，到达 CBF 时进行分类拔出，达到设计预期和用户使用需求。
5. 筒纱等待位翻转机构以锭节为单位，分别用气缸驱动，双品种分别落筒，达到设计预期和用户使用要求。

表 2-6 展示的是一个活动类项目在做项目策划时考虑的核心要素，并针对各要素的定性描述、定量描述、验收标准、约束条件等。

表 2-6　活动类项目策划书示例

1. 项目背景与目的（所有的项目均起始于某个商业问题，该部分简要描述这些问题）
背景：随着企业的不断发展壮大，员工数量逐渐增加，企业文化也日益丰富。为了加强企业内部的沟通与交流，增强团队凝聚力，展示企业的发展成果和员工风采，同时感谢全体员工在过去一年的辛勤付出，企业决定举办一年一度的年会。 **目的**：回顾工作，总结经验，表彰优秀员工，激励全体员工在新的一年里继续努力，为企业的发展做出更大的贡献；促进员工之间的交流与互动，营造良好的企业文化氛围；增强员工的归属感和幸福感。
2. 项目目标（包含质量目标、工期目标、费用目标和交付产品特征的主要描述）
1. 参与人数目标：确保企业全体员工（预计 1000 人）的参与率达到 95% 以上，同时邀请部分重要合作伙伴和客户代表参加，现场总人数控制在 200 人左右。 2. 节目质量目标：策划并组织形式多样的年会活动，节目由员工自荐并投票选出，确保具有较高的观赏性和娱乐性；考虑现场与线上观众的实时互动性与参与性，融合企业新的三年战略设计直播与通关游戏环节，线上观众满意度达到 90%，全域员工满意度达 90% 以上。

（续）

3. 活动效果目标：员工在朋友圈自愿转发年会活动截图，转发率、点击率达到80%；员工对企业发展的信心指数达到9.5分以上（10分为满分）；年会结束后一个月内，企业事假缺勤率下降10%。

4. 预算控制目标：在保证年会质量和效果的前提下，严格控制活动预算，确保总费用不超过100万元。

三、项目里程碑计划（包含里程碑的时间和成果）

11月1日	11月11日	12月10日	12月15日	12月22日	12月28日
成立年会项目小组	节目策划与征集阶段	节目排练与审核阶段	发放邀请函	场地布置准备阶段	年会举办阶段

四、评价标准（说明项目成果在何种情况下将被接受）

1. 项目目标达成情况
   - 员工参与率。
   - 观众满意度。
   - 员工在年会后的工作态度和团队协作情况。
   - 预算控制目标。
2. 项目时间管理
   - 项目进度偏差率。
3. 项目质量管理
   - 表演水平达到预定标准。场地布置效果美观、大气，物资准备齐全、质量合格。
   - 现场组织秩序良好，活动顺畅，未出现重大失误或安全事故。
4. 项目沟通管理
   - 项目筹备小组内部以及与其他部门之间的沟通及时、有效。员工对年会信息反馈的渠道畅通。
   - 合作伙伴和客户的沟通协调工作顺利，满足各方需求。

五、项目假定与约束条件（说明项目的主要假设条件和限制性条件）

假定

1. 企业员工和受邀嘉宾能够按时参加年会，不会出现大规模缺席情况。
2. 节目排练过程中，参演人员能够积极配合，按时参加排练，且不会出现因个人原因导致无法正常演出的情况。
3. 场地租赁和物资采购过程中，供应商能够按时提供符合要求的场地和物资，且价格不会出现大幅波动。

约束条件

1. 时间约束：年会项目必须在12月22日前完成所有筹备工作，并在12月28日当天按时举办，项目总时长不得超过60天。
2. 预算约束：活动总预算为100万元，包括场地租赁、物资采购等各项费用支出。在项目实施过程中，必须严格控制费用，不得超支。
3. 场地约束：根据企业的实际情况和参与人数，选定的年会场地为A酒店，场地面积、布局和设施设备有一定限制。在场地布置和节目安排时，需要充分考虑场地的实际情况，确保活动的顺利进行。

在我作为项目管理咨询顾问的实践过程中，撰写服务类项目策划书时常会遇到一些"坑"，总结起来大致可以归纳为六大类问题，下面一起来了解一下。

（1）**目的不清**。目的、目标混淆，目标和手段分不清楚，目标缺少定量指标和定性描述。

（2）**交付物缺失**。交付物特性与验收标准混为一谈，产品特性与衡量标准模糊界限；如果找不到质量目标，客户满意度也可作为质量指标。

（3）**目标不能支撑目的达成**。如团队士气、效率指标等在项目目标中缺少具体体现。

（4）**评价标准、约束条件与行为混淆**。评价标准是具备该条件的可接受交付物；约束条件是项目开展的客观现实基础，项目不能超出约束而展开工作；行为是为了达成验收标准需要做什么。三者不可混用。

（5）**缺少商业视角的高度**（发起人、老板、高管关注的重点有哪些）。内容过于琐碎，直接切入方案细节。策划书需要说明项目为什么发起，做到什么程度视为完成，细节内容在计划环节体现即可。

（6）**以总结代替策划**。策划是从零开始做项目，思考时对前方一无所知，而不是"事后诸葛亮"，把所做的工作复述一番。

四、度量指标，项目成功的"指北针"

定义好目的和目标可以将项目方向梳理清楚，那么怎样才能确保对项目目的的理解是清晰到位的？此处，我将分享自己的三个经验之谈。

（一）和干系人探讨需求，判断是否真正理解清楚了目的和背景

别害羞，勇敢地去探讨需求！与**项目的发起人**或者重要干系人进行深度**交流**，就像是和老朋友聊聊天，了解他们的真实想法。在这个过程中，可以用一些问题框架来找出差距，确保大家的目标一致。

还有个小技巧，试试 5 个 Why 追问法，持续追问，直到挖出真相为止。让干系人描述他们心目中的**成功画面和细节指标**，如果他们能画出流程图和逻辑图，那简直是如虎添翼！

（二）要去确认实现目标的约束条件是什么

很多时候，我们设定目标时，心里总是想当然地认为行业会持续上升，需求会不断增长。但如果你发现自己所在的行业已经进入增长瓶颈期，甚至开始下滑，那么你的目标就需要调整，保持现有的业绩水平可能才是更加现实、合理的选择。

因此，在策划项目方案时，一定要提前找好约束条件，定义好客观假设。在我所负责的活动类项目中，有一次在设定年会目标时，我过于乐观地估计了约束条件：想当然地认为核心骨干肯定能如期参会，结果头脑一热便预订了一家五星级酒店，并提前预付了数十万元的定金。结果临近会议日期时却突遭变故，会议只能被迫改为线上。此时想再去与商家协商退款，过程可谓一波三折，难于登天！

（三）是否做到了目标的指标化

定义的目标是否符合 SMART-C 原则，是否选择了一个有效的度量目标的指标，我们称其为**目标的指标化**。指标化包含量化维度和维度的具体数值两个含义。很多时候我们在目标设计时容易忽略指标值的设置，如何合理地设置指标值也非常关键。

在精益项目管理领域，我们常用 OMTM[①] 来度量项目目标。例如，在电子商务领域，很多人可能会关注 GMV（总交易额），但实际上，我们更应该把目光放在转化率上。**转化率是电商的基本指标之一，它通过计算访客**

[①] OMTM，唯一关键指标，全称 one metric that matters，在数据分析时，可以抓取许许多多的数据，但必须聚焦在最关键的事情上。

中有多少人最终完成购买，来揭示我们的项目是否走在正轨上。

SaaS[一] 产品的指标包括收入增长率、订阅率、复购率等。收入增长可以认为是追加销售，这是 SaaS 产品关注的重点指标；SaaS 产品最关键的就是用户复购和阶梯计价，争取每年获得 20% 的客户销售收入增长（包括新增的授权许可在内），争取每个月让 2% 的用户增加他们的付费额。

对于社交平台，平均停留时长是产品的主要衡量指标。例如，抖音、微信视频号等产品拼命吸引用户眼球，为的就是争夺用户注意力，留住用户，用户停留时间越长，平台的收益就越大。

对于广告平台，CPC（广告点击率）是变现的主要方式，如每万人或每千人的点击率、转发率等。

如果是平台双边撮合型的产品，核心的指标就是买卖双方业务达成率等。

在定义了首要成功指标之后，接下来我们要做的就是把这些指标拆解开，形成一套子指标和过程指标的体系。这套指标体系就像项目的导航系统，帮助我们逐步解构和细化项目目标。如果没有这些指标的指引，就像在大海中航行却没有指南针，结果只会是东奔西跑，迷失方向。

表 2-7 是针对服务类项目指标的设置与监控，可以为我们设置度量指标提供一些思路。

作为项目管理者，一定要避开"虚荣指标"，专注于那些真正能够推动项目前进的有效指标。因为"虚荣指标"看似光鲜亮丽，却对项目的实际推进毫无帮助。例如，"人次"这个指标就非常典型。招聘人数、培训人数、参加会议的人数等，随着时间的推移总是呈现上升趋势，但它们对项目目标和决策方向毫无意义。这些指标就像是给自己"贴金"，让人觉得你看上去十分忙碌，却不知你到底在做什么。

[一] SaaS，Software as a Service 的简称，意为软件运营服务。SaaS 让用户能够通过互联网连接来使用基于云的应用程序。常见示例有电子邮件，日历和办公工具。它不需要用户将软件产品安装在自己的电脑或服务器上。

表 2-7　基于 RATER[一] 原则的项目目标与指标度量

RATER 维度	目标示例	量化指标	监测工具
可靠性（R）	100% 按议程时间节点执行	议程偏离率（允许 ±5 分钟）	智能计时系统 + 人工核查
保证性（A）	参会者对内容专业度评分 ≥ 4.7 分（满分 5 分）	专家资质审核通过率	电子评分系统 + 关键词分析
有形性（T）	会场设备故障率 < 1%	设备测试通过率、备用物资清单完整度	巡检清单数字化
移情性（E）	满足 80% 的特殊参会者需求（如饮食）	需求采集完整率、现场调整响应速度	会前调研表 + 实时反馈 app
响应性（R）	现场问题 5 分钟内解决	问题解决平均时长	服务台工单系统

避开"虚荣指标"的同时，可以聚焦先行指标（Leading Indicators），以下是部分先行指标示例。

（1）产品类项目：用户 7 日留存率、功能使用深度。

（2）服务类项目：首次解决率（FCR）、服务弹性系数（峰值承载力/日常承载力）。

（3）变革类项目：员工变革准备度指数（通过问卷调查量化）。

同时，可以采用控制图辅助目标的动态监控。例如，在某供应链优化项目中，我曾经通过 X-bar 图发现物流时效波动异常，据此及时调整配送策略，最终避免整体目标的偏离。

除了以上三点经验，别忘了还要进行一致性校验。跳出你的舒适区，站在更高的角度，试着站在发起人或出资人的角度，认真思考一下：

1）如果你是项目的发起人，项目团队的方向是否和你的目标一致？作为发起人，你对项目目标有怎样的验收标准？有没有一个清晰的标准来衡量成功？项目组现在的工作范围和内容，是否真的能够达到你心中的目标和要求？

[一]　RATER 即可靠性（Reliability）、保证性（Assurance）、有形性（Tangibles）、移情性（Empathy）和响应性（Responsiveness）。

2）站在发起人的立场上，确保大家的步伐一致，目标明确，这样才能让项目顺利推进，最终实现预期的成果。

本节作业

请参考本节的案例格式，选择某个实际项目，撰写项目策划书，要求包含以下内容，并填入附录 1 "项目策划书 / 任务书"。

（1）项目目的（为什么要做这个项目？）。

（2）项目目标及衡量标准（成功标准是什么？）。

（3）项目范围陈述（必须做什么——需要哪些工作？ 是否有相关工作不属于本项目？）。

（4）交付成果（交付哪些产品或成果？）。

（5）项目里程碑及初步预算、假设与约束。

第四节　直击要害，用好项目启动会

项目启动会（Initiating meeting）是指在启动阶段的结束时发布项目章程、任命项目经理的会议，意味着项目正式启动。

（一）现实中，召开项目启动会具有非常积极的意义

1．仪式价值

（1）**产生广泛的影响**，让所有干系人都知道项目的存在。

（2）是项目**正式开始的标志**，告知所有干系人项目正式运转起来了。

（3）强化全体项目成员的**共同使命感**。

（4）使用"授旗仪式"强化团队**身份认同，鼓舞团队士气**。

2. 治理价值

（1）公示"决策权限矩阵"，明确变更审批路径，确保项目规则底线被广泛认知。

（2）发布风险管理章程，设定风险响应级别（如成本超支5%需升级至领导委员会），为项目设定多条保险绳。

（3）发布项目责任分工表，让每个人都知道自己的角色和压力，**确保大家对项目的重视**。

（二）除了现实意义，项目启动会对项目团队还具有重要的心理学意义

（1）定基调。确定团队的工作节奏、工作氛围、沟通风格，这种基调会一直延续到项目周期结束。

（2）切状态。让团队成员从上一个休闲的阶段切换到紧张工作的状态，就像学校通过开学仪式把学生从假期状态拉回学习状态一样，启动会也需要达到这种效果。

（3）立规矩。这些规矩要针对项目可能发生的风险，建立心理上的"免疫效应"。

（三）关于项目启动会的内容，主要包括以下事项

（1）介绍项目成员及与会人员，完成项目团队"破冰"。

（2）明确项目背景，说明项目目的与意义，指明项目目标和愿景。

（3）明确项目组织架构，确保各部门的有效配合，明确各干系方的职责，有助于项目有序推进。

（4）明确项目成员和每个成员的角色、责任、分工等，有了清晰的职责，每个人才能更有责任感地完成各自的任务。

（5）明确项目的工作机制，大型项目的协作机制内容比较多，包括决

策机制、审批机制、会议机制等。针对团队和项目规模较小的情况，此处主要指沟通协作机制、如周例会、月例会等。

（6）明确项目重要的阶段里程碑与计划，如何时交付、何时结项、何时复盘，针对眼前的阶段做详细计划，远期的阶段可做粗略规划。

（7）项目风险分析。对各个模块的工作进行风险评估，降低风险出现的可能性，可以参考以往项目或是同行案例。

（8）有关制度、约束的确定。

注意：现实中，很多人经常把项目启动会与项目开踢会（Kick-off meeting）混淆，项目启动会与项目开踢会的区别如表2-8所示。

表2-8 项目启动会与项目开踢会的区别

阶段	含义	通俗解释	示例
项目启动会	在启动阶段的结束时发布项目章程、任命项目经理的会议	意味着项目正式启动	唐王与唐三藏结拜 明确项目目标，分发项目章程
项目开踢会	在规划阶段结束时、执行阶段开始前分发项目管理计划的会议	意味着项目一切就绪，可以马上开工执行	在观音的见证下，唐三藏收服沙僧，取经团队正式组建 介绍团队成员，分配职责

一、事半功倍，启动会应该这样开

（一）会议流程

从会议流程看，一次成功的项目启动会需要从**会前**、**会中**、**会后**三个阶段分段考虑。

1. 会前准备

（1）**提前发布通知**，用邮件、即时通信工具或OA（办公自动化）公告，提前告知大家会议的时间、地点、议题、参与人员和议程安排。让每个人都能提前做好准备、心里有数。

（2）设定清晰的**会议目标和会议议程**，帮助大家合理安排时间，避免出现"会议与我何干"之类的尴尬。

（3）会议负责人对会议内容做**深入准备**，如果有相关文档，尽量提前下发给参会人，确保大家都能带着问题来。

（4）在通知中提供几种方案，鼓励大家各自准备，激发创意火花。

（5）结合干系人的影响分析，策划会议的人员关系、流程与结果，确定重要干系人准时出席会议。

（6）若有条件，可以进行冲突沙盘推演。例如，模拟技术部门与采购部门的预算争执，预设妥协方案。

2．会中推进

（1）高效的会议都需要一个**主持人**。一个好的主持人能有效把控会议进度，排除争议，促进参与，强化团队关系。让每个人都能畅所欲言，但又不至于跑题。

（2）有一个最终**决策者**。确保有一个最终决策者在场，避免出现"议而不决"的局面。

（3）对于有争议的问题，尽量理清思路，展现出互相理解和尊重的态度。

（4）注意参会者的形象，团队和谐是项目绩效的基础，务必为彼此保留颜面。

（5）在正式会议中，尽量避免跑题与无效讨论。项目启动会主要是**同步信息**，沟通要在会前做好，会上尽量**减少临时讨论**。

以下是某智慧城市项目启动会的议程。

- 战略背景（市长视频致辞，10分钟）。
- 目标解读（SMART-C框架展示，20分钟）。
- 治理结构（公布PMO组成，30分钟）。
- 里程碑共识（甘特图研讨，25分钟）。
- 承诺仪式（全员签署责任状，15分钟）。

3. 会后结果

（1）没有结果的会议都是"浪费生命"，哪怕只是明确了分歧，也要有个结果。

（2）确保每个相关人都清楚会议的结果，避免出现信息孤岛。

（3）明确后续的行动步骤，引导大家即刻出发。可以通过决议追溯系统，建立会议落地追踪机制，明确责任人及结果汇报频率。

（二）会议要素

除考虑流程的注意事项外，对于每个会议，还需要考虑以下三个关键要素。

1. 目的（Purpose）

建立参会人员对启动会的目标、意义和结果的共同理解和承诺。

（1）**启动会目标**。会议要做什么以及它对我有什么要求？

（2）**意义**。为什么要花时间参加这次项目启动会？作为会议推动者，应该吸引参与者的兴趣，充分解释此次会议如何与项目的总体使命、愿景与目的或目标相关联，甚至包括导致本次研讨的相关背景事件是什么。

（3）**结果**。希望通过本次启动会完成什么（可交付成果），并列出在会议结束时要完成的详细任务。

2. 人员（People）

了解每个人在会议中的角色，并适应参与者的风格，从而使大家积极参与。

（1）参会者跟组织的关系。

（2）参会者的感受。

（3）参会者之间的关系。

（4）参会者扮演的角色。

（5）参会者的**个人特质**、**沟通风格**等。

3．过程（Process）

规划并管理会议的最佳流程、工具和方法。

（1）**会议如何顺利完成**。争议解决的方式，如何保证会议按既定流程展开而不被干扰。

（2）**如何监督评估**。每个与会的干系人是否参与了会议进程，是否收获了预期的内容。

（3）**如何彼此互动**。是否通过会议加深了彼此的了解，充分连接了各干系人。

基于会议流程和各环节的要素组合，形成了高效会议九宫格，其具体应用规则如表2-9所示。

表2-9　高效会议九宫格

维度	会前：准备充分	会中：顺序推进	会后：强化落地
目的	明确会议目的、目标、流程和产出	• 共识 • 行动计划 • 责任落实	推进行动
人员	紧密规划各干系人参与，体现其重要性，确保重要人物出席	参与感强，干系人受到尊重和关注	强化收获感，参会者都获得了自己关心的内容，彼此的关系得到加强
过程	• 通知 • 流程设计 • 讲稿及课件 • 排练 • 硬件与设备检查 • 确认与沟通	• 明确议程 • 基本规则 • 按流程推进 • 搁置争议 • 时间	• 下发会议结论 • 相关材料

（三）注意事项

（1）**明确机制**。无规矩不成方圆，项目要想顺利推进，必须在启动会上立下规矩，如汇报机制、决策机制、异议处理机制、协调机制等。

（2）**责任落实到位**。项目如果涉及甲、乙方参与，就必须就甲、乙双方要做什么工作、怎么配合进行明确，压实责任。

（3）**明确里程碑的时点**。如果达到目标，有什么样的奖励，如物质的、非物质等奖励，在开始就讲清楚，千万别出现下面这样的笑话。

几年前，我参与过一个项目，该项目的项目经理为了点燃大家的工作热情，在启动会上随口放出一句豪言："等项目验收了，除了咱们约定的项目奖金，给每位成员奖励一代苹果笔记本！"此话一出，大家瞬间像打了鸡血，纷纷加班加点，只为那台心心念念的苹果笔记本和奖金。

然而，当项目终于验收，大家满怀期待地等着项目经理兑现承诺时，他却带来一个令人心碎的消息——由于项目回款额度有限，奖品变成一袋苹果和一个纸质笔记本。瞬间，大家的怒火喷涌而出，吐槽声、争吵声此起彼伏，场面一度失控。无奈之下，项目经理临时申请了一笔项目奖金来平息众怒。

可惜的是，这场"苹果风波"带来的信任危机，却是任何物质奖励都无法弥补的。千万记住，若无权力，切不可轻易许诺，项目管理中的信任是最珍贵的。

（四）会议检查单

把会议准备事项标准化后，就可以形成**检查清单**，这也是 PDCA 的核心思想所在。每次召开重要的项目会议前，你都可以拿出检查单做逐项核对，把不必要的错误扼杀在萌芽阶段，也避免出现重复造轮子的无谓浪费。会议检查单的具体内容如表 2-10 所示。

表 2-10　会议检查单

您是否已经……	是	否	说明
1. 明确会议目的？			
2. 明确会议目标？			
3. 选定参会者并明确各人角色？			
4. 明确决策过程（如团队领导者、出席者）？			
5. 决定会议召开时间、地点，并确认会议场地是否可用？			

（续）

您是否已经……	是	否	说明
6. 明确并确认所需设备是否可用？			
7. 通知参会者会议的时间和地点？			
8. 拟定初步议程及目的和目标？			
9. 将初步议程发给主要参会者及其他利益相关者，并事先了解他们的想法？			
10. 确定最终议程并发给所有参会者？			
11. 将所有需要准备的报告或其他材料发给参会者？			
12. 确认所有主要人员都将出席？			
13. 自己做好准备（如草拟发言稿、打印要分发的材料等）？			

二、科学"打鸡血"，提升"荷尔蒙"水平

除了常规的动员，项目经理要善于抓住各个项目阶段，运用好心理学手段，激发团队动能，让大家斗志昂扬地投入项目之中。"打鸡血"是一种形象化比喻，其背后的原理是让项目成员的精神状态持续保持在一种较高的水平上，避免打持久战造成的心态疲劳和士气懈怠。

如何科学地"打鸡血"？答案是：**要强化成功画面**。让每个成员都能看到、听到、感受到项目成功后那种栩栩如生的感觉。心理学研究表明，人总是容易被自己找到的理由和意义说服，一旦付出精力就不愿意撤出之前投入的工作。

我曾经为客户策划过一个业务流程优化项目，主管业务的那位总经理简直是位"激励大师"。在项目启动会上，他用一种"打鸡血"加"画饼"的绝妙组合，成功点燃了大家的斗志！

首先他在动员会的 PPT 上打出一摞厚厚的钞票图片，然后毫不掩饰地说道："只要大家齐心协力，一年后我们的 app 就可以上市大卖，客户口碑爆棚，到时候咱们就能躺在家里数钱，人人都能买到心仪的房子，没事就飞到海边度假，移动办公、海滨度假两不误，简直太潇洒了！"

无论听众们是否真的相信总经理天花乱坠般的许诺，但从项目成员的表情和眼神中，我能清晰地感受到，他们是真的被打动了。这就是项目经理的魅力：不仅能提笔做计划，还能上台鼓舞士气，让团队在梦想的引领下，朝向目标奋勇前行。

当然，"打鸡血"并不局限于项目启动会的场景，在项目每个阶段开始时都可以去尝试。正常人的亢奋状态不可能持续过久，项目经理就需要设计好项目的"心跳节奏"，保证项目成员不能只处于向上的亢奋激动中，也可以有向下的情绪低落、爬坡时的负重疲惫，以及历尽千帆项目交付后的恍然大悟。图 2-5 展示的是数字化项目的"心跳曲线"，经过多年的实践验证，我发现这条曲线同样适用于其他各种类型的项目。

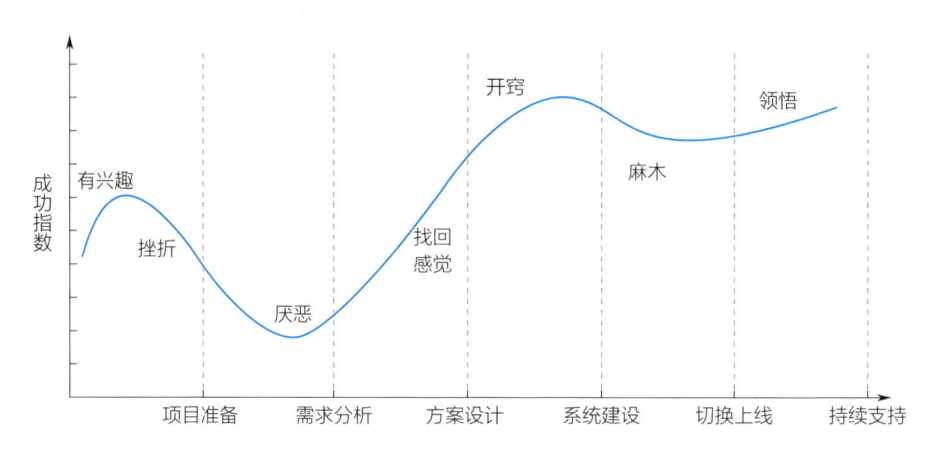

图 2-5　数字化项目的"心跳曲线"

项目启动之初，项目团队和最终用户都对项目充满期待，兴致勃勃，随着项目需求的澄清与细化，理想与浪漫主义被骨感的现实唤醒。就如同取经项目团队一样，悟空觉得去西天取经就是一个筋斗的事情，没想到还要陪着肉眼凡胎的唐僧去渡劫。一旦过程中遇到人性考验，难免心生动摇，貌合神离之后便很难再回到当初的融洽时光。

项目团队、客户只有在这个过程中克服心魔，走过失和—和好—互信的心路历程，才能真正实现高效协同。

好的项目经理，在项目的每个关键阶段都会提前预见困难，设计好为团队加油打气的"鸡血"，让大家"开怀畅饮"后，义无反顾地投入下一场"战斗"。在每个阶段都重新鼓舞士气，是保持团队节奏的最佳方式，也是保持"项目心跳"的秘诀。

> 跑过马拉松的朋友们想必都有过这样的体验：一口气跑完40多千米，简直是在挑战人类极限，听起来就让人心跳加速。但别担心，当我们把这条漫长的路线划分成一个个打卡点时，整个过程瞬间就变得轻松多了。每到一个打卡点，停下来休整，补充点能量，仿佛就能瞬间满血复活！
>
> 想象着完成比赛后，手里举着那枚闪闪发光的完赛奖牌，这样的成就感会让人暂时忘记疲惫，咬紧牙关继续前行。如果身边还有志同道合的伙伴一起加油打气，漫长的终点似乎也变得近在咫尺了。

此外，项目经理也可基于**期望理论**设计项目激励方案。

（1）**工具性建设**。通过WBS（Work Breakdown Structure, 工作分解结构）将"建设数据中心"分解为数百项具体任务，增强可达性感知，可以将这些任务张贴到现场，通过可视化工具展现出任务完成进展，增强团队信心。

（2）**收益强化**。设计"金牌项目经理—专业晋升—股权激励"三级奖励包，让每一个项目成员都看到自己从项目中可以获得的实际收益。

（3）**期望值透明化**。使用燃尽图实时展示冲刺进度。例如，某敏捷项目通过每日站会更新剩余故事点，使团队信心提升40%。

懂人性，知应对，项目经理在启动阶段既要"抬头看人"、找准定位、激发团队士气，又要"低头做事"，聚焦项目目标与策略。双管齐下才能真正厘清项目目标，保证团队始终在做"正确的事"。有愿景画面，有明确目标，有路径方法，又有志同道合的团队，现在，我们就可以向着项目的星辰大海出发了！

本章总结

（1）干系人管理需从静态登记转向动态博弈分析，权力网络的隐性节点决定项目走向。

（2）目标体系必须穿透战略层、战术层、操作层，形成垂直整合的决策链条。

（3）度量系统应遵循"可追溯、可预警、可干预"原则，避免指标泡沫化。

（4）项目启动的本质是构建心理契约与管理框架的共生过程，仪式感设计不可或缺。

从项目干系人出发到细化项目指标的拆解逻辑如图2-6所示。实证研究表明，系统应用本章方法论可使目标的模糊性降低42%，干系人支持度提升65%，为项目成功奠定科学基础。

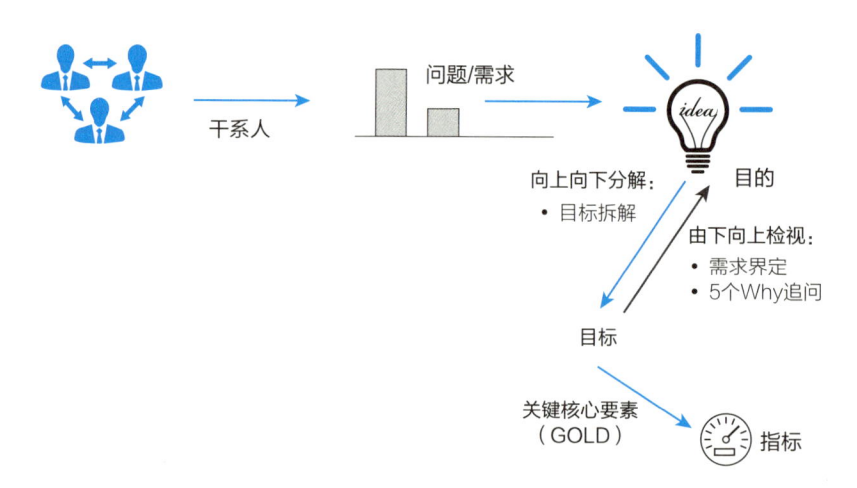

图2-6　项目目标拆解核心逻辑

第三章
全面推演

如何精准策划项目

第三回　一波三折

项目发起人如来佛祖给的预算少得可怜，照这样下去你估算着出不了海关就得讨饭。

为了能获取更多项目资金，你决定通过做旅游直播的方式获得打赏，以支撑西天取经活动。

你精心策划了直播方案，自认为称得上一份"完美策划案"，但黑天鹅还是出现了——当你踏上吐鲁番盆地的那一刻，5G 网络信号竟然瞬间变成了 2G，直播被迫中断。

上述现象，其实在项目中可谓屡见不鲜。项目立项时，大家都满怀憧憬，仿佛未来一片光明，然而理想虽然很丰满，但落到现实中往往变得特别骨感。

著名咨询公司 Gartner 在 2012 年的一份针对制造、消费品、金融等行业中 145 家企业的 IT 项目调研表明：预算超过 100 万美元的大型项目，28% 是失败的；而预算为 35 万美元以下的小型项目，失败率是 20%。其中最主要的失败表现是项目成本严重超支。另一家著名咨询公司 Standish Group 自 2012 年至 2023 年对 IT 项目进行了统计，统计结果标明：30% 的项目实现了其目标——按时、在预算范围内、满足最初的项目要求；55% 的项目需要补救——超预算、超时间、未全面满足最初的项目要求；约 15% 的项目则彻底宣告失败，在项目的某一阶段中止。

由于项目具有临时性，又受到时间、成本、质量、范围等要素的制约，所以需要项目经理不断地去审视，才能做到有备无患。从一开始就要做好预算，做好方案，做好计划，这样才会少走弯路。

从本章开始，我们将聚焦于如何精准地策划项目。

第一节　方案比选的总体逻辑

一、血泪教训，项目计划毫无章法

实际上，我们经常会在项目策划时遇到一些典型的问题。比如，明明对项目方案毫无头绪，但迫于甲方的压力，只能草草推出一个漏洞百出的方案；为了体现自己的深思熟虑，还不忘附上一个事无巨细的执行计划。

我也曾经因为无知无畏，犯过类似的低级错误：刚刚加入一个新部门，就遇到外出团建的机会，为了尽快融入团队，也为了给领导留下好印象，我主动请缨接下了这个团建项目。经过简单的需求"调研"，我决定把出行地点定在几百公里外的内蒙古大草原。预算一确定，领导就毫不犹豫地拍板通过了。

出行当日一路畅通，待到进入牧民家，办理完入住，我就着手安排同事们骑马出行。草原上的牧民消息灵通得很，一家有客人，其他商贩就会闻风而至。转眼间，我们就被十几个牵着马匹的牧民围在正中。眼见大家都顺利分配到马匹，我将租金交给领头的牧民，便迫不及待地一马当先飞奔离去。

正当我在碧草如茵中策马扬鞭、禁不住春风得意地哼起"让我们红尘做伴活得潇潇洒洒，策马奔腾共享人世繁华"之际，一阵急促的电话铃打破我的美梦——领导的儿子在骑马时走丢了！

听闻这个消息，我顿觉五雷轰顶，一下子就清醒过来。作为项目经理的我，只顾着自己享受纵马驰骋的快感，完全忘记了还要安排好项目执行，照顾好团队，结果得意忘形，大意失荆州。原本我想借这个活动提升个人形象，没想到人设崩塌得如此之快！

幸运的是，最后领导的儿子被找到了，但小男孩受了惊吓，一路抱怨得让人心烦。原本是为了增进亲子关系的出行，结果却变成担惊受怕的暗黑经历。

更为糟糕的是，刚才还是晴空万里，转眼间却乌云密布，大雨倾盆而至。原定下午的户外对抗活动只好临时取消，大家只能躲在屋里，望着窗外的大雨，心中满是失落。至此，原本兴致勃勃的出行彻底泡汤了。

活动结束后，我对这次出行进行了全面的复盘，发现原因主要集中在三个方面。

首先，在干系人识别的过程中，**我没有考虑到发起人——也就是领导和他的家人的需求**，虽然我做了调研，但调研得过于片面，结果在项目策划的初期就草草定下了方案，正是这种"急于求成"为后面的项目推进埋下了隐患。

其次，方案确定后，我没有**理清各个计划之间的逻辑关系**，就急匆匆地排出了一个完全不靠谱的行程表。就像在下围棋时，一着不慎最终满盘皆输。

最后，当意外情况出现时，由于**没有准备B计划**，我处理起问题就像无头苍蝇一样乱窜，要么是一条路走到黑，要么就是四处碰壁，毫无章法。在这样的情形下，项目不失败才是奇迹！

在接下来的行动策划环节，我将重点阐述两个内容：一是如何制定**切实可行的方案**，确定实现方案的策略、手段和方式，保证方案可以支撑项目目标，这是项目计划达成的一个重要环节。二是如何科学、合理地做计划，去指导具体的项目工作，以便项目经理在实施过程中能够合理地督导相关人员和接口，确保项目顺利推进。

二、方案比选，决策矩阵来助力

方案是实现目标的手段和方式，它的作用是支撑目标，保障计划。在规划阶段可以通过比选，寻找最优方案，再基于选定的最优方案制订出具体的项目计划（如进度计划、资源计划、成本计划等）。

有朋友看到方案和计划两个词会不免好奇：方案和计划到底是什么关系？如图 3-1 所示，从目标到选定方案的过程是一对多的关系。一旦设定好目标，你可以找到很多条路径来实现这个目标，**多条路径就是项目的方案**。

当项目管理者**基于成本收益的原则**选定了某个方案后，才会着手针对这个方案再去制订详细计划，如进度计划、成本计划、资源计划、风险计划、沟通计划等，这个逻辑过程就是我们在管理领域经常提到的"**目标决定方案，方案决定计划**"。

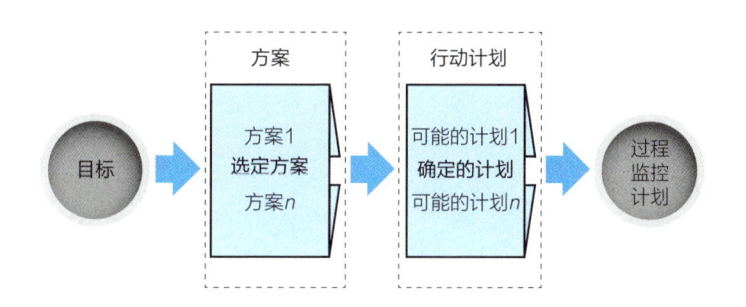

图 3-1　目标与选定方案、行动计划的关系

针对某个具体的项目目标，通过项目团队的头脑风暴，最终会产生大量的方案，但项目最终只能选择少数方案，**如何选择方案**便成为摆在项目经理和决策者（统称为项目管理者）面前的一道难题。

基于项目实践来看，项目管理者通常会从两个维度取舍方案：**一个维度是执行的难度**，如落地的难易程度、投入的资源量等；**另一个维度是投入资源后项目的收益**。基于这两个维度可以形成一个方案决策矩阵，如图 3-2 所示。

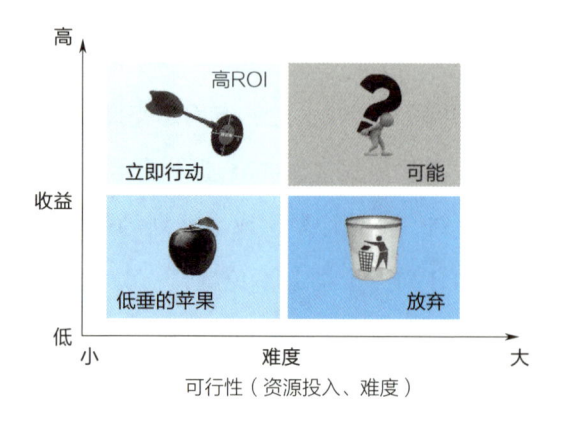

图 3-2 方案决策矩阵

关于这四个象限的解释如下。

（1）左下角象限中的方案（唾手可得类方案）一般称为**低垂的苹果**，因为难度小，同时也有一定的收益。采取这种方案，可以顺手牵羊，先摘低垂的果实。

（2）左上角象限中的方案（高性价比类方案），难度小收益又很高，这种好事人人都会抢着干，一旦确定，要立刻行动，派人去着手开展方案即可。

（3）右上角象限中的方案（战略聚焦类方案），难度特别大，同时收益也很高，它往往与企业战略方向相关，**可能取得成功，也可能会失败**。

贝壳公司创始人左晖曾经说过："企业要勇于做那些难而正确的事。"听上去充满智慧，可现实中，许多项目管理者未必具备这样的勇气和耐心，等待结果的过程就像看一场彩票开奖，令人焦急。尽管这些"难而正确"的方案有可能带来成功，但在项目管理者眼中，它们往往不过是一个备选项而已。毕竟，项目面临着诸多制约，时间不等人，管理者们可不想把自己的职业生涯押在一个不确定的结果上。

（4）右下角象限的方案（优先放弃类方案），执行难度大，收益又低。类似于给长城贴瓷砖、给珠穆朗玛峰装电梯这样的方案，我们在做方案比选时要**果断放弃**。

当然，除了资源投入与收益这两个维度，还可以考虑时间、人力、风险等要素，这些也都可以作为方案选择的维度。

方案比选的核心标准就是**多快好省**，对于项目管理者而言，哪个方案如果能达到这个标准，就应该毫不犹豫地选择它。

第二节 方案制定的心法与手法

在方案制定的过程中，我总结出了一句 12 字口诀，帮助大家快速掌握其核心要领。这 12 字口诀分别是：循规律、衡外情、量己力、定方案。

一、进退有据，12 字口诀记心间

（一）循规律

通过研究标杆企业或行业领先实践，或通过跨界学习，研究已有方法论（这时候组织的方法论就非常重要），找到事物发展的通用规律。

（二）衡外情

关注项目、组织所依赖的外部环境，**如 PESTEL 分析模型（大环境分析模型）**，它能帮助我们细致分析政治（P）、经济（E）、社会（S）、技术（T）、环境（E）和法律（L）因素的影响。比如，政治和法律的变动，可能会让项目方案面临意想不到的挑战。有关政治、环境和法律等因素对项目方案的影响，可以参考本节后面的"案例阅读：环保优先，出海项目面临的第一道考验"。

PESTEL 分析模型是开展宏观环境分析的工具，包括六大因素。

（1）政治因素（Political，P）：对组织经营活动具有实际与潜在影响的政治力量和有关的政策、法律法规。

（2）经济因素（Economic，E）：经济结构、产业布局、资源状况、经济发展水平及未来的经济走势。

（3）社会因素（Social，S）：组织所在社会的历史发展、文化传统、价值观念、教育水平及风俗习惯。

（4）技术因素（Technological，T）：引起革命性变化的发明，包括新技术、新工艺、新材料的出现和发展趋势及应用前景。

（5）环境因素（Environmental，E）：组织的活动、产品或服务中能与环境发生相互作用的因素。

（6）法律因素（Legal，L）：组织外部的法律法规、司法状况和公民法律意识所组成的综合系统。

（三）量己力

在衡外情的基础上，找到影响项目开展的客观条件，判断自己可控与不可控的要素，再考虑自身的优势和劣势。优势要尽量放大，而劣势则要尽量弥补，以免其成为项目开展的干扰因素。

（四）定方案

结合内外部的情况设计方案。我们可以用头脑风暴这样的方式来寻找尽可能多的方案。头脑风暴法一般有两种方式，一种称为"卡片式头脑风暴法"，另一种称为"书写式头脑风暴法"，下面分别介绍两种头脑风暴法如何应用。

1. 卡片式头脑风暴法

这种方法的特点是对每个人提出的设想进行质询和评价。

召开由 3~8 人参加的会议，会前宣布具体课题，会议时间一般为 1 小时。会上发给每人50张卡片，桌上放200张卡片备用。在前10分钟内，参会者独自在卡片上填写设想，每张卡片填写一个设想。接着用30分钟，每位参会者按座次轮流宣读自己的设想，一次只能介绍一张卡片（宣读时将卡片放在桌子中央，让大家能看清楚）。然后其他参会者既可质询，又可将受启发所得的新设想填入备用卡片。最后20分钟，大家可以相互评价和探讨各自的设想。

2. 书写式头脑风暴法

这是头脑风暴的另外一种形式。**当小组中有控制欲特别强的参会者，或者有很内向的参会者，而可能导致严重的权力失衡时，这个工具特别有效。**

通过以下这种三轮发散、三轮收敛的**焦点讨论方法**，可以帮助参会者快速讨论问题、聚焦问题、形成方案并制定决策。

（1）在**第一轮发散**过程中，参会者围绕着一张桌子坐下来，安安静静地对关注的业务重点、项目要点等写出个人关注的5~7条难点、难题（以"如何""怎样""为什么"等质疑和提问形式写出，观点要符合SMART原则）。

（2）在**第一轮收敛**过程中，打破安静状态，通过讨论，找出共同关注的问题，即全体成员一致认为或大多数参会者认为急需解决的问题，归类时不批评。

（3）在**第二轮发散**过程中，小组内每个参会者，围绕确定要实现的目标，在A4纸（上半部分）上写出各自的解决办法（策略），每张纸写一个解决办法（策略）。

（4）**第二轮收敛**过程同第一轮收敛过程。

（5）在**第三轮发散**过程中，在A4纸的下半部分，顺序贴上小组参会者提出的解决办法。

（6）在**第三轮收敛**过程中，多轮投票，聚焦形成全体参会者的共同关注点或大多数人的关注点，在所有参会者投票后，依据票数在全场选出

3~5个真正希望解决的问题（在现阶段可解决的问题）及其解决方案，贴在单独的墙面上。

总之，通过三轮发散、三轮收敛的方法，带领全体参会者进行决策，确定下来我们真正要解决的实际问题，接下来就是制定可行的行动目标和行动计划。

3. 特别提醒

（1）运用头脑风暴法，首先应有主题。

（2）不能同时有两个以上的主题混在一起，主题应单一。

（3）问题太大时，要细分成几个小问题。

（4）创造力强，分析力也要强，要有幽默感。

（5）头脑风暴要在45~60分钟内完成。

（6）主持人要把构思写在白板上，字迹清晰，以启发其他人的联想。

（7）在头脑风暴后，对创意进行评价（会后评价）。

（8）评价创意时，要进行分类处理。

1）可以立即实施的构思。

2）需要花费较长时间加以研究或调查的构思。

3）缺少实用性的构思。

二、内外兼顾，SWOT分析找方案

12字口诀落实到工具层面，就是SWOT分析，如表3-1所示：先做内部分析，再看外部环境。**内部分析主要是分析自身的优势（S）和劣势（W）**，因为这是可控的要素，你可以改变自己，但却无法改变环境和他人。**外部分析是去寻找可能会遇到的机会（O）和威胁（T）**，这些都是客观存在的，不以个人意志为转移。

在此基础之上，我们就可以将自身的优势和劣势与机会和威胁进行结合，例如，利用自身优势与外部机会做结合的 OS 策略，改进劣势来抓住机会的 OW 策略，利用优势来克服威胁的 TS 策略，以及改进劣势来克服威胁的 TW 策略。

表 3-1　方案制定工具——SWOT 分析

	优势（Strengths）	劣势（Weaknesses）
机会 （Opportunities）	利用自身优势来抓住机会 OS 策略	改进劣势来抓住机会 OW 策略
威胁 （Threats）	利用优势来克服威胁 TS 策略	改进劣势来克服威胁 TW 策略

SWOT 分析的核心要点：威胁是用来克服的，机会是用来抓住的，我们以一个案例来说明这个工具如何使用。

值得注意的是，SWOT 分析中的每个象限并非只能有一个方案。

另外，方案确定后**别着急行动**，记得再多思考一点：方案是否支撑你的目标的达成？当这一步骤正确了，再向下一个步骤行进，保证始终在做正确的事情。

三、案例阅读：环保优先，出海项目面临的第一道考验[一]

（一）缘起

2018 年年初，A 公司中标波兰某高速公路 EPC 项目的两个标段。这两个标段的设计总长度为 49 千米，A 公司以低于波兰政府预算 46% 的价格中标，合计 30 多亿元，总工期计划 30 多个月。

欧洲对于环保有着非常严格的要求和质量控制标准，在标准之外以立法形式实施保障，政府对于违反环保条例的行为基本属于零容忍，处罚力度非常大。影响较大的有 RoHS 环保标准、REACH 环保标准等。在项目施工地的附近树林生活着一种欧洲雨蛙，因数量在不断减少，当地政府明

[一] 本案例来自某"出海"企业的真实报道，为便于阅读理解，作者进行了改编。

确对雨蛙进行保护，要求施工方专门开辟雨蛙迁移的通道，便于雨蛙在两片沼泽间穿梭活动。

（二）走马上任，多重挑战

由于是第一次与欧洲国家合作项目，A公司非常重视，派出了拥有丰富的国内施工经验且英语水平良好的项目经理高某。高某进驻项目后，发现当地对项目施工的约束条件非常多，具体约束不限于以下方面：

（1）施工机械必须从当地购买，且操作工人必须持证上岗，如果没有上岗证则必须参加培训认证。

（2）劳务工人的工资必须按当地劳务工人的收入标准进行纳税。

（3）环保组织对工程条款具有监控和否决权。

（4）当地拥有专门的工会，处理劳务工人的福利和权益，对项目有极大的影响。

这些约束条件严重制约了项目的进度。高某认为自己是初来乍到，虽然英语不错，但对当地的很多要求都不甚了解，沟通存在一定障碍。于是，他很快就做出一个决定：聘请一个当地翻译，帮助做中间联络人。果然，有了联络人的居间协助，项目进展快多了。

（三）晴天霹雳，项目停工

本以为项目进展不错，没想到当施工进行到一座立交桥时，项目遇到了一个大麻烦：

当地环保组织负责人找到高某，**强烈抗议项目未考虑濒危物种雨蛙过桥的保护通道问题，要求项目必须停工**。高某听完抗议理由，一下子懵了。

前期招标文件他本人也曾研究过，里面的确写明要为雨蛙提供迁徙路径。在高某的认知里，雨蛙过马路就是从森林的一侧跨过道路到达另一侧，只需要在道路两侧竖起警示牌，告知来往车辆注意避让即可。殊不知：此地的雨蛙是该国五种濒危物种之一，环保组织要求雨蛙必须能安全跨过道路，不能有一只被碾死！施工方必须给雨蛙做出涵洞，保证雨蛙可以平安地从桥的一侧到达另外一侧。

摆在高某面前的是一个严峻的选择：

（1）如果不接受当地环保组织的建议继续施工，对方一旦动用否决权，项目必然会面临停工的窘境。

（2）如果接受对方的要求，需要重新增加桥梁、涵洞，增加土方、机械和人工投入，仅此一项就会增加 10% 的成本。

权衡再三，高某为了推进项目，只能向 A 公司的领导层汇报，要求追加 10% 的项目预算，用于重新设计跨桥涵洞，修改桥梁结构。

A 公司的领导层看到报告后，反复研究，但从法律上找不到拒绝此项要求的理由，只能无奈同意，项目继续进行……

（四）深陷泥沼，无法自拔

随着工程的推进，高某遇到了更多的问题：钢材、混凝土等原材料价格大幅上涨，很快就超出原定预算的采购标准上限，本地设备租赁的价格也随着物价上涨不断提升，项目进展到中期，面临亏损的巨大压力。高某发现原本的赶工方案和变更策略都已经失效，只得又向 A 公司的领导层汇报情况。A 公司的领导层接到报告后，连忙开会讨论方案，最终决定向波兰政府要求追加约 18 亿元的工程款。

本以为工程进展过半，为了避免项目烂尾，对方应该不敢拒绝，没想到，**波兰政府拒绝了 A 公司的这一请求**。由于项目进展缓慢，资金拨付困难，严重超支，继续做完项目预计亏损约 27 亿元，最终 A 公司选择放弃该工程，同时因为违约还面临约 17 亿元的索赔和罚款。

出师未捷，原本想要大干一场的 A 公司，此刻也欲哭无泪。

结合案例，请各位读者思考：假如你是施工方的项目经理，面对项目出海，应该如何设置项目方案来规避风险？

本节作业

参考 SWOT 分析，选取一个自己当下正着手开展的项目，避免使用自己过去的经验和习惯，尝试获取尽可能多的方案，根据方案比选的核心标准（多快好省）选择最佳方案。

第三节　计划制订五步走

众所周知，**计划和执行是项目管理最大的挑战**。做过项目的人经常会遇到这样的难题：计划止步于墙上的一张 A4 纸，而执行则是插在工地上的一面旗，这两个环节就像两个平行轨道，永远没有交叉点。项目管理界以前经常以"三边项目"自嘲，即边计划、边执行、边修改，就是对这种尴尬情况的写照。

从科学管理角度而言，项目管理的核心就是在规划阶段尽可能明确所有相关的计划，再按照计划按部就班地开展任务，并定期监督检查是否偏离了原定轨道。简而言之，项目管理全过程就是"不能出轨"的艺术与技术。

关于计划的分类有很多，按**广度**来分，可以分为战略计划、作业计划；按**时间框架**来分，可以分为短期计划、中期计划、长期计划；按**明确性**来分，可以分为具体计划、指导性计划。

1. 战略计划与作业计划

应用于组织，为之设立总体目标和寻求组织在环境中地位的计划称为战略计划；而规定目标如何实现的计划称为作业计划。战略计划趋向于覆盖较久的时间间隔，通常以年为单位，涉及较宽的领域，不规定具体的目标；作业计划趋向于覆盖较短的时间间隔，如月度计划、周计划、日计划，主要偏重于实现的方法。

2. 短期计划、中期计划与长期计划

短期是指一年以内的期间，长期一般是指超过五年的期间，而中期则介于两者之间。

3. 具体计划与指导性计划

具体计划具有明确的目标，不存在容易引起误解的问题；指导性计划只规定一些一般方针，指出重点而不限定在特定的行动方案上。

例如，一个增加利润的具体计划，可能规定在未来 6 个月中，成本要降低 5%，销售额增加 10%；而指导性计划也许只提出未来 6 个月使利润增加 10%~15%。显然，指导性计划具有内在的灵活性，具体计划则更具有明确性。

项目计划一般都属于具体计划、中短期计划和作业计划的范畴。有了项目计划，项目团队成员就能按照计划去开展工作。

做项目计划是一个 IPO（输入—加工—输出）的过程。项目目的、目标、策略、方案敲定之后，项目计划的制订就变得非常顺畅了。图 3-3 是在项目管理领域制订计划的基本逻辑（计划制订五步法），接下来我将对每个步骤的注意事项进行详细说明。

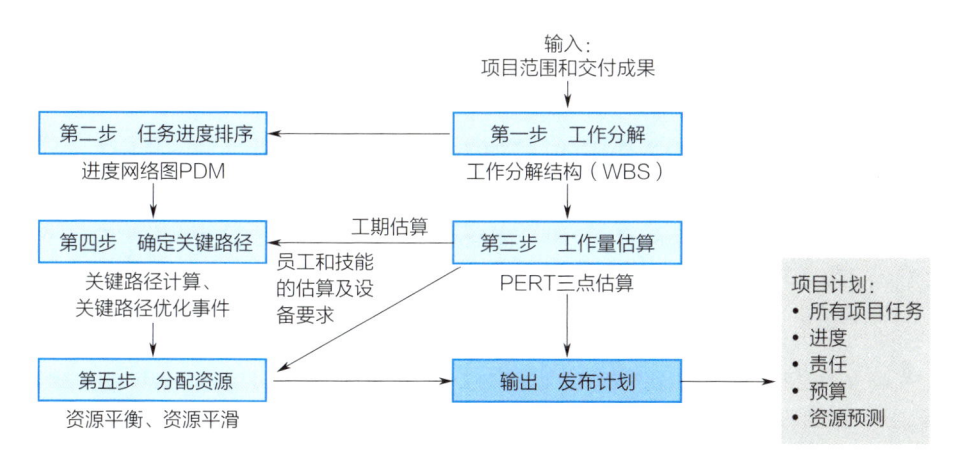

图 3-3 计划制订五步法

一、第一步：工作分解——庖丁解牛功夫好

（一）举重若轻，工作分解是基础

首先，我们需要明确项目计划的起点是**经过项目领导委员会批准的项目范围和交付成果（优选方案）**。单纯对一个交付成果很难制订出有效的计划，因为这个成果就像一头庞然大物横亘在你面前，让你不知道如何入手，唯有将其变成一片片零部件，我们才能有的放矢。这个把总体目标、交付物层层分解的过程，称作工作分解，分解的最终结构，就是**工作分解结构**[一]（WBS)。

WBS 的四个典型特点是：

（1）WBS 必须有层次，没层次就不是 WBS。

（2）WBS 必须确定并显示可交付成果。

（3）可交付成果可以被分解成子交付成果。

（4）必须分解到个体或团队可以完成的层次。

概括而言，WBS 体现了以终为始的管理思想，首先分解成可交付成果，再针对交付成果安排团队或个人对其负责，这就是我们所熟知的"任务"，即人+工作包组合。没有工作包或没有人都不能构成完整的任务，也就无法使目标落地。

WBS 的表现形式以层级式结构为主，实践中既有列表式，又有树状图等形式，但其核心的构成要素是不变的：基于交付成果分解到底层结构的**工作包**[二]、颗粒度大于工作包的**规划包**[三] 和评估项目绩效的**控制账户**[四]。

[一] Work Breakdown Structure，工作/任务分解结构，简称 WBS，是指将项目的各部分内容按其相关关系逐层进行分解，直到工作内容单一、便于组织管理的单项工作为止。

[二] 工作包（Work package），项目分解结构底层的工作单元就是工作包，它是分解结果的最小单元。分解的目的是便于落实职责，便于实施、核算和信息收集等，如图 3-5 中的"4.5.2.1 裁板"。

[三] 规划包是一种低于控制账户而高于工作包的工作分解结构组件，工作内容已知，但详细的进度活动未知，如图 3-5 中的"4.5.2 门体制作"。

[四] 控制账户是一个管理控制点，在该控制点上，把范围、预算和进度加以整合，并与挣值比较，以测量绩效。控制账户拥有 2 个或 2 个以上的工作包，但每个工作包只与一个控制账户关联，如图 3-5 中的"4.5 木工制作"。

（二）不重不漏，工作分解有逻辑

1. WBS 分解过程

工作分解可以从两个维度展开：**按组成结构分解，按时间进度分解**。

（1）对于有形的项目，如建筑工程、飞机、汽车等，交付成果明确，中间产品和子产品非常清晰，可以直接**按组成结构分解**，如图 3-4 所示。

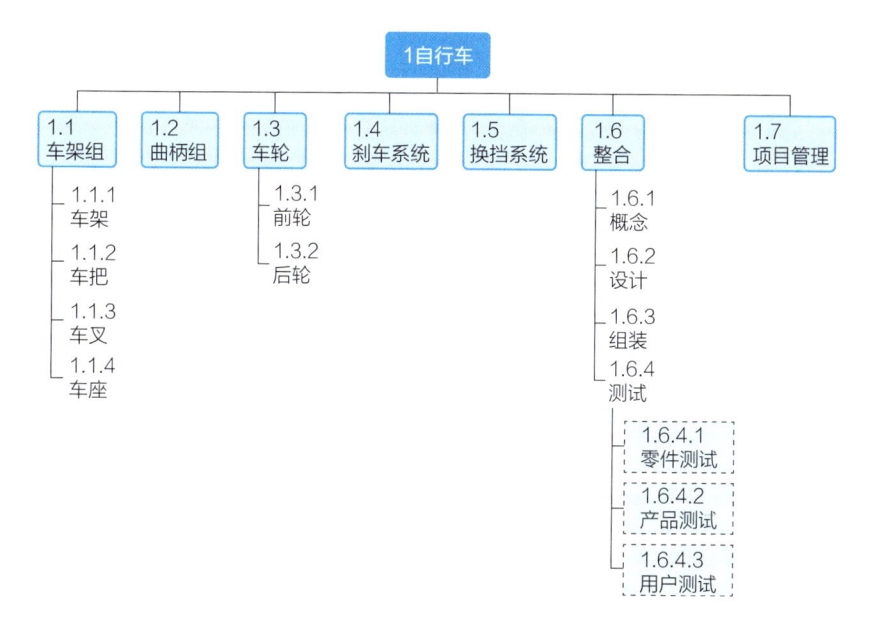

图 3-4 按组成结构分解的 WBS 示例

（2）如果项目交付成果是无形的成果、结果等，根据渐进明细原则，可以先按时间进度进行拆解，再对每一阶段的交付成果进行细化分解，直到拆解为工作包，并可以安排某个人或某个团队向其负责为止。图 3-5 展示了**按时间进度分解**的效果。

由两个 WBS 示例我们可以看出工作包有下面几个特点：

1）**用动名词描述工作包**，最底层的工作包必须包含动作，如裁板、包边等，否则无法指导具体工作。

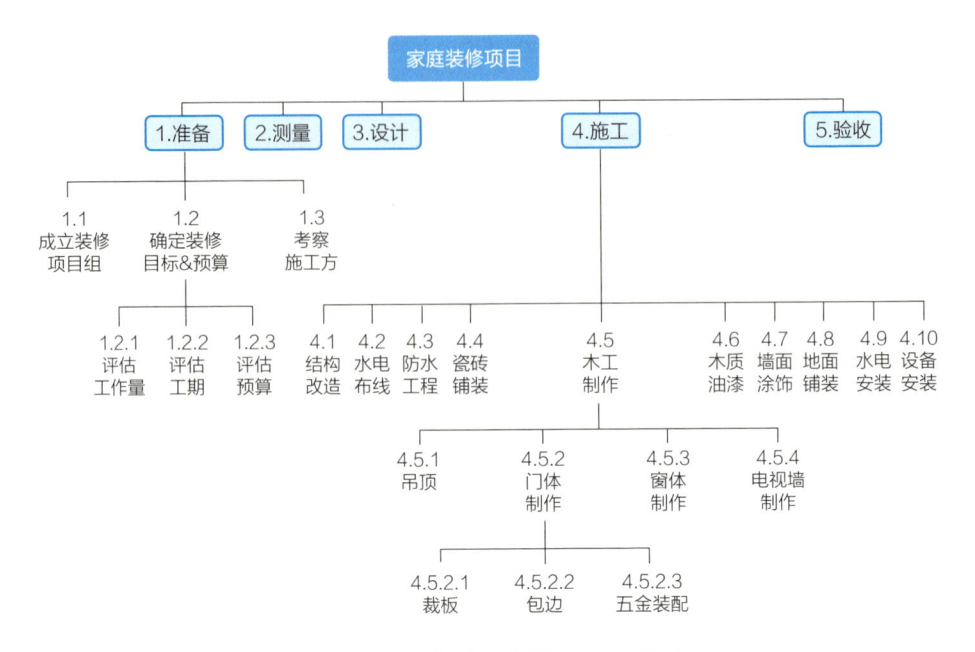

图 3-5　按时间进度分解的 WBS 示例

2）必须由一个人或一个团队负责，这是任务分派的基础。

3）包含临时性、过渡性交付物，这也是往往容易被项目管理者忽略的部分。图 3-4 中的"1.6.4.1 零件测试"和图 3-5 中的"1.3 考察施工方"这两个工作包都属于临时性和过渡性的交付物内容。

2．WBS 分解原则

在项目实践中，方案是项目策划的终点，WBS 是项目计划的起点，居于所有计划工作的核心地位。在制作 WBS 时必须遵循以下 5 个原则，避免早期错误为后期工作埋下隐患。

原则 1：基于交付成果进行分解，100% 原则，不重不漏。分解过程中务必注意包含项目管理工作。WBS 的每一级都是其上一级的片断，一个工作单元只与一个上层单元相关，上层单元的工作内容应该等于其所有直接下层工作单元的总和。

原则 2：满足 80 小时需求估算原则（双周滚动原则），每个工作包基本可以在两周内完成。80 小时并非绝对标准，对于工程类项目，通常项目计划细化到月度即可，但如果换作以敏捷开发驱动的互联网类项目，80 小时就显得有点粗放，周计划，甚至是 3 日 24 小时的敏捷计划则是常态。

原则 3：**每层的分解逻辑必须相同**。每一层分解时只能选择按组成结构或按时间进度中的一种分解逻辑，不可交叉。每层的结构可以按照阶段、步骤、任务、活动分别展开。

原则 4：**唯一性原则**。

1）每个组件的编码是唯一的。

2）每个工作包或者规划包只能从属于一个控制账户。

原则 5：**WBS 一般不超过 5 层**。任何管理都是有成本的，分解得过于细致，就需要投入更多资源和精力进行管理，如果项目特别庞大复杂，有 6~7 层工作结构当然可以。如果项目规模较小，拆解到第 4 层可能就足够了。

项目人员可以在 WBS 分解完毕后，按照以下 8 条内容进行检查，以保证分解效果：

（1）是否全部分解完毕。

（2）WBS 分解的所有活动是否全部定义了项目的工作。

（3）所分解的活动是否可行。

（4）是否包含临时的里程碑和监控点。

（5）WBS 的分解结构是否合适。

（6）分解后的活动在逻辑上是否能形成一个大的活动。

（7）是否集成了所有关键因素。

（8）逻辑上是否合理、清楚和简单。

3．WBS 词典

工作分解的成果要记入 WBS 词典，WBS 词典对每一工作包所囊括的详细内容进行表述，包括任务编号、名称、如何做、资源、结果、完成的标准质量、由谁做等要素。在复杂项目中，WBS 词典是项目进度计划、成本估算、变更管理、状态报告、绩效评估等一系列活动的基础。表 3-2 展示了某个 WBS 词典的具体格式，其中，工作历时、成本预估、依赖关系等栏目的相关说明，我们将会在第二步至第五步详细介绍。

表 3-2　WBS 词典格式

XX 项目 WBS 词典				
工作包编号：		更新日期：		负责人：
工作包说明：				
验收标准：				
交付成果：				
假设因素：				
分配资源：				
工作历时：				
里程碑：				
成本预估：				
到期日期：				
依赖关系	紧前：			紧后：
批准人：		项目经理：		日期：

本小节作业

参考本小节中的 WBS 分解示例，选择生活中的某个项目，如举办婚礼仪式、装修、出国旅行等，或工作中正在开展的项目，如开营销大会、办公司年会、大客户开拓等，结合分解原则和注意事项，形成 WBS，填入附录 3 "WBS 及任务分工表"中。

二、第二步：任务进度排序——先来后到莫取巧

（一）追本溯源，PDM 有何用

在上文的第一步 WBS 阶段中，我们探讨了必须用动名词描述工作包。

可能有些读者朋友心中仍然充满疑问：为什么非得这样做呢？工作包在项目中到底扮演着怎样的角色？

在我们深入讨论 PDM[1]（进度网络图）的重要性之前，不妨来听个小故事。

> 某日，一名路过的司机看到两个人在空地上大汗淋漓地忙碌着，做着一些奇怪的动作。其中一个人正用铁锹挖坑，另一个则在后面埋土。这个司机好奇地停下来，问他们在干什么。两人停下手中的活，面露不悦地回答："你难道看不出来吗？我们在种树！"
>
> "可是，树在哪里呢？"司机一脸疑惑地问。
>
> "哦，原本我们是三个人一起工作的，还有一个人负责放树苗，但他今天生病没来，所以你看不到树了！"两人无奈地解释道。

从故事中我们可以看到，种树这个工作包其实是由一个小团队共同完成的，它可以拆分为多个细节动作，如挖坑、放树苗、培土和浇水等，如果这些步骤的顺序没有安排好，就可能出现故事里的情况，荒唐可笑却无比真实。

（二）条分缕析，PDM 怎么用

此时，PDM 方法的价值就显现出来了：首先将工作包拆解成更详细的活动[2]，其次，尝试描述各活动的顺序/逻辑关系，通常我们会采用**单代号**

---

[1] PDM（Precedence Diagramming Method）指紧前关系绘图法，也称为单代号网络图法（Active On the Node,AON），用于关键路径法，是一种用方框或矩形表示活动，用箭线（表示活动间逻辑关系）连接活动的项目进度网络图。

[2] 活动，是为完成工作包而必须开展的工作。

网络图来表示，图中的方框或者圆形代表具体的活动，箭头指向代表动作流向和关系。**定义活动一般包含活动清单、活动属性和里程碑**三个要素。

（1）**活动清单**。每个活动的标志和足够详细的工作描述，使团队成员知道应该完成哪些工作。

（2）**活动属性**。编码、描述、紧前活动、紧后活动、逻辑关系、时间提前与滞后量、资源需求、强制日期、制约因素和假设条件。

（3）**里程碑**。项目中的重要时点和事件，指明哪些里程碑是强制的还是可选的。

活动之间的逻辑关系一般包含四类：**强制依赖、自由依赖、外部依赖和内部依赖**。

（1）**强制依赖**（Mandatory dependencies）是项目工作中内在的一种关系。某些时候也称为硬逻辑（hard logic），表示依赖关系具有刚性，不能调整。例如，在写完代码之后才能做白盒测试，先签订合同再提交项目方案，等等。

（2）**自由依赖**（Discretionary /Prefer dependencies）是由项目组定义的项目活动之间的关系。例如，项目组可能遵循最佳实践，在用户签署同意所有分析工作之前不会开始新的信息系统的详细设计。自由依赖有时又称为软逻辑（soft logic），应该谨慎使用，因为它们将可能限制以后的进度安排。

（3）**外部依赖**（External dependencies）涉及项目和非项目活动之间的关系。比如，新的操作系统和软件的安装需要依赖外部供应商提供的硬件。即使这些硬件的交付不在项目的直接范围内，但交付延误将影响项目的进度，所以应该加上这条外部依赖。再比如，举办年会时，消防检查和酒店周围的施工就属于外部依赖活动，必须提前考虑到位。

（4）**内部依赖**（Internal dependencies）指项目活动的前置活动是由内部控制的依赖关系。例如，某启动会开始前，发起人还未抵达现场，主持人可以推迟启动会开始时间或调整已有活动顺序等。

如图 3-6 所示，具有这四种依赖关系的活动会产生不同的顺序关系：FS（结束 – 开始）、SF（开始 – 结束）、SS（开始 – 开始）、FF（结束 – 结束）。

（1）FS（Finish-Start）结束到开始，表示前一个活动结束后，下一个活动才能开始。例如，先炒菜再吃饭，先制订项目计划再召开开踢会，等等。

（2）SF（Start-Finish）开始到结束。表示下一个活动开始自动终结上一个活动。例如，睁眼则睡眠自动结束，飞机起飞则登机自动结束，等等。

（3）SS（Start-Start）开始到开始，表示两个活动同步开始。例如，边走路边听音乐，开会边发言边做会议纪要，等等。

（4）FF（Finish-Finish）结束到结束，表示两个活动同步结束。例如，开会时关掉手机同时结束在线聊天，项目验收完成移交项目成果结束，等等。

如果活动之间存在一些时间上的提前或滞后，可以用加减符号来表示，**加号表示等待、时间滞后，减号表示提前**。例如，在进度网络图上某活动记为 FS–15，则表示后置活动提前 15 个时间单位开始。

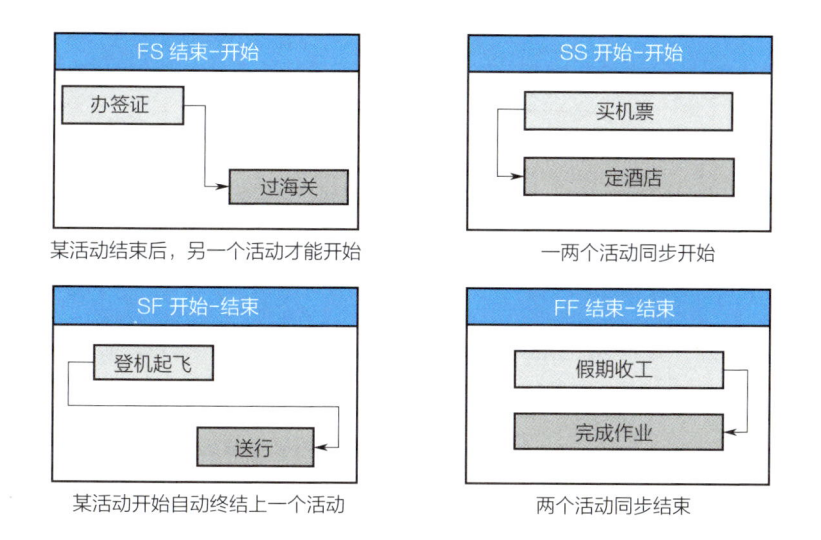

图 3-6　活动之间的依赖关系示意图

本小节作业

（1）基于第一步的 WBS 分解结果，定义所需开展的活动，按照活动的依赖关系尝试绘制出进度网络图。

（2）请参照下面所示的活动列表，按先后顺序画出进度网络图（参考答案见本章总结）。

活动列表

名称	前置活动
开始	——
A	开始
B	A
C	B
D	开始
E	D
F	B
G	F、C
H	D
I	E、H
结束	G、I

三、第三步：工作量估算——精准估算打地基

（一）管窥蠡测，估算失败寻原因

在完成了所有活动的逻辑顺序设置后，接下来的任务就是估算整个项目的总工期。工作量估算是项目计划中至关重要的一环。一个靠谱的估算**偏差不超过 25%**，但这里有个小秘密，**估算的最大障碍往往来自项目的规模和变化性**：项目越大，偏差可能就越大。因此，按需求进行分解是规模估算的基础，而按任务分解则是工作量估算的核心。

根据统计，规模估算典型的失败问题集中在以下几个方面：

（1）**沟通问题**，由市场、行政压力等原因导致估算失效。

（2）**能力问题**，估算方法、技能不足。

（3）**需求问题**，对需求的理解和把握不够精准。

（4）**数据问题**，缺乏历史数据的支持。

想要解决估算失真问题，最有效的办法便是提升团队的整体技能，**确保 WBS 分解到位**，多借鉴历史数据，同时加强与干系人的沟通，以确保对项目需求的精准理解。这样一来，估算就不再是"我猜我猜，我猜猜猜"的游戏。

（二）他山之石，估算方法多借鉴

估算方法有很多种，项目中常见的有**自下而上估算法、类比估算法、参数模型法、专家判断法、三点估算法**等。

1. 自下而上估算法

先按每个活动或工作包的工期进行估算，合并汇总每人负责的任务，形成项目总的估算。自下而上估算不仅适用于进度估算，还适用于成本估算。图 3-7 所示工作包 "2.2.1 访谈记录"估算出的 7 天工期，就是其包含的所有活动持续时间的总和（3 天 +4 天）。显然，自下而上估算的精准度依赖 WBS 分解的合理性，估算的数值也在一定程度上受限于个体经验的丰富程度。

此外，自下而上估算虽然数据更为完整，但可能会遗漏系统级工作——需要所有人协同努力共同完成的部分，而责任人并不是非常清晰，如果存在这种遗漏，则自下而上估算法的精准度会更低一些。

2. 类比估算法

此类方法意味着以之前类似项目的实际工作量为基准，估算目前项目的工作量。类比估算相较于逐一估算更准确，其操作关键包括**消除突发偏**

差、找到类比参照物。在实际项目中，项目经理可以将历史数据/故事点作为参照，通过比较当前项目和过去类似项目的相似之处，得到一个较为准确的工作量估算。

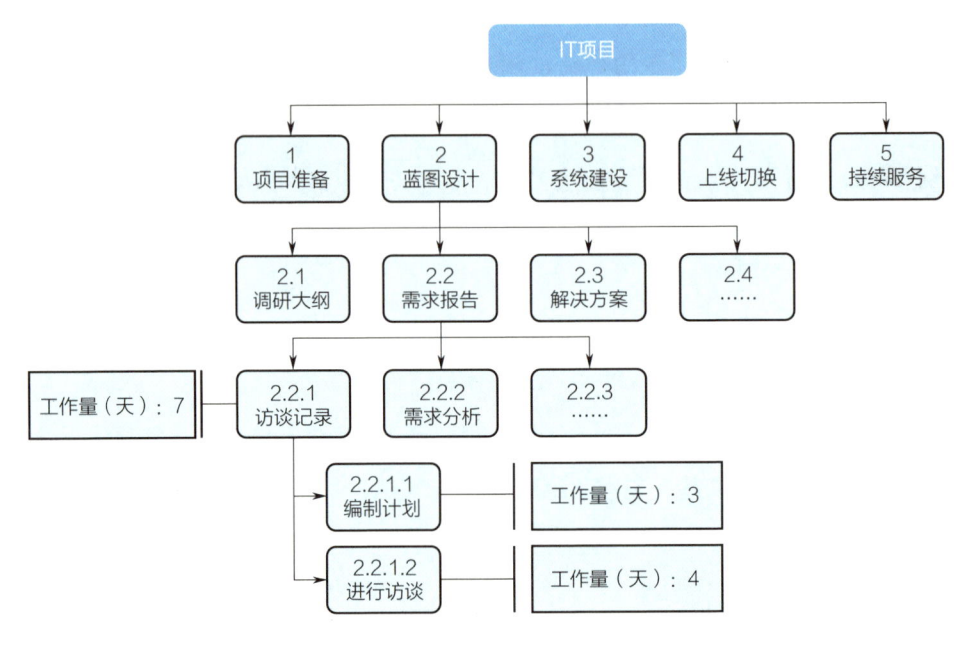

图 3-7　自下而上估算法示例

3. 参数模型法

这是一种基于数学模型和统计数据进行估算的方法。通过建立参数模型，项目经理可以根据项目的具体参数（如规模、复杂度等）进行工作量估算。例如，制造业或者建筑业做一个实物，基于设计图纸或工艺文件，就可以评估出最终消耗的资源数量与种类，以及每个工序需要持续的时间等。

4. 专家判断法

该方法主要使用具有专业知识或经过培训的个人或团体提供的意见，专家判断是最常用且非常有效的方法之一。选择经验丰富的专家团队并结合历史数据可以更好地提高估算的准确性。

5. 三点估算法

三点估算法是 PERT[一] 最核心的估算方法之一，也是在项目进度估算、成本估算等领域应用最广泛的工具之一。基于最乐观时间、最可能时间、最悲观时间三种估算值进行加权，以提高项目进度估算的准确性。

（三）以终为始，PERT 应用显神通

三点估算法应用时也包含了对风险的评估，体现出项目成员对于工作量所持的三种不同的态度。有的人是"悲观主义者"，总是瞻前顾后想得太多，宁愿等到所有细节都搞清楚再动手；而有些人则是"乐观派"，他们对一切都抱有美好的期待，根本不考虑那些可能的"意外情况"。不过，其他大多数人则是凭着日常经验来判断，跟着感觉走。

1. 估算背后的风险管理

悲观估计和乐观估计的背后是风险管理，悲观的背后就是已知风险。例如：

八戒外出化斋，如果一路上遇到的都是慷慨之人，他可能 10 分钟就能完成化斋；但如果不幸遇到妖怪，那就得多花点时间打通道路，可能要 20 分钟。而在正常情况下，慷慨之人和妖怪出现的概率各占 50%，因此完成化斋通常需要 15 分钟。我们用符号来表示：t_o（Optimistic）代表乐观估计的 10 分钟，t_p（Passive）代表悲观估计的 20 分钟，t_m（Most likely）则是最可能的时间 15 分钟。将这三个值代入三点估算公式：**预期活动持续时间（t_E）=［最乐观时间（t_o）+4 倍最可能时间（t_m）+ 最悲观时间（t_p）］/6**，我们可以得出八戒化斋的预期活动持续时间（总期望时间）：15 分钟。

[一] PERT（Program Evaluation and Review Technique，计划评审技术）是指用网络图来表达项目中各项活动的进度和它们之间的相互关系，在此基础上，进行网络分析和时间估计。

让最乐观与最悲观的人进行多轮估算后，会发现他们得到的时间会向中间靠拢，趋于一个中间值，那么这个中间值就是最可能的时间，同时在达成这个中间值的过程中，基本上所有风险就都被识别出来了。

专业的项目管理团队通过熟练应用三点估算法，能够在粗估型阶段就达到 -10% 到 +10% 的偏差范围，等到**确定型估算**时基本上就可以得到一个很精准的估算值。三点估算不仅仅是一种方法，它更是一门深奥的学问，随着使用频率的增加和估算者能力的提升，精准度也会随之上升。

2. PERT 估算及应用

三点估算也被称为 β 估算，三个估算值遵循贝塔分布[一]。通过计算各项活动的持续时间，我们可以进一步推导出整个项目的持续时间和活动的完成概率。**标准差是衡量不确定性的重要工具，其计算公式为：标准差 $\delta=(t_p-t_o)/6$。**掌握了这个指标，我们就能预测项目顺利完成的概率——68% 的机会在平均时间 ±1 个标准差内完成，95% 的机会在 ±2 个标准差内完成，而 99% 的机会则在 ±3 个标准差内完成[二]。

例如，悟空过去开发经书翻译软件的经验显示，若完成新的多语言经书版本，最短 6 天，最长 36 天，最大可能性则需要 21 天。若此时唐僧询问悟空新项目预计 21 天至 26 天内完成的概率，就可以用这个方法来探寻答案：**首先**，计算出标准差 δ——也就是（36-6）/6，结果是 5 天。**其次**，运用 PERT 公式，$t_E = (6+36+4 \times 21)/6$，得出预期活动持续时间依然是 21 天。经计算可知，在 ±1 个标准差的范围内，也就是 16 天到 26 天，完

[一] 贝塔分布（Beta Distribution）是概率论和统计学中的一种概率分布。它是定义在区间（0，1）上的连续概率分布，常用于描述随机变量的概率。

[二] 3δ 原则（又称三倍标准差原则）是正态分布的重要特性，该原则基于正态分布的概率密度函数特性，其对称性和衰减速度决定了标准差与概率的固定关系。数值分布范围与概率具体描述如下：

（$\mu-\delta, \mu+\delta$）：概率约 68.27%（精确值 0.6826）。
（$\mu-2\delta, \mu+2\delta$）：概率约 95.45%（精确值 0.9544）。
（$\mu-3\delta, \mu+3\delta$）（$\mu-3\delta, \mu+3\delta$）：概率约 99.73%（精确值 0.9973），几乎涵盖全部数据，超出部分不足 0.3%。

成的概率为68.26%。那么，具体到21天到26天的概率呢？就是这个范围的一半，大约为34.1%。

如果悟空把三个估算值相加后再除以3，那他就得到了**三角估算值**，巧合的是，这个值也是21天。在实际工作中，三角估算的应用随处可见。例如，在开发某个产品时，项目经理需要评估开发任务的工作量。这个时候，他可以分别邀请一位新手、一位老手和一位高手来给出任务的估算量，然后将这些估算值累加求平均值。这样一来，即使项目经理对开发和业务不甚精通，时间进度也能轻松掌控。

目前，很多企业的IT研发项目团队会采用**敏捷扑克**的方式来估算工作量：敏捷扑克采用了**斐波那契数列**[⊖]，由于这个数列考虑了风险事件，操作起来也更简单，因此在计算机领域有着广泛的应用。在使用敏捷扑克时，项目经理应该鼓励整个团队都参与进来，开诚布公地表达自己对某项任务工作量估算的思考逻辑。这种沟通过程有助于及时发现风险事件，并深化项目团队共识。

敏捷扑克估算的核心步骤如下：

（1）**准备材料**。

1）安排专人负责打印用户故事卡，准备敏捷扑克（0，0.5，1，2，3，5，8，13，20，40，100），可从网上采购也可自行制作简易版本。

2）召集全员参与敏捷估算会议，参会人包括项目经理、开发人员、测试人员、PO(产品经理)、敏捷教练等角色。

（2）**讲解需求**。

1）主持人（可由项目经理或产品经理担当）逐条讲解待估用户故事的目标、验收标准及依赖项。

2）团队用2分钟快速澄清疑问。

⊖ 斐波那契数列是一种经典的数列，它是由意大利数学家莱昂纳多·斐波那契提出的。该数列的特点在于其每一项都与前两项之间存在特定的关系，即每一项都是其前两项的和。

（3）首轮估算。

1）全员同时亮出扑克，不讨论。

2）若数值差异≤2相邻牌（如6和8），取高值记录。

（4）争议讨论。

1）若扑克的差异＞2（如3和13），最高/最低者各用1分钟陈述理由。

2）讨论过程中必须聚焦技术复杂度、风险、工作量，避免跑题。

（5）重复估算。

1）全员根据新认知重新出牌，循环至达成共识（通常≤3轮）。

2）超3轮未果则拆分故事或标记风险后暂估。

（6）固化结果。

1）及时更新看板故事点，同步关联任务。

2）做好耗时控制，单故事＜8分钟，迭代规划会总时长≤2小时。

在整个敏捷项目估算会议中，有以下三个注意事项：

1）主持人需把控时间，适时打断过度争论。

2）新成员先观察2轮再参与估算。

3）复杂故事可采用T恤尺码（S/M/L）进行预分类再进行估算。

只有团队估算出的日期才是真正的项目日程。一个人可以走得很快，但一群人才能走得更远。三点估算和三角估算本质上都是项目团队一起群策群力来发挥主观能动性，找到任务的最佳工期，并为之承诺全力以赴的过程。各位优秀的项目经理不妨在下次估算任务时，尝试一下这个方法，相信一定会感觉眼前一亮。

本小节作业

基于第二步进度网络图的作业结果，对某个工作包尝试进行三点估算，计算出其完工预期 $\mu（t_E）$，标准差 δ，以及2个标准差范围内的日期分别是多少。假如发起人要求完工日期在 $\mu-2\delta$ 范围内，概率是多大？

（注：±1 个标准差的完成概率为 68.3%，±2 个标准差的完成概率为 95.5%，±3 个标准差的完成概率为 99.7%。）

四、第四步：确定关键路径——进度计划紧盯好

在基于三点估算完成工作量评估的基础上，以进度网络图承载的项目路径，进入确定关键路径环节。

（一）抓主要矛盾，关键路径如何寻找

CPM（Critical Path Method，关键路径法）是**通过分析哪个工作序列（哪条路径）进度安排的灵活性（时差）最小来预测项目历时的网络图分析技术**。CPM 的目的就是找到所有工作序列中耗时最长的路径。

关键路径计算

假设取经项目组要顺利通过车迟国，悟空按照 PERT 形成了初始的进度网络图，如图 3-8 所示。接下来他需要计算出：

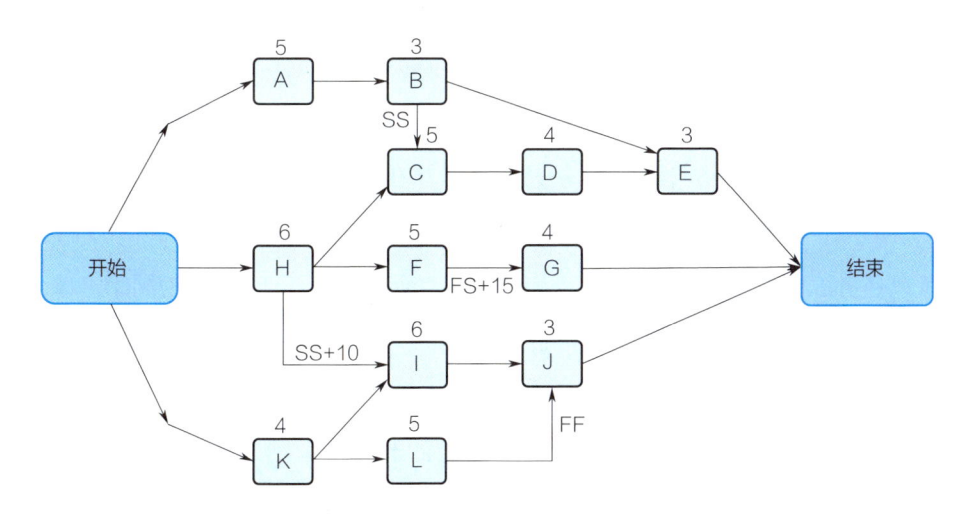

图 3-8　关键路径法图形示例

（1）取经项目的路径总数。

（2）关键路径（从开始到结束的最长的路径）。

（3）关键路径工期（关键路径所对应的时间值）。

在不考虑资源约束的情况下，悟空的计算过程如下：

（1）此路径图上一共有 7 条路径，分别是：

1）开始→A→B→E→结束，用时 11 天。

2）开始→A→B→C→D→E→结束，用时 20 天。

3）开始→H→C→D→E→结束，用时 18 天。

4）开始→H→F→G→结束，用时 30 天。

5）开始→H→I→J→结束，用时 25 天。

6）开始→K→I→J→结束，用时 13 天。

7）开始→K→L→J→结束，用时 12 天。

（2）在网络图的计算中，**总工期最长的路径就是关键路径，关键路径可以有多条**。此图中的关键路径为开始→H→F→G→结束，工期为 30 天。

悟空首先按顺排的方式，画出关键路径的工期，如图 3-9、图 3-10 所示。

第一步，任务 H 的**最早开始时间**（Earliest Start，符号为 ES）为第 1 日，其工期为 6 天，所以任务 H 的**最早结束时间**（Earliest Finish，符号为 EF）为第 6 日（1+6-1=6，第一天本身计算在工期内）。

第二步，紧后任务 F 和 H 之间没有滞后量，意味着第 7 天就可以开工，所以任务 F 的**最早开始时间 ES 为第 7 日**，工期为 5 天，计算方法同第一步，得到任务 F 的**最早结束时间 EF 为第 11 日**。

第三步，任务 G 比较特殊，因为其与紧前任务 F 之间存在 15 天的时间滞后量，**最早开始时间 ES 需要把 15 天的滞后量也纳入**，最终任务 G 在第 27 日开工，工期为 4 天，**最早结束时间 EF 为第 30 日**，最后得到总工期为 30 天。

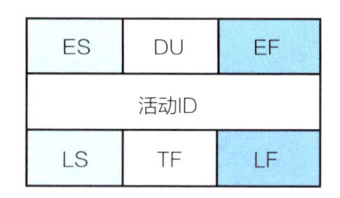

ES	DU	EF
活动ID		
LS	TF	LF

图 3-9 关键路径法中活动表示方法

按关键路径上最后一个完工日（第 30 天）开始倒推计算，由于关键路径上的每一个活动都没有时间上的"喘息空间"，也就是说，总浮动时间（Total Float，简称 TF）为零，所以每项任务的**最迟开始时间**（Latest Start，简称 LS）和**最迟结束时间**（Latest Finish，简称 LF）都与它们的最早开始时间和最早结束时间完全一致。如图 3-10 所示，任务 H 的左端所示，ES 和 LS 都是 1，这也是 TF = LS – ES = LF – EF 这一逻辑的印证。

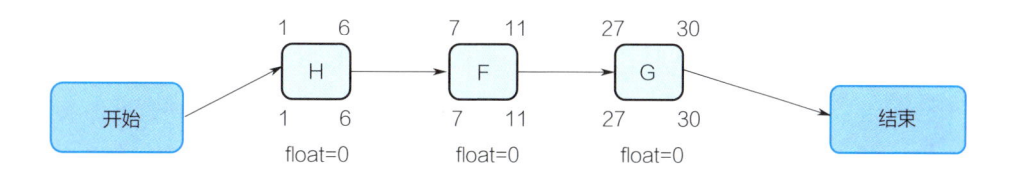

图 3-10 关键路径上的总浮动时长

（3）除了关键路径，那些非关键路径上的活动就可以根据实际情况灵活调整，可以晚开工，晚开工的时间范围就是该条路径上的 **TF** 时长。

以图 3-11 为例，按照顺推法计算，假如任务 A 最早开始时间（ES）也是第 1 日，则任务 C 最早在第 11 日就可以完工。关键路径总工期长度减去本路径长度，得到该路径下每个活动的总浮动时间为 19，意味着任务 A 最迟第 20 天开工也来得及。如此一来，项目经理就可以灵活安排各活动上占用的资源，避免出现资源闲置与浪费。

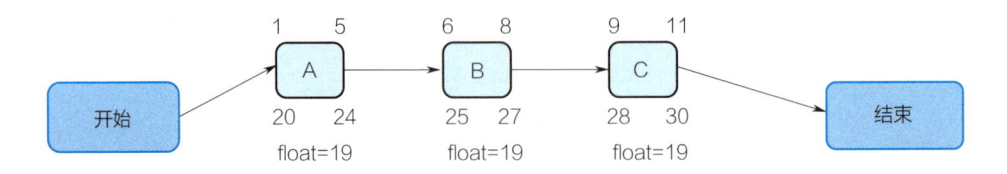

图 3-11 非关键路径上的总浮动时长

因此，取经项目组通过车迟国题目的答案分别是：

（1）共 7 条路径。

（2）关键路径有一条：开始→H→F→G→结束。

（3）关键路径工期为 30 天。

（二）时间与金钱，进度压缩如何落实

在即将开工的紧张时刻，项目经理收到了一项来自发起人的"特别指示"——项目必须在第 25 日完工，而不是原定的第 30 日。项目经理和其他成员瞬间慌了神，该怎么办？

如果我们要在第 25 日交付成果，关键路径的总浮动时间就变成了 –5 天。关键路径出现负的浮动时间意味着，**如果不采取措施，项目将延期**。负值浮动时间分析，是一种有助于找到推动延迟进度并回到正轨的方法和技术，从而找到保证工期的途径。

为了让网络路径总浮动时间回到零或正值，我们可能需要调整活动的持续时间（如增加资源或缩小项目范围）、重新审视逻辑关系（特别是那些自由依赖的环节）、调整提前量和滞后量，或者处理其他的进度限制因素。

基于以上原则，项目经理决定先从关键路径上下手，经过与成员一起检查，发现任务 F 到任务 G 之间存在 15 天的时间滞后量，假如把这个滞后量压缩 5 天，就可以满足总工期缩减至 25 天的要求。摆在项目经理面前有两种做法：快速跟进（Fast Tracking）和赶工（Crashing）。

（1）快速跟进意味着把原本串行的活动改为并行或者交叉。例如，当餐

厅里顾客比较多时，服务人员边请顾客落座等待、边收拾桌面就属于此类。

（2）赶工有两个原则：第一，**总是对关键路径上的活动增加资源**；第二，**选择那些赶工成本最小的关键活动来优先进行**，比如，把非关键路径上的资源调配给关键路径使用。日常工作中让员工加班、加派人手等做法都属于赶工范畴。但需要注意，加班和加派人手可能都会造成人工成本的增加，项目经理能够在成本和进度中间找到平衡才是解决之道。

压缩完进度后，项目经理突然发现进度计划中出现了两条关键路径：1) 开始→H→F→G→结束，共计25天。2) 开始→H→I→J→结束，也是25天。这可不是好消息。**关键路径越多意味着风险因素越多**，项目经理需要额外投入更多的精力来监控关键路径上的各项活动。于是，他立刻要求成员继续深入挖掘关键路径，看看是否还有压缩的空间。优秀下属没有让领导失望，他成功找到了关键路径上的优化节点，终于给项目计划的优化工作画上了句号。

此次关键路径优化事件，项目经理总结出一条项目进度优化的**金科玉律——向关键路径要时间，向非关键路径要资源**。项目关键工作和关键路径的确定，能够帮助项目经理抓住项目工期管理中的主要矛盾：对于关键活动，优先安排资源，挖掘潜力，采取相应措施，**尽量压缩需要的时间**；而对非关键路径的各个活动，只要在不影响工程完工时间的条件下，**抽出适当的人力、物力和财力等资源，用在关键路径上，以达到缩短项目工期、合理利用资源的目的**。

要提前发现关键路径中的风险，对不可控的任务，可采取办法规避其出现在关键路径上面。**关键路径是动态的，非关键路径有可能变成关键路径**，所以在项目推进过程中也要随时注意非关键路径的状况。

（三）一目了然，进度计划的表现形式

假设牛魔王要求你替他做个计划，为他的积雷山添加三个新地牢。

小的地牢很难设计（最快要 12 周），但是容易建成（1 周）。

中等的地牢是典型的样子，设计较快（5 周），施工较慢（6 周）。

大的地牢最容易设计（1 周），但是很难建造（9 周）。

你有一个设计师和建筑师作为助手，设计师不会建造，建造师不会设计。

请问：如果给牛魔王建三个地牢（大、中、小各一个），最短工期是多少？

针对这个进度计划，我们可以用图形化的方式表达出来，如图 3-12 所示。可将任务拆解完形成 6 个子任务，分别是：设计大地牢、设计中地牢、设计小地牢、建造大地牢、建造中地牢、建造小地牢，横轴表示时间进展，最终可以计算出这个工作的最短工期为 19 周。这个条状图就是简易版的"甘特图"。

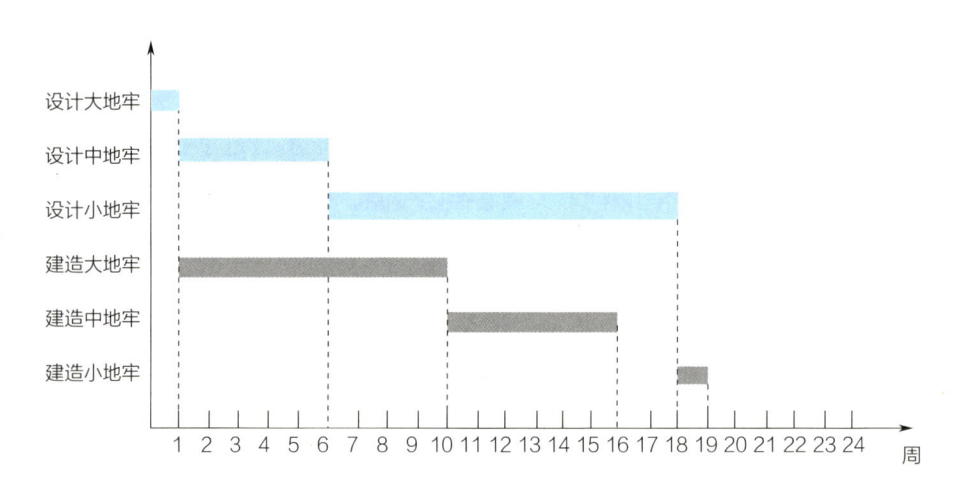

图 3-12　修建地牢任务的图形化表达——甘特图

一般而言，项目进度计划有三大表现形式：甘特图、里程碑图、项目进度网络图。

1. 甘特图

甘特图又称为横道图、条状图，它是根据提出者亨利·劳伦斯·甘特

（Henry Laurence Gantt）先生的名字而命名的，甘特先生是"科学管理之父"泰勒的得力助手，他的这个发明对管理学的影响可谓意义深远。甘特图通过一条条横道来表示项目活动，清晰地标注每个活动的开始和结束日期，展现出活动的持续时间。

如图 3-13 所示，甘特图不仅简单易读，还能让我们在里程碑之间，或者跨越多个相关工作包时，列出更全面的活动概述。甘特图简单直观，有助于**项目经理与管理层之间更顺畅地展开沟通**，因此在项目管理和生产管理等领域大受欢迎，成了管理者不可或缺的好帮手。

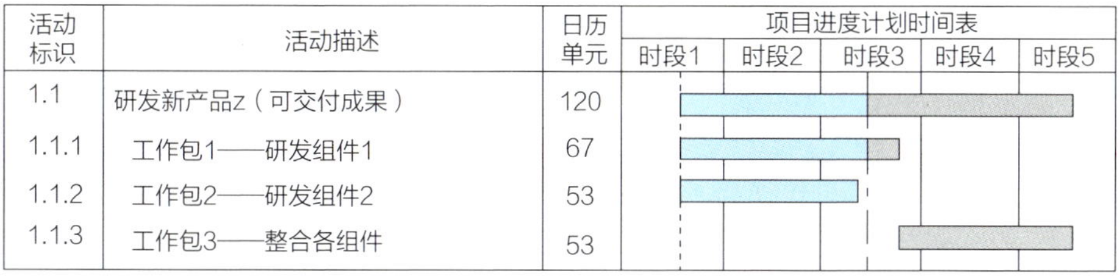

活动 标识	活动描述	日历 单元	时段1	时段2	时段3	时段4	时段5
1.1	研发新产品z（可交付成果）	120					
1.1.1	工作包1——研发组件1	67					
1.1.2	工作包2——研发组件2	53					
1.1.3	工作包3——整合各组件	53					

图 3-13 甘特图示例

2. 里程碑图

里程碑图与甘特图类似，但仅标示出可交付成果和关键外部接口的计划开始或完成日期。项目**里程碑**是项目中的**重大事件**，是一个时间点，**不占用资源**，标志着一个阶段的结束和另一个阶段的开始。图 3-14 就是里程碑图示例，需要特别强调的是图中的菱形表示某个里程碑事件。

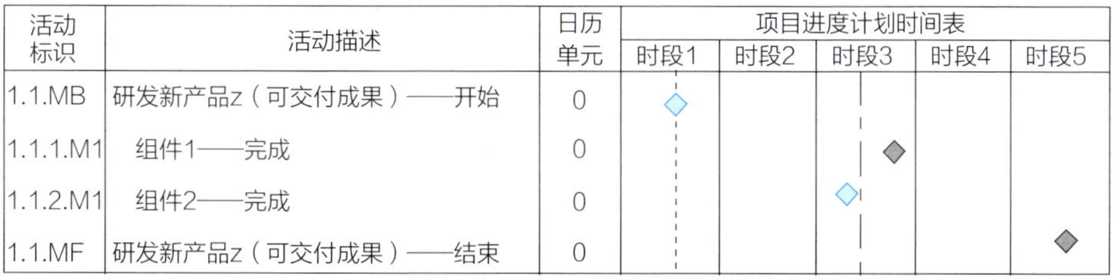

活动 标识	活动描述	日历 单元	时段1	时段2	时段3	时段4	时段5
1.1.MB	研发新产品z（可交付成果）——开始	0	◇				
1.1.1.M1	组件1——完成	0			◆		
1.1.2.M1	组件2——完成	0			◇		
1.1.MF	研发新产品z（可交付成果）——结束	0					◆

图 3-14 里程碑图示例

3. 项目进度网络图

项目进度网络图列清了活动日期，既显示项目的网络逻辑，又显示关键路径上的进度活动。项目进度网络图既可以用节点法绘制，又可以采取时标进度网络图的形式，如图 3-15 所示。

活动标识	活动描述	日历单元	项目进度计划时间表
1.1MB	研发新产品z（可交付成果）——开始	0	
1.1.1	工作包1——研发组件1	67	
1.1.1.D	设计组件1	20	
1.1.1.B	建造组件1	33	
1.1.1.T	测试组件1	14	
1.1.1.M1	组件1——完成	0	
1.1.2	工作包2——研发组件2	53	
1.1.2.D	设计组件2	14	
1.1.2.B	建造组件2	28	
1.1.2.T	测试组件2	11	
1.1.2.M1	组件2——完成	0	
1.1.3	工作包3——整合各组件	53	
1.1.3.G	整合组件1和组件2	14	
1.1.3.T	测试整合得到的产品z	32	
1.1.3.P	交付产品z	7	
1.1.MF	研发新产品z（可交付成果）——结束	0	

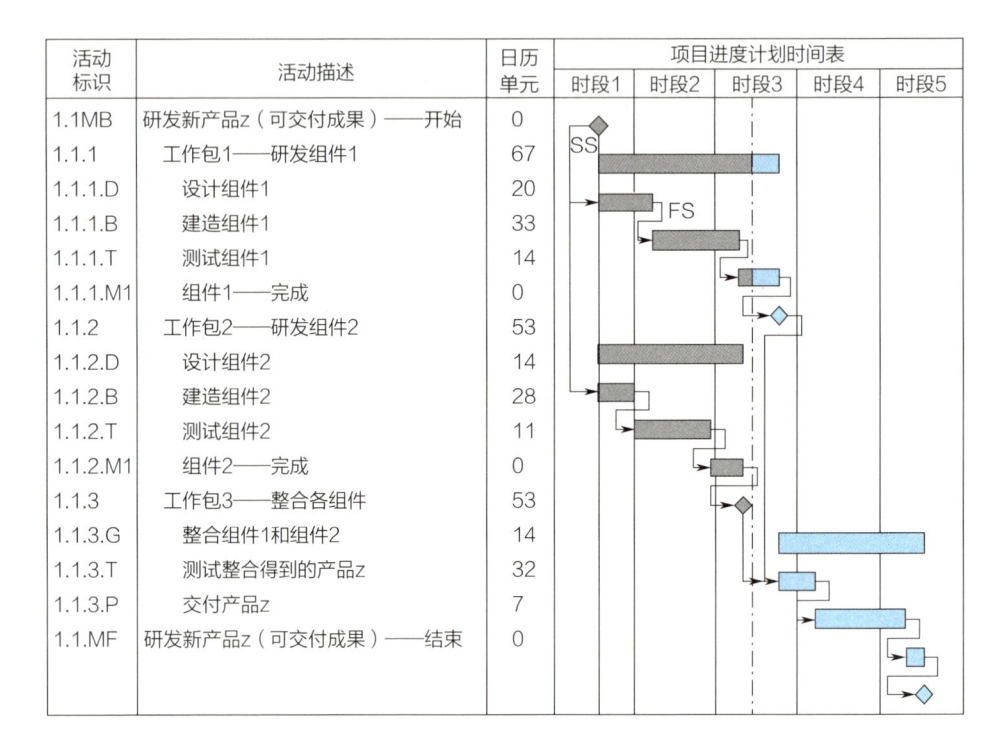

图 3-15 项目进度网络图示例

（四）不偏不倚，里程碑的合适位置

八戒和悟空在制订化斋进度计划时，关于里程碑该放在哪儿争得不可开交。八戒认为周一最合适，因为大家士气高涨、精神饱满，此时最适合向普通人讨斋饭；悟空认为周五比较好，上班打工人归心似箭，路上不想停留太久，更愿意帮助行者。听着徒弟们的争执，唐僧终于忍不住打破了僵局："徒弟们，不要争吵了，**里程碑最好放在周中！**"看着一头雾水的徒弟，唐僧指向了随身携带的万年历，徒弟们凑到近前。

唐僧接着说："如果里程碑放在周一，时间会非常紧张。我要么忙着汇报工作，要么忙着安排当周的任务，大家根本腾不出手来。所以，周一显然不合适。而如果放在周五，一旦出了意外，任务没有完成，那周末就得加班了，悟空，你可是最讨厌周末加班的吧？"悟空摸了摸后脑勺，心里一阵刺痛，赶忙点头表示赞同。

在上述场景中，经验丰富的唐僧实际上使用的是"三个日期技术"来确定里程碑的时点。如图 3-16 所示，人们对于未来持乐观态度，认为如果一切顺利，9 月 23 日就是某个里程碑的截止时间。但现实往往不那么理想，有经验的项目经理会给自己的项目留下缓冲时间，因为项目中充满了各种不确定性，最后项目的里程碑放到 9 月 30 日。

日历—2021年　　　　　2021年9月

日	一	二	三	四	五	六
30	31	1	2	3	4	5
6	7	8	9	10	11	12
13	14	15	16	17	18	19
20	21	22	23	24	25	26
27	28	29	30	1	2	3

最佳状况日期　最有可能日期　"墨菲"日期

图 3-16　三个日期技术设置里程碑

然而千算万算总会百密一疏，实际情况往往是项目的截止日期会在 10 月 1 日。这就是大家所熟悉的"墨菲时间"。墨菲时间源自管理学上的墨菲定律：**任何你认为可能发生的事情，最终都会发生**。墨菲时间的存在，对项目的里程碑计划可谓大考验。因此，经验丰富的项目经理在制定里程碑时，一定要灵活运用三个日期技术，**把关键节点安排在周中**，这样才能更好地应对突发状况，确保项目顺利进行。

本小节作业

基于第二步作业中的进度网络图和第三步作业中的工作量估算结果，尝试找出关键路径，并选择一种进度计划形式（如甘特图、里程碑图等），绘制出项目进度计划。

五、第五步：分配资源——资源优化少不了

（一）削峰填谷，资源优化两条路

资源配置的目标就是让团队和设备发挥出最佳效能，让每个人能在对的时间做对的事，以下是资源配置的主要步骤：

（1）根据项目进度计划预测项目的整体资源需求。

（2）制作资源使用表，并识别出资源使用的波峰和波谷。

（3）对于某些非关键路径上被过度使用的资源，在不超出完工期限的前提下推迟该资源的使用。

（4）某些关键路径上的资源作为瓶颈资源，由于产能有限，不能过度使用，需要使用资源优化技术并重新估算该路径上的完工日期。

资源配置的目标和主要步骤如图 3-17 所示。

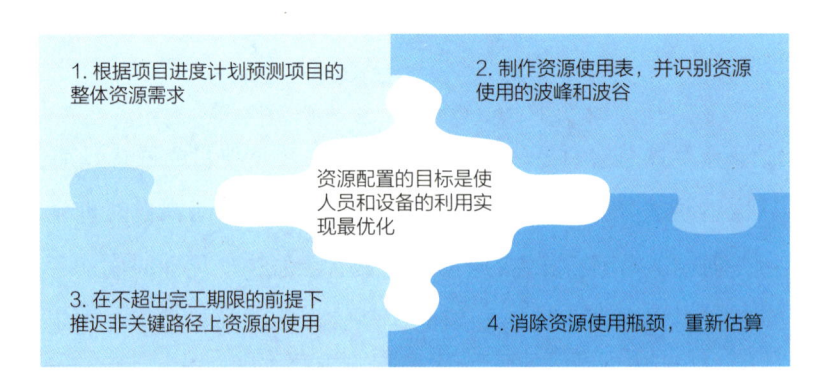

图 3-17 资源配置的目标和主要步骤

资源优化的核心逻辑是：当项目的资源有限，多个并行或交叉活动需要使用同种资源时，需要利用非关键活动的时间差，解决资源冲突。典型的资源优化技术包括**资源平衡**和**资源平滑**。

1. 资源平衡

资源平衡（Resource Leveling）是根据资源制约因素对活动的开始日期与完成日期进行调整的一项技术。这里的资源制约因素可以是**关键资源只在特定时间可用，或者数量有限，或者被过度分配等**。资源有限时，可以调整资源的分布来缓解资源的冲突，资源平衡的结果往往会改变关键路径（通常是延长）。

图 3-18 就是对资源平衡的通俗表达。图中，可用的资源是居于中间的横线，要想让资源比较均匀地使用，就需要避免出现过于陡峭的资源峰值，瓶颈资源将被迫放到后续时间段使用，显然，项目完工日期就会相应延长。

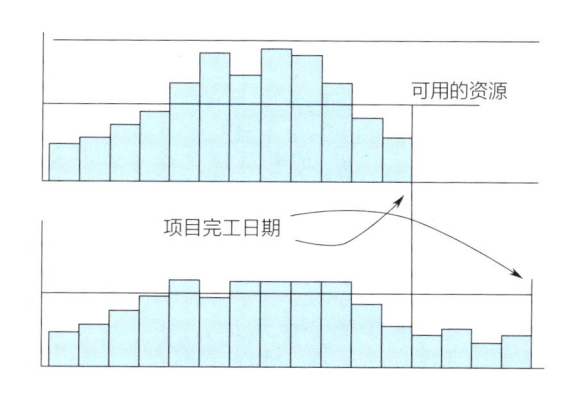

图 3-18 资源平衡示意图

取经项目之所以延期，原因就是项目资源不足：要么缺少脚力；要么没有食物，需要频频化斋；要么对付妖魔鬼怪的人手不足，一来二去，受限于人、财、物等关键要素，关键路径发生了改变。

再来看工作中的案例：某线上订票系统的研发项目，原本计划在某个日期前顺利发布，结果在用户测试时却发现，白天网络负载实在有限，只能等到不相关的员工下班后,才能进行性能或压力测试。于是,额外的加班就变成了第二天的调休,最后陷入"加班与调休"的无奈循环。同时,公司为了冲刺业绩,还选派了一批关键资源,如开发人员和需求经理,直接进驻客户现场。可想而知,这些关键资源一旦被占用,项目的发布时间自然就会被迫延后。

2. 资源平滑

资源平滑(Resource Smoothing)是为了让项目资源需求不超过预定的资源限制而对进度活动进行调整的一种技术。资源平滑不会改变项目关键路径,因此也可以将资源平滑看成一种特殊的资源平衡。

资源平滑是在**不改变关键路径长度**的前提下,用来尽可能缓解资源超负荷问题的方法,但如果资源的超负荷发生在关键路径,那么资源平滑就没用了。一句话,资源平滑是不彻底的资源平衡,因为它的底线是不能改变关键路径。

(二)融会贯通,资源优化案例

在取经项目中,师徒四人一路风餐露宿,终于在某一天来到了灵山脚下。唐僧仔细审视着手中的计划,突然发现了一个棘手的问题:活动 B 和活动 C 这两个任务,居然只能由八戒来完成。然而问题是,这两项活动竟然是并行的,而八戒一天只能聚焦一个活动。

这时候,唐僧灵机一动,决定要进行**资源平衡**,调整进度计划,让八戒的工作变得更合理。因为想要顺利取经,必须要确保每位成员都能发挥出最佳状态。

如图 3-19 中间部分所示,可以看到当唐僧安排八戒把活动 B 和 C 分开进行时,关键路径延长了——资源平衡做完之后,项目总工期从原来的 8 周,向后延长 1 周,变为了 9 周。

因此,唐僧这时候所做的资源平衡就是:根据过度分配资源的实际情况，重新调整进度计划相关活动的开始和结束时间，来使资源不再被过度分配，从而让进度计划具有可操作性。

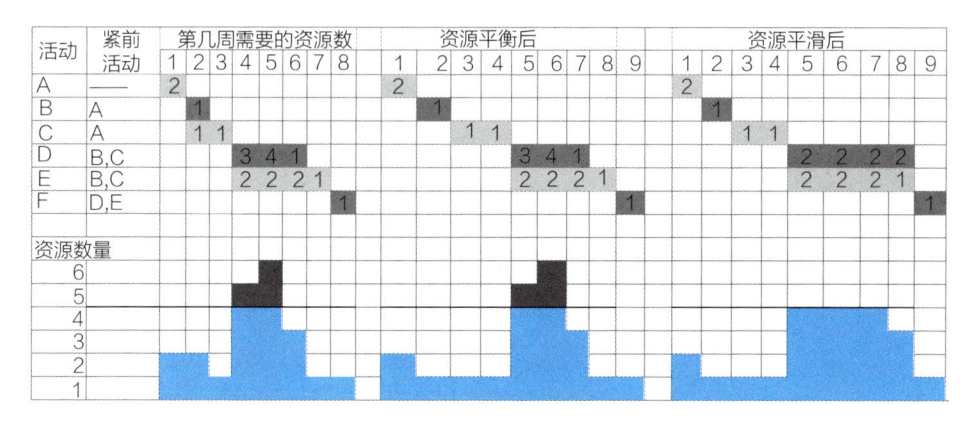

图 3-19 资源优化案例

在完成资源平衡后，我们还得继续检查其他资源限制和当前进度计划之间的冲突。就像唐僧在取经路上发现，实际上可用的资源只有 4 个：悟空、八戒、沙僧和白龙马。然而，当我们仔细观察进度计划下方的资源需求柱状图时，赫然发现某些周的资源需求竟然超过了 4 个资源数量：第 5 周的资源需求是 5 个、第 6 周的资源需求是 6 个。这时候，我们就得动手进行**资源平滑**，确保每周都能顺利推进工作。调整后进度计划如图 3-19 右边部分所示。

当某些工作超出了资源的限制时，我们可以巧妙地将这些任务安排到其他资源使用量较少的周，从而使每周的资源使用量尽量地保持平稳。例如，活动 D 在资源平滑前需要 3 周，但经过调整后，虽然它的工期延长到了 4 周，但这只是因为它在允许的浮动时间内"从容"地延迟了（不用担心，它还在可控范围内）。

资源平滑后，进度计划可能还有需要优化的地方，如总工期过长等，这个时候就可以用进度压缩方法来进一步优化我们的进度计划，关于进度压缩已经在第四步中讨论过，此处不再赘述。

最后，结合案例我们可以得出资源平衡与资源平滑的区别，如表 3-3 所示。

表 3-3　资源平衡与资源平滑的对比

	资源平衡	资源平滑
对关键路径的影响	有影响（通常是延长）	无影响
使用场景	资源在特定时间可用、资源有数量限制、资源被过度分配	不均匀的资源使用率，超出预定的资源数量
使用时间点	一般在使用关键路径法之后、资源平滑之前开展	一般在做了资源平衡之后开展
调整对象	一般针对关键资源	一般针对非关键资源

本小节作业

基于第四步作业中的项目进度计划，评估项目所需的资源，并检视资源的使用瓶颈，尝试用两种资源优化技术进行进度计划的调整，最终确定切实可行的进度计划。

第四节　风险管理有技巧

第四回　风波不断

在你的巧妙策划之下，直播业务终于步入了正轨，直播活动取得了非同凡响的成功，你们通过直播带货的活动，顺利完成了西行项目的资金募集。

然而，就在项目组准备收拾行囊、踏上征程的时候，税务官突然降临，像是从天而降的"黑衣人"，声称你们涉嫌偷税漏税，要求立刻停止工作，配合调查。哎，这可真是"天上掉下个税务官"啊！

这时候，我们不禁想起一句老话：百密一疏。在这个案例中，这句话体现得淋漓尽致。显然，项目组在策划时没有充分考虑风险，或者风险计划做得不够周全。请记住——**任何忽略风险的计划，都是在"耍流氓"**！

一、聚焦本质，风险识别与分类

（一）何谓风险

从本质上来看，项目计划的周密性和精准性，决定了项目方案是否能达到理想的效果。风险计划，则是可以去度量或识别项目成败的攸关要素——**项目所需要的关键资源或事件，是进而保障项目朝向既定轨道前进的基础**。

那么，风险到底是什么？风险就是那些<u>不确定的事件或条件</u>，一旦发生，可能会对项目目标产生积极或消极的影响。此处，我们需要重新审视一下对风险的看法。并非所有的风险都是坏的，**风险本身没有绝对的好坏之分**，其对项目目标带来的影响，往往取决于项目的干系人如何看待它们。

电视剧《繁花》曾席卷了各大荧屏，故事背景设定在 20 世纪 90 年代的上海，那个时候我国的证券市场刚刚起步，规则和玩法都在不断地摸索。于是，许多怀揣梦想的"弄潮儿"蜂拥而至，想在股市中捞得人生的第一桶金。

没承想，股市让人捉摸不定，时而让你惊喜，时而让你恐惧。结果就是，有人一夜之间发达，有人梦醒之后一无所有。被股市虐过千百遍之后，人们最后总结出一句至理名言：股市有风险，入市需谨慎。

（二）风险分类

从风险的分类上来说，我们可以从两个维度认识风险：一个维度是个体在认知水平内是否了解风险，另一个维度是风险事件发生的确定性（概率）。基于这两个维度，项目的风险可以被划分为三类：已知的已知类风险，已知的未知类风险，未知的未知类风险。

1. 已知的已知类风险

关键干系人已经明确了解可能发生什么风险，且对风险发生的可能性和影响有准确的了解。例如，在取经项目中八戒就是一个"已知的已知类风险"，因为他贪财好色、好吃懒做，还爱私下告状，缺点集中在其身上体现。唐僧知道八戒是惹事精，早早就给他起了"艺名"，提醒他要少犯戒，少惹是生非。处理此类风险的核心策略是在风险清单中列示出来，定期跟踪检查，事先做好预防。

2. 已知的未知类风险

关键干系人明确了解可能发生的风险，但对风险发生的时间点、可能性和影响程度并不了解。例如，在取经项目启动前，发起人早早设计了81难，项目团队虽然知道前方会困难重重，但并不知道具体是什么，也不知道这些磨难对项目进展会带来的具体影响。项目团队只能事先准备三大策略：打得过直接上，打不过搬救兵，实在不行听天由命。这三大风险管理策略和风险清单都需要记录在册，以备不时之需。

3. 未知的未知类风险

关键干系人不了解可能发生的风险，因此也不清楚其发生的概率和影响的严重性。当唐僧一行人终于抵达目的地，准备领取真经时，佛祖说："现在是数字化时代，纸质经书不易保存和携带，我把真经做成了NFT（非同质化通证），给你们一个密钥，扫一扫就能取走。"这就是技术变革带来的未知的未知类风险，项目团队根本无法预测，更遑论制定应对措施了。面对这样的局面，唯有事先做好充分推演，制定完备的应对策略，在项目展开过程中灵活应变，才能在风险发生时稳住阵脚。

（三）风险识别过程

风险识别就如同探案一般，关键在于将所有潜在的"可疑分子"找出来。这不仅仅是判断和分类，更是对风险特征和后果进行一番"侦查"，从而形成一份稳妥的项目风险清单。

想要成功识别风险，我们可以从内部和外部两个维度入手，通常是从内向外探寻。内部风险一般是项目**内部的隐患**，包括资源短缺、关键路径的障碍等。而外部风险则是来自外部的**各种挑战**，如环境变化、法律法规、技术进步、社会动态甚至宗教因素等。

首先，可以**运用"经验总结法"识别常规风险**。你可以去请教专业人士，听取有经验的前辈或专家的可歌可泣的"当年勇"与"血泪史"。通过这些宝贵的经验和教训，我们能提炼出许多项目成功要素，最终形成一份初步的风险清单。

其次，你可以列举出方案里所包含的相关事项，将这些事项按照重要性进行排序；对于方案中需要的资源，也可以按重要性进行排序。**找到重要性最高的事件与资源，就相当于抓住了项目的关键成败要素，它们自然是项目中最需要关注的风险点。**

再次，别忽视了**关键路径和次关键路径**。关键路径可是风险的重灾区，需要时刻关注上面的资源、设备、人员和活动，必要时制定相应的应对措施，确保一切都尽在掌控。

最后，记得定期查看项目的外部环境，如新法规、新制度或新法律的出台，评估这些外部事件可能带来的影响，及时更新项目的风险清单。

（四）风险识别方法

风险识别的具体方法有很多种，这里重点介绍两类常用方法：5M1E法和假设法。

1. 5M1E法

5M1E（也称作6M）是指与项目相关的6种常见关键成败要素：人员、机械设备、物料、方法、测量、环境。这6个要素最初源自制造业的全面质量管理，目的是找出那些造成产品质量失控的罪魁祸首。随着时间的推移，它们的影响力逐渐扩展到各行各业，成了项目质量和风险管理的"必备法宝"。

（1）人员（Man power）。项目问题的根源往往是人。相关人员的素质、技能和经验直接影响项目的成败。如果项目中的重要管理者突然调离，或是核心成员因为个人原因缺席，项目目标和项目进展将会受到很大影响。因此，作为项目经理，定期核查干系人登记册（见第二章第一节表2-1）以识别潜在风险，是项目日常工作中的必选动作。

切记，对于项目中突然冒出来的陌生人，一定要时刻保持警惕，免得他们给项目带来不必要的"惊喜"。

下面我来分享一个十几年前的"扎心"故事。

当时，我初次被任命为乙方项目经理，进驻某家大型鞋服代工厂的现场，负责一个ERP⊖项目的交付。犹如初生牛犊般的我精力旺盛、雄心勃勃，每天都在项目办公室和车间来回奔走，项目团队和客户合作得如鱼得水，项目进展得风生水起。在某个工作日的上午，一位陌生男子突然闯进项目办公室，毫不顾忌地开始吸烟。这种不打招呼的鲁莽行为，让对香烟敏感的我火冒三丈，于是我毫不客气地请他到室外吸烟区去吸烟。一段不愉快的小插曲就此结束。

没想到，在中午我像往常一样与厂长共进午餐时，主位赫然坐着那位陌生男子。经过介绍，我才知道他是代工品牌方临时派来的技术总监，拥有对产品的"一票否决权"。难怪他能坐在主位上！这顿午餐令我如坐针毡，食不下咽，担心因为上午的冲突影响客户的心情，进而影响项目的交付验收。果不其然，在后期落实车间管理信息化时，来自这位总监的挑战接踵而至。虽然项目最终顺利交付，但过程可谓煎熬。

⊖ ERP（Enterprise Resource Planning，企业资源计划）是建立在信息技术基础上，以系统化的管理思想，为企业决策层及员工提供决策运行手段的管理平台。

这次经历让我深刻认识到，时刻关注干系人是多么的重要！从此，我便养成了随时"记账"的习惯，不论是风险登记册还是干系人登记册，一有时间就拿出来检查、更新，项目开展也因此顺畅了许多。

（2）机械设备（Machinery）。机械设备在很多行业中，如工程建造、生产制造、医疗服务等都扮演着重要角色。机械设备的数量与质量会成为项目开展的基础，对机械设备定期检查维护、保养、更新才能保障业务及项目的展开。此外，场地也可以视为机械设备类资源的延伸，某些服务类项目对场地具有高度的依赖性，需要加强对此类风险的识别与监控。

（3）物料（Materials）。物料的质量直接影响产品的性能与寿命。在项目管理中，对物料的采购、检验和存储要严格把关，确保物料的质量符合项目标准和要求。

（4）方法（Methods）。方法是指为项目顺利开展提供的工艺流程和操作规范。合理的工艺流程和操作规范能够确保项目的质量，工作流程、质量标准、作业文件、计划制订五步法等都属于方法的范畴。

例如，传统的IT项目通常采用瀑布式的研发流程——先定义需求，再设计架构，然后编程测试，最后交付。这种长周期的研发方法的背后，伴随着大量风险——需求一旦发生变化，最终交付的产品很难满足客户的要求。于是在20世纪90年代，敏捷项目管理异军突起，这种管理方法通过对用户价值进行细分，以最小时间单元来持续快速交付项目，最终赢得了客户的口碑。不同方法的选择，对项目交付成果也有着不同的影响，好的项目经理必须能够及时识别出交付方法对项目产生的风险，并针对性地进行改善。

（5）测量（Measurement）。测量是指在项目过程中对交付成果进行质量检验、监控和控制。通过测量，可以及时发现交付成果存在的问题，并采取相应的措施进行改进。例如，工程领域对混凝土试块的检验，采用静力受压弹性方法时，由于设备性能不符合条件或者检验员短期施压不符合操作标准，最终同一批试块会出现合格或不合格两种截然不同的结果。

（6）环境（Environment）。环境是指产品生产和项目开展的场所、设施、设施布局及外部环境等，环境一般属于不可抗力的部分。环境因素如温度、湿度、噪声等会对项目产出结果带来影响。因此，在项目管理中，要控制环境因素，确保项目在适宜的环境条件下开展。例如，工程行业对保温层的作业温度有相应要求，医疗行业要求手术开展必须在无菌环境下进行，等等。

6种风险要素的识别过程，可以运用鱼骨图工具展开，如图3-20所示。

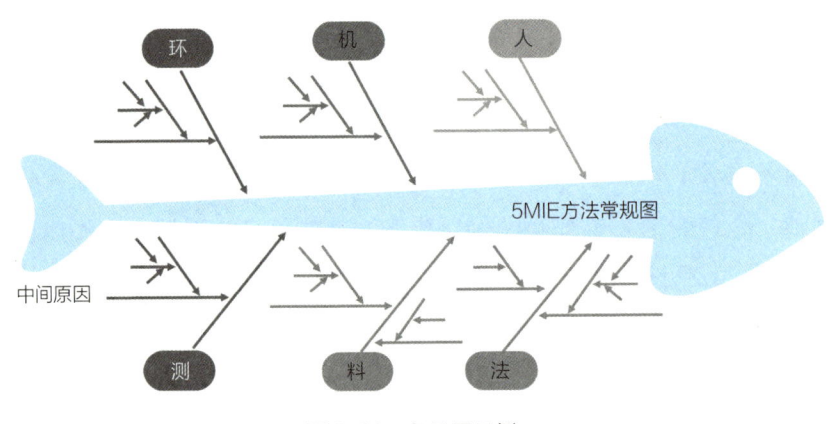

图 3-20　鱼骨图示例

鱼骨图的起源要追溯到1953年，由日本质量管理大师石川馨提出，因其形似鱼骨而得名，这种图形也被称为"石川图"。鱼骨图是一种**发现问题"根本原因"**的方法，让我们能透过表面现象，直击问题的本质，帮助我们识别和解决各种棘手的难题。因高效易用、效果显著的特点，鱼骨图在质量管理、策略制定、风险识别等领域都有着广泛应用。

鱼骨图通常来说有以下三种类型：

（1）**整理问题型**。此种类型的鱼骨图用于展示各要素与特性值之间的结构及构成关系，而不是纠结于原因。它的目标是让我们清晰地看到事物的全貌，像拼图一样，把每一块都放到正确的位置。

（2）原因型。鱼头朝向右边，特性值通常以"为什么"开头。就像警察在调查案件一样，我们按图索骥来探索问题的根本原因。它帮助我们挖掘深层次的因素，揭开隐藏在表象之下的真相。

假设取经团队正在进行一场头脑风暴，目标是找出项目进展缓慢的"真凶"。我们从"人"这个维度来分析，大骨指团队成员，而中骨则可以细分为人员能力、意识等方面。

在"人员能力"这一层面，我们就像剥洋葱一样，剥开后发现里面藏着各种"鱼刺"要素。例如，"为什么八戒看不出老人是白骨精假扮的"，等等。

（3）对策型。鱼头朝向左边，特性值则以"如何提高/改善"的方式来书写。就像引导你开车上路的陪练一样，它专注于提出改进措施，帮助我们找到解决方案，让项目更加出色。

2. 假设法

假设……条件，对应意外情况。我们可以使用以下句式识别项目中的风险：因为_____（具体原因、事件）导致_____（直接后果）。

例如，因为高温天气，导致了某一个活动难度会增加，这是一个典型的风险，这叫外部原因。以下是基于假设法识别出的风险清单示例：

- 因为高温/大雨天气，导致公司重大团建项目中爬山徒步活动的难度增加。
- 因为负责人身体不适，导致缺席项目启动会。
- 因为产品问题量过大，导致客户推迟产品上线。

在实践中，许多企业会建立一个"风险清单"，就像购物清单一样，定期检查和维护，以确保不会漏掉任何潜在的"捣蛋鬼"。某些精密仪器的检验组织的风险清单上竟然有数百项。为了帮助大家更好地构建自己的项目风险清单，我结合项目管理的六大维度，整理了一些典型的风险示例。希望这些小小的"砖头"能激发出你的灵感，助你打造出一份独一无二的风险手册。

（1）人员维度。

- 因为决策人职位变动导致项目搁浅。
- 因为技术专家的反对导致项目方案无法通过。
- 因为主管领导未签字导致项目无法验收。
- 因为软件操作人员强烈不满导致项目无法按时上线。
- 因为用户对项目成果感知不足导致应用效果不佳。

（2）机械设备维度。

- 因为机器设备数量不足导致项目进度滞后。
- 因为机械设备故障导致项目临时停工。
- 因为机械设备落后导致项目质量不达标。

（3）物料维度。

- 因为物料采购不及时导致项目进度滞后。
- 因为物料质量问题造成项目返工，成本超支。
- 因为大宗物料的市场价格波动导致成本超出预算。
- 因为物料堆放不合理导致浪费严重。

（4）方法维度。

- 因为计价方式不合理导致项目成本计量结果严重超出预算。
- 因为未遵循标准作业流程导致项目质量严重下降。
- 因为未按照项目执行方案开展工作导致项目出现意外中断。
- 因为项目估算方法不适用导致项目资源计划失真。

（5）测量维度。
- 因为产品检测操作不当导致检测结果错误。
- 因为设备参数设置错误导致检测结果错误。
- 因为检测条件未同步到位导致测量结果失真。

（6）环境维度。
- 因为极端天气导致项目延期开工。
- 因为新政策限制导致项目范围变更。
- 因为外部施工挖断电缆导致项目通信中断。
- 因为突发工人罢工堵塞交通导致项目延期（国外项目中较常见）。
- 因为环保检查不合格导致项目停工（工程项目中较常见）。

二、各个击破，风险管理定策略

明确了对风险的认知，并预知到风险会一直伴随项目全过程，我们就要提早制定风险预案和风险管理策略。

（一）风险管理原则

针对三类风险——已知的已知类风险、已知的未知类风险和未知的未知类风险，应对策略和精力是不一样的。

假如我们将精力分成10份，按照721法则来分配，你应该用7份精力来管理已知的已知类风险，用2份精力来管理已知的未知类风险，把1份精力留给未知的未知类风险。

对于已知的未知类风险，你知道它可能会发生，但不确定在何时发生，就需要制定相应的B方案，想清楚B方案如何实施，以及一旦B方案应对风险失效后，它的弹回计划是什么。发生了风险事件，你的兜底措施有哪些，这些在风险计划中必须明确。同时在资金层面，项目经理要预留出相当于项目成本 10% 的资金作为应急储备，以应对项目风险带来的影响。例如，进度滞后需要赶工，可以用金钱换取时间以减少项目损失。

关于**未知的未知类风险**，项目管理者需要随时监督、收集新的信息，但是没有办法提前预测。业界的通行做法是为自己预留个缓冲带——项目经理在制定方案时，建议管理层预留项目总成本（包括应急储备）的 10% 作为"管理储备金"。这样一来，如果遇到意外情况，我们也能从容应对，做到有备无患。

（二）风险应对策略

风险应对策略可以分为消极性风险应对策略和积极性风险应对策略两类。消极性风险应对策略有五种：**风险规避、风险减轻、风险转移、风险接受和风险上报**。

1. 风险规避（Avoidance）

此策略是指当项目风险的潜在威胁太大，不利后果太过严重，又无其他有效策略可用时，主动放弃项目或更改项目目标与行动方案，从而将**风险事件发生的概率降为 0**。

比如，前方 1 千米有妖精的老巢，取经项目组选择绕道而行。一旦放弃前行，唐僧被抓走的风险就不会出现了。唐僧不被抓走，徒弟们都能安安静静地享受生活。再比如，在某些数字化项目中，要采用的某项新技术（区块链）不成熟，会增加系统的不稳定性，影响项目上线运行，项目组最终决定放弃此项技术。

2. 风险减轻（Mitigation）

该策略通过缓和或预置干预等手段来减轻风险，降低风险发生的可能性，或减轻风险对项目带来的不利后果。当然，**减轻不能把风险事件发生的概率降低为 0**，这就需要增强防范，多加几条"保险绳"。

例如，取经项目组来到狮驼岭，如果非要经过前面这条山路，要想不出意外，可以申请让观音菩萨来护送一程，有她在，那么这个项目就能减少不必要的麻烦。同理，在实际项目中，我们可以请教经验丰富的专家、借鉴历史项目的成功案例，甚至请专家来现场"坐镇""站台"，从而将项目风险的损失降到最低。

3. 风险转移（Transfer）

本策略是指将风险转移给参与该项目的其他人或组织，所以又称为**合伙分担风险**。把风险从自己身上转移给第三方，最常见的便是买保险，由保险公司帮我们去承担风险带来的损失与赔偿。

我过去在做IT项目时，经常扮演总集成商的角色，为了减少自家研发的风险或者降低成本，便会考虑把某些工作分包给其他供应商。这在行业内是个惯常做法，很多企业也都乐于尝试。然而，各位项目经理是否想过，一旦将任务分包给第三方，项目的风险真的就能转移出去吗？你的责任真的就能轻松减少吗？

显然，现实往往背离初衷，分包可能会让项目风险加倍，甚至让事情变得更加复杂而不可控。因此，风险转移策略并不总是项目管理的最佳选择。很多时候，风险并没有随着责任的转移而消失，反而可能愈加严重。所以，下次在考虑转移风险时，别忘了多思考一下，是否真的可行。

4. 风险接受（Acceptance）

这项策略是指有意识地选择承担风险后果，可以是主动的，也可以是被动的。接受风险是最省钱、省事的规避策略。例如，取经项目组可以忍受可能出现的各种妖魔鬼怪，并且接受唐僧被妖精抓走的后果，实在不行悟空还可去佛祖那里搬救兵，于是决定继续走狮驼岭这条路线。这相当于对风险结果预留了小敞口，只要关键干系人能接受就可以，不会影响项目的推进。

5. 风险上报（Report）

这项策略是指有意识地将风险后果上报给更高层级的管理者，由其决策后续活动。例如，真假悟空干扰取经项目的进展，八戒觉得自己实在扛不住压力，出现问题承担不了，他决定要直接去佛祖那汇报：说项目组治不了六耳猕猴，项目陷入僵局，请佛祖亲自定夺。这就是风险上报的意义，让更有能力的人来做出决策，确保项目能够顺利进行。

当然，如果能给我们带来正向的收益，风险就摇身一变，成为"机会"的代名词。对于积极性风险，我们也有 5 种管理策略可以帮助项目经理施展拳脚：**风险开拓、风险提高、风险共享、风险接受和风险上报**。

1. 风险开拓（Exploit）

该策略的目的是消除不确定性，**确保机会一定会百分百出现**。例如，为项目分配更多的有能力的专家，以便缩短项目完成时间或达到超出预期的高质量。

2. 风险提高（Enhance）

该策略旨在通过提高积极风险的概率或其积极影响，识别并最大限度发挥这些积极风险的驱动因素，致力于改变机会的"大小"。在实践中，**增加资源**就是一个典型的做法，帮助我们提高机会出现的概率（虽然不是100%）。

3. 风险共享（Share）

这种策略意味着把风险的责任交给那些能够为项目带来机会的第三方。可以通过建立风险分享合作关系，或者组建专门的团队、特殊目的公司或合资企业来实现。比如，玉帝发包了一个南天门扩建项目，为了提高中标率，唐僧团队与某建设公司组成投标联合体，确保项目的顺利交付。

4. 风险接受（Acceptance）

这是一种"坐等天上掉馅饼"的策略，指什么都不做，寄希望于好运降临到自己身上。

5. 风险上报（Report）

这是一种有意识的行为策略，目的是将项目收益上报给管理层，借助他们的力量来促成机遇的发生。

总而言之，以上五种管理策略的核心原则就是：凡是好事，项目团队都不必担心，不断提高它们发生的概率，让这些好事如约而至，妥妥地落到原定的目标范围里。

三、防微杜渐，风险预防早规划

关于风险管理计划，大家可以参考下面的模板制订自身项目的风险管理计划。以某学院的招生活动为例，模板相关栏目如表3-4所示。

表3-4 风险管理计划示例

风险识别	风险评估				风险应对		风险管理
风险清单	影响度	概率	评估	排序	触发因素	预防/应对方案	责任人
因为活动当天大雨，导致不具备户外完成活动的条件	6	30%	1.8	3	活动前三天天气预报有大雨	活动前一天张三确认由场地业主方安排室内活动方案；风险转移策略	张三
现场咨询服务人员人手不足，导致无法满足活动现场工作的顺利执行	6	60%	3.6	1	活动前三天有7人确定请假	学校领导提前三天召集各部门安排相关工作人员，必须确保现场人员数量；风险减轻策略	李四
活动纪念品不足，导致现场无法满足潜在客户的体验需求	5	50%	2.5	2	招生宣传活动安排在周末时间，人流量将大幅提升	市场部多预备200份纪念品并由王五负责调运至现场；风险规避策略	王五

第一部分为风险清单栏，展示的是所有已经识别出的风险列表。第二

部分是风险的定性分析与评估值，其中第二栏为风险的影响度，可用1~10分表示，也可以为小数值；第三栏为风险发生的概率或者确定性，满足独立事件随机分布规则，其概率值为0~1，也可以用0~100%来表示；将风险的影响度乘以概率得到第四栏的风险评估值，然后按照这个评估值的结果进行排序（第五栏），此时我们就能清晰地看出所有风险的最终影响结果。过程中风险越多，其应用效果就越好。

第三部分风险应对是风险管理计划最重要的内容。很多风险事件本身还有其前置条件，即触发风险发生的一类事件或条件，只有被充分识别出来，才能采取针对性的风险应对策略，细化风险应对/预防措施。

对比风险清单中三个风险事项会发现，第二条风险的风险等级最高，即"现场咨询服务人员人手不足，导致无法满足活动现场工作的顺利执行"，应该优先进行管理。在项目推进过程中可以不断监控触发因素，如活动前三天有很多人请假，就需要采取风险减轻策略，提前召集相关部门安排好备选人员或预备队，确保现场人员的数量充足。

最后还要指定责任人，保证风险管理计划责任落实到位。

本节作业

行胜于言，项目管理是关于实战的技能，风险管理计划示例展现完毕，下面再给各位读者布置一个**练习作业**：

请根据第三节第一步WBS练习所选择的项目，参考本节的风险管理计划模板，设计详细的风险管理计划，并指定到相应的责任人，将练习结果填入附录5"项目风险管理表"中。

四、案例阅读：文化因素，出海项目不可忽视的成败关键

2018年年底，A公司中标沙特阿拉伯某EPC（工程总承包）轻轨项目

的一个标段。该标段设计总长度为 18.25 千米，造价约合 200 亿元，总工期 30 多个月。由于项目标的比较高，A 公司委派拥有欧洲施工经验的项目经理高某担任项目负责人，高某也是信心满满，决心一定将项目做成样板，不负公司重托。

高某进场后，发现中东地区的项目与国内和欧洲的项目相比，有其典型的如下特点：

（1）地处沙漠，地形特殊，**温度过高，白天气温可以达到 50 多摄氏度**，高温造成项目每天的有效施工时间不足 3 小时。

（2）当地工人没有职业化概念，也不喜欢加班劳作，即便支付加班费也无人愿意延长工作时间。

（3）该 EPC 项目的设计方为欧洲公司，该公司对品牌和环保要求极高，造成施工的材料受限，创效空间被进一步挤压。

材料只能从欧洲采购，高温天气造成每天只能开工半天，给工人支付 3~5 倍加班费依然没有人愿意加班。项目部只能从国内抽调以前合作过的班组临时救急。正当项目经理高某为工期追赶上来而略微松一口气时，项目又遇到了一个极大的挑战：

由于宗教原因，一些施工地区国内工人不能进入，致使项目一度陷入停滞。

摆在高某眼前的选择只有两个：

（1）增加当地宗教的劳工人数，但显然在当地已经无法获得充足的劳工。

（2）向甲方业主索赔，等待高层与政府的谈判后再开展项目。

显然，项目不能停工，一旦停下来，损失将会成倍增加。高某决定，劳工可以从国内特定区域（如宁夏等地）招募，只有如此，项目部成员才能进入宗教地区。在劳工招募完成后，项目开始顺利进行，但是由于过程中人工成本的迅速拉升，项目盈利空间被进一步压缩。

项目虽然得以顺利进行，但高某从此事中吸取了下面极大的教训：

（1）在国际项目工作当中，**一定要在招投标环节把控细节和关键点，从源头管控好风险**。

（2）在后期要仔细思考成本优化的替代方案。

（3）估值报价方面要尽量早收款，压账要附一个**押金清单**，并设置好底线。

（4）要合理安排工期和施工进度，尽量不要用赶工的方式推进项目。

案例讨论：

（1）假如你是项目经理，在面对这类出海项目时会事先采取哪些风险预案？

（2）除了案例中提到的应对措施，你觉得还可以有哪些有效的风险应对措施？

第五节　沟通计划莫忘了

第五回　百密一疏

取经项目正式启动了，唐僧最近忙得不可开交，正在为申请签证大费周章。就在他自认为一切准备妥当时，大使馆的面试官却抛出了一个"灵魂拷问"：请提供佛学院的访学邀请函，以及项目组成员的无犯罪记录证明。

唐僧瞬间傻了眼，几个核心成员都是因犯错而被贬的，要开具无犯罪证明，难度比降伏各路妖魔高多了！

一、一句之差，言语决定项目成败

照理说，项目经理完成了进度计划、风险管理计划和资源计划，项目就应该顺风顺水地开展了。可偏偏一开局就踢到铁板，原因何在？答案便是——缺乏与干系人的沟通计划。我们在第二章第一节已经详细讨论过干系人的定义与分类管理，这里再次强调：干系人登记册并非孤立存在的，它与风险管理计划和沟通计划息息相关。

为什么需要制订沟通计划？下面让我们通过一个满是辛酸的项目经理离职的故事，来揭晓答案。

故事发生在2014年，我所在的公司承接了上海某著名三甲医院的管理数字化项目。经过一番考察，公司发现小王具有项目管理专业人员认证（PMP）和注册会计师（CPA）双认证，简直是项目经理的不二人选。小王欣然接受了这个光荣的任务，迅速投入客户现场的业务调研中。

通过一周的走访，小王确实发现了客户在管理上的问题，并针对性地提出了改进建议。本来这是一件好事，然而，意外发生在项目方案沟通会上。轮到小王发言时，凭借着财务专业的严谨和技术人员的直率，他不客气地指出："经过我这几天的调研，发现你们单位在财务管理方面存在一些漏洞。"

一句话不要紧，犹如在会议室投下了一颗炸弹。主管财务的副院长脸色骤变，财务处长也不耐烦地把笔扔在桌上，厉声反驳："你就凭着这几天潦草的调研，就敢断定我们的财务管理有问题，哪来的自信？！"结果，大家闹得不欢而散。第二天，客户方的项目经理就给我们公司打电话投诉，要求换人。小王从项目经理变成了普通顾问，在后续项目进展中也遭遇了不少刁难，最终只能黯然离职。

（一）沟通需求分析

由此可见，**项目中的绝大部分问题都是沟通问题**。大量事实表明，专业能力过硬的人未必善于沟通。好的项目经理在项目管理中需要消耗 80% 甚至 90% 以上的精力去沟通。项目中的干系人众多，千头万绪，沟通需求分析与制订沟通计划显得尤为重要。

沟通需求分析的目的是得到项目干系人对信息需求的汇总，其宗旨是防止项目干系人因过多的细节内容而应接不暇。

不仅好消息要沟通，坏消息也要沟通，否则会由于缺乏沟通造成项目失败。发布坏消息是有技巧的，我们将在第五章第一节做详细说明。

（二）沟通渠道

沟通渠道是信息得以传送的载体，分为**正式或非正式的沟通渠道、向下沟通渠道、向上沟通渠道、水平沟通渠道等**。项目越大、团队越大，传输信息的渠道就越多，就会有越多的资源被用于传输信息及协调方方面面的工作。

沟通渠道数 C 与干系人数 N 之间的关系为：$C=N(N-1)/2$。如图 3-21 所示，该项目的干系人共有 18 人，若不做任何限制，则沟通渠道就会有 153 条！显然，项目经理会应接不暇，必须规划沟通，才能保证项目顺畅、高效传递信息。

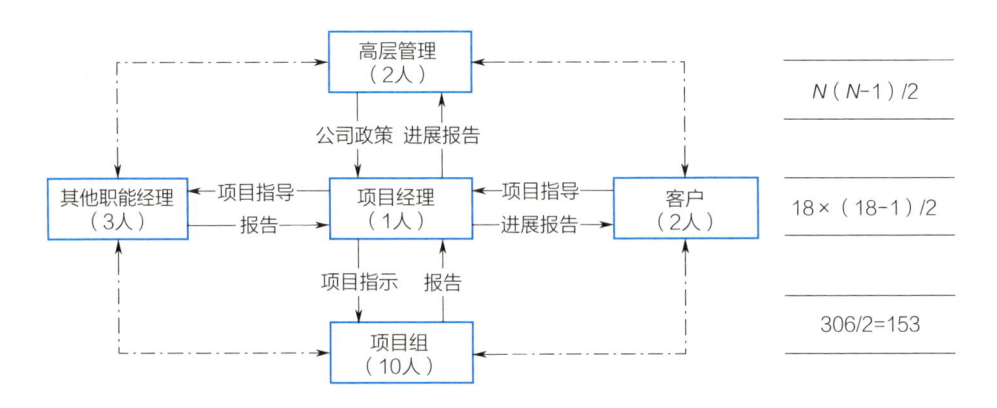

图 3-21 项目沟通渠道计算示例

规划沟通最重要的是清晰地知道需要跟谁说什么话，何时何地说，这些都是很重要的要素。项目一旦启动，你就要考虑项目当中有哪些人是干系人，他们需要得到哪些和项目相关的信息，你要安排谁负责在什么时间点将这些信息传递过去，传递的具体内容是什么，采取什么方式进行传递，等等。

二、多管齐下，遵循法则保障效果

制订沟通计划时就不得不用到沟通方式，按对象、场所划分可以有多种方式，常见的有**推式沟通、拉式沟通、交互沟通、正式沟通、非正式沟通、突发事件沟通**等。

（一）推式沟通

推式沟通强调信息**发送者**的主动性，就像是运送信息的"快递小哥"，主动把消息送到对方面前。项目经理和团队成员会像发信的邮递员一样，确保特定对象都能及时收到最新的项目动态。常见的方式包括：信件、备忘录、报告、电子邮件、传真、语音邮件、日志、新闻稿等。

推式沟通的优点是确保所有团队成员**及时**获得最新进展，从而保持团队在项目执行过程中的同步性和协调性；而缺点则是不能确保信息到达目标受众，或信息已被目标受众理解。

（二）拉式沟通

拉式沟通强调信息**接收者**的主动性，就像是享受自助餐，想吃什么就自取。项目经理和团队成员可以根据需要，主动从信息源中提取所需的内容，这种方式特别**适用于信息量庞大或受众广泛的场景**。典型的例子包括项目组或干系人访问企业内网、经验教训数据库、知识库等。

拉式沟通的优点是在信息量很大或受众很多的情况下**效率更高**；而缺

点则是要求接收方自主地获取信息内容，这对信息接收方和项目组都会产生**额外的工作量**。

（三）交互沟通

交互沟通**强调双向**、**实时**的信息交流，像是一场热闹的"茶话会"。在这种模式下，项目经理或团队成员能够与其他干系人进行实时对话，共同解决问题、做出决策。交互沟通适用于**实时多向信息交换的场景**，如会议、电话、社交媒体等。典型的例子包括：会议（至少三人以上）、一对一的面对面谈话、电话、电子邮件[一]、即时通信（如微信和钉钉）、共享空间（如钉盘用于文件共享）等。

交互沟通的优点是有效确保参与者对某一话题达成共识；不足之处在于受时间、地点、人员的制约较多。

（四）正式沟通

正式沟通类似项目的"报告会"，涵盖**项目状态信息**（项目成果、进度、成本、质量、资源等），下一阶段的**里程碑**和要求提交的**工作成果**，变更、问题和风险信息，与团队要求的措施有关的机会和威胁等。

（五）非正式沟通

非正式沟通像是茶水间轻松的"闲聊"，包括反馈项目整体状态，某些项目问题的起因、建议的纠正措施及其理由，团队成员感兴趣的其他话题等。这种方式让团队成员之间的关系更加融洽，信息也能更自然地流动。

（六）突发事件沟通

当意外情况发生时，团队需要一起分析影响，确保大家都能理解情况，

[一] 电子邮件既可以被视为推式沟通，也可以被视为交互沟通，具体取决于使用情境。

并共同确定最佳行动方案。必要时，还需要咨询领导，并邀请其参加这种"应急会议"。

针对不同的沟通目的，可以采用不同的沟通方式和沟通渠道，如图 3-22 所示。推式沟通或拉式沟通直接用文字或电子邮件即可，对于复杂信息需要交互沟通时，最好采用面对面的沟通方式。面对面沟通时，最好再加入一些交流的媒介，如一个白板，可以在上面写写画画。在实际项目中，很多团队在沟通项目方案时，更多倾向于在一个会议室中，备好玻璃板或白板，方便各方的深度交流。

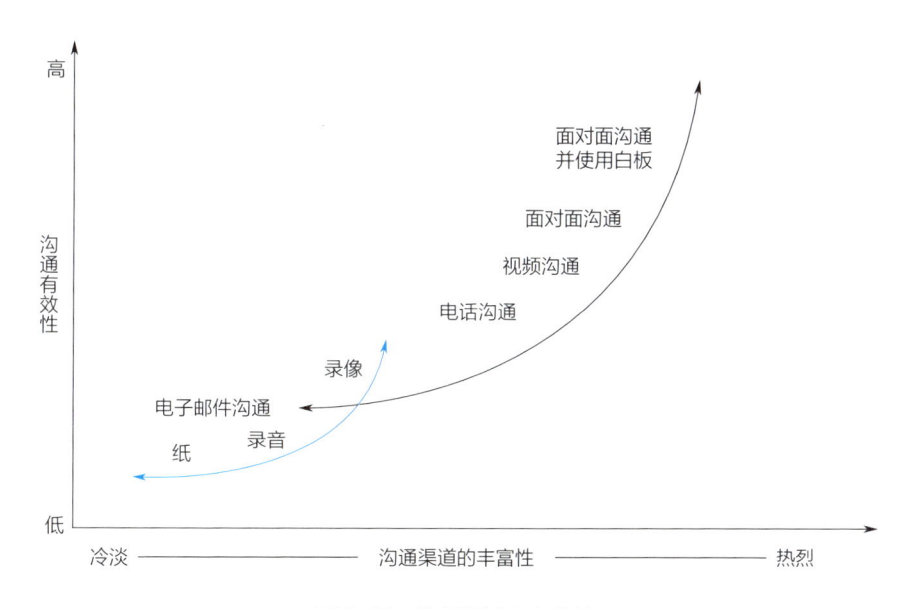

图 3-22 沟通渠道及有效性

从图 3-22 中可见，面对面沟通并使用白板的方式是最有效的。这背后存在一个有趣的 55387 法则：在沟通中，55% 的信息通过肢体语言传递，38% 的信息依赖于语音语调，只有 7% 的信息是通过文字传递的。所以，沟通不仅仅是说话那么简单，肢体语言和语调在其中扮演了非常重要的角色。下一次开会时，别忘了让你的身体语言和丰富的语调为你加分。

小练习：了解沟通方式与有效性后，请各位读者尝试为以下项目活动匹配具体的沟通方式，答案见本章总结。

沟通内容	电话	电子邮件	面对面/视频	录音/录像/影印
评估干系人的支持情况				
团队取得一致意见				
调解冲突				
消除干系人的误会				
提出某成员的负面行为				
对某成员表示支持/赞赏				
鼓励成员的创造性思维				
做出有讽刺意义的声明（委婉批评）				
传递简单信息				
提出问题				
提出简单要求				
给出复杂指令				
呈送很多干系人				
保密				
传送参考文档				
加强某干系人的权威性				
提供永久记录				

三、运筹帷幄，沟通计划决胜千里

假如项目的沟通计划做得足够详细，大部分的风险就会被提前挡在门外。经验丰富的项目经理就像是沟通的侦探，时刻关注着计划的每一个细节，灵活应对各种干系人的需求。表 3-5 所示就是沟通计划的基本框架。结合干系人登记册，在充分考虑到各干系人对信息的需求后，就可以制订更加细致的干系人沟通计划了。

沟通计划中必须包含五个要素：时间、内容、对象、方式（形式）、频率，这五个要素共同勾勒出完整的沟通计划。沟通计划不仅是纸上的文字，更是项目成功的"秘密武器"。别小看这份计划，它能让你的项目顺利推进。

表 3-5　沟通计划模板

沟通计划				
项目名称：		制作人：	时间：	
内容	人员		方式	时间/频率
	发起者	接收者		

在实际项目中，我们可以根据沟通目标的不同，进一步细化出具体的沟通内容。表 3-6 展示了我在负责某个 1000 余人规模的干部培养项目时的沟通计划，该项目最大的难度是沟通对象纷繁复杂：既有集团高管，又有中基层管理者，每个层级对信息的需求是不同的。项目经理首先需要结合干系人识别方法对 1000 余人进行干系人分类（详见第二章），再针对性设计每个干系人类别的管理策略。例如，对于高管，他们在项目中影响力大且利益较大，那沟通计划就要将核心节点的信息内容、目的提前知会到位（重点管理），采用交互沟通，多询问对方的意见，始终校验项目目标是否偏离高管的预期；对于其他参与该项目的学员，他们虽然是管理者身份，但对其管理策略更多的是"告知"，通过电子邮件、群公告等形式进行推式沟通，无须考虑他们的意见。

最终，在沟通计划的指导下，项目得以有序推进，过程中没有出现信息遗漏、人员通知不到位、误解等情况，项目成果得到了公司总裁办的高度认可。

表3-6 某公司干部培养项目的沟通计划

时间	项目&内容	目的&产出	形式	对象	频率
4月8日	DOD习武备战通知	建立班级本站群，下载咕咚app	✓邮件 ✓微信群 ✓海报	入池人员	一次
4月8日	入营备战任务下达	明确DOD入营规则，干部开启运动	✓邮件 ✓微信群 ✓视频	6个班级人员	多次
4月9日—5月30日	分班级习武成绩发布和勋章授予	告知学员阶段运动成果	✓邮件 ✓微信群		每周五一次
5月30日	入营备战结束，各班级发布习武成绩	告知学员习武备战最终成绩及入营	✓邮件 ✓微信群		一次
5月31日	分班级与各业务确认入营名单	与业务部门确认最终并补充必要参会人员（从有资格的学员中进行调整）	✓邮件 ✓电话	BG+BU分管SVP、VP及HRD	一次
6月1日	1.对入营学员正式发布入营通知 2.习武强化计划、悟文、体检等相关要求	1.明确入营人员范围，建立400人企业微信群 2.原班级群解散 3.悟文学习、习武强化任务	✓邮件 ✓微信群 ✓海报		一次
6月11日	组织一次戈行备战演练	全国分散组织一次戈行备战演练，确定戈行入围名单	✓微信群 ✓海报	入营人员	每周五一次
6月15日	1.发布戈行名单、班连建制 2.全年运动目标及奖项设置 3.案例学任务下发	1.班连名单 2.全年习武目标与任务要求 3.案例学习笔记	✓邮件 ✓微信群 ✓海报		一次
6月24日	出发前注意事项下发	会前准备及注意事项提醒、请假等处理细则	✓邮件 ✓微信群 ✓海报		一次
7月3日—7月9日	7月3日报到开营，8日结营，9日返程	营员了解内容，个人工作安排	✓邮件 ✓微信群 ✓海报		一次

（续）

时间	项目&内容	目的&产出	形式	对象	频率
7月15日	下发转训通知（要求）	促进DOD内容转化落地，产出实践案例	✓邮件 ✓微信群	入营人员	一次
7月16日—9月30日	各业务转训练落地、案例实践要求				两周一次
7月15日—12月15日	班连习武常态化运营，12月15日习武统计截止	双周运动数据，推动干部建立持续运动习惯	✓邮件 ✓微信群		
次年年会	发布悟文、习武荣誉名单	奖励优秀	✓邮件 ✓微信群 ✓海报		一次

第六节　会算账，升职跑不了

第六回　无从下手

玉帝想在东海新建一个度假村项目，他准备在未来三年里，连续投入26万元：首期投资14万元，之后每年再投4万元。经过测算，从第一年开始，这个项目每年能带来5万元的收益，听上去不错，但回本周期却长达6年！

玉帝有点拿不准，他找来龙王商量，看能不能投资这个项目。龙王一边搓着龙须，一边陷入了深思：这个项目到底是投还是不投呢？

一、投入产出，经营意识记心间

正当龙王一筹莫展的时候，他身旁的师爷龙虾低声说自己有办法帮龙王做决策。龙虾早年间曾在西海留学，掌握了一手西方的财务管理知识。在得到玉帝的批准后，龙虾开始不慌不忙地为虾群普及起项目管理的"经营意识"。

首先，龙虾引入了一个重要的概念，**收益成本比率（BCR）**，它是项目所赚钱与所花钱之比，一般来说，如果收益高于成本，就是一个好的投资项目。

其次，龙虾又聊到了**净现值（NPV）**这个重要的财务指标。计算净现值时，**必须把时间因素考虑进去**。

净现值是指投资方案所产生的现金净流量以资金成本为贴现率折现之后与原始投资额现值的差额。计算公式如下所示：

$$NPV=\sum_{t=0}^{n}(B_t-C_t)\frac{1}{(1+i_0)^t}$$

其中，B_t代表某年项目的收益，C_t代表某年投入的成本，i代表折现率——特定条件下的收益率，说明资产取得该项收益的收益率水平。折现率一般参照企业同期限的**银行贷款利率**。例如，3年期的贷款利率可以作为3年分期付款的折现率。

再次，龙虾介绍了**机会成本**，这是指个体必须在两个项目之间做出选择时，往往会放弃他们本可以赚钱的项目，放弃的那个项目的收益就是机会成本。比如，选择了一个能让公司赚到15万美元的项目，那么不选择它的机会成本就是15万美元，你看，一个选择就少了15万美元，是不是有点痛心？与之相关的是**内部收益率**，它表示项目为公司带来的收益，通常以**百分比**的形式展现。你投入了多少钱，赚回了多少，算算账就明白了。

另外，可别忘了**折旧**，岁月是把杀猪刀，无论你买的是手机还是汽车，买了之后就开始贬值。

最后，龙虾提到了**生命周期成本**，是指**开发产品的全过程成本**，包括交付后为客户提供支持时所产生的费用。产品交到客户手里后，还得花钱维护和支持，这些成本也不能忽视。

龙王要评估度假村项目是否值得投入，可以考虑使用**收益成本比率**、**净现值法**、**机会成本法**等来综合判断。

表 3-7 是按净现值法计算的度假村项目投入产出情况，假设折现率为 3%（3 年期银行贷款利率）。其中，**第 t 年的折现因子为 1/$(1+i_0)^t$**，每期计算时将 t 值从 0 开始带入，即可得到每年的折现因子。再用当年的成本、收益数据分别去乘以折现因子，就得到当年折现后的成本及收益。最后，计算投资回报率（ROI）=（总折现收益-总折现成本）/总折现成本 × 100%=173366/253144 × 100% ≈ 68.49%。

由此可见，当折现率为 3% 时，度假村项目的投资回报率约为 68.49%，可以投入。

那么，请大家思考一下这个问题：折现率分别为 5%、8% 时项目是否仍然值得投资？又假如每年的收益为 4 万元、3 万元时，项目是否仍然值得投资？

通过对比计算后，得出在折现率为 5%、8% 时，假如项目的年收益在 4 万元以上，投资收益率 >10%，仍然值得投资，但当年收益为 3 万元时，投资收益率不足 1%，甚至为负，此时项目就不值得投资了。

在掌握了净现值法和其他收益率计算方法后，龙王的思维仿佛拨云见日瞬间开阔起来，他果断决定接手项目。然而，项目一启动，新的挑战就来了——**项目成本的估算**。估算过高，资源就像过期的海参一样浪费严重；估算过低，实际成本就可能像迁徙的沙丁鱼一样飞速上涨，最终导致项目亏损。无奈之下，龙王只好再次向他的智囊团——龙虾求助，看看这位"高级海鲜顾问"能否给出一些高明的建议。

表 3-7 项目投入产出折现

(单位：元)

	第0年	第1年	第2年	第3年	第4年	第5年	第6年	第7年	第8年	第9年	第10年	合计
成本	140000	40000	40000	40000								
折现因子	1	0.97	0.94	0.92	0.89	0.86	0.84	0.81	0.79	0.77	0.74	
折现成本	140000	38835	37704	36606								253144
收益	0	50000	50000	50000	50000	50000	50000	50000	50000	50000	50000	500000
折现因子	1	0.97	0.94	0.92	0.89	0.86	0.84	0.81	0.79	0.77	0.74	
折现收益	0	48544	47130	45757	44424	43130	41874	40655	39470	38321	37205	426510
折现收益－成本 (NPV)	-140000	9709	9426	9151	44424	43130	41874	40655	39470	38321	37205	173366

二、精益管理，项目估算打牢地基

龙虾听完之后，不紧不慢地在沙滩上画出一张草图，如图 3-23 所示。接着，他从容不迫地向龙王解释："在决定接手一个项目时，我们通常会用**类比、参数**或者专家的判断来进行高层次的估算。这就像用过去的经验和数据，结合风险情况，给出一个粗略的成本估算。即使是最专业的团队，这个估算的偏差也在 -25% 到 +75% 之间，看上去项目成本估算的精准性像是在打麻将时的'自摸'——总有点儿运气成分。"

龙虾接着说："不用担心，真正精准的估算可绝不是靠运气的，而是通过 WBS（工作分解结构）来细分每个工作包。这样一来，我们就能将偏差缩小到 10% 以内。此时每个工作包的成本估算就像量身定制的方案，<u>丝丝入扣精准到位</u>。最后，再把每个工作包的成本估算进行汇总，考虑到风险成本和意外准备金，最终就能形成一个合理的项目预算。"

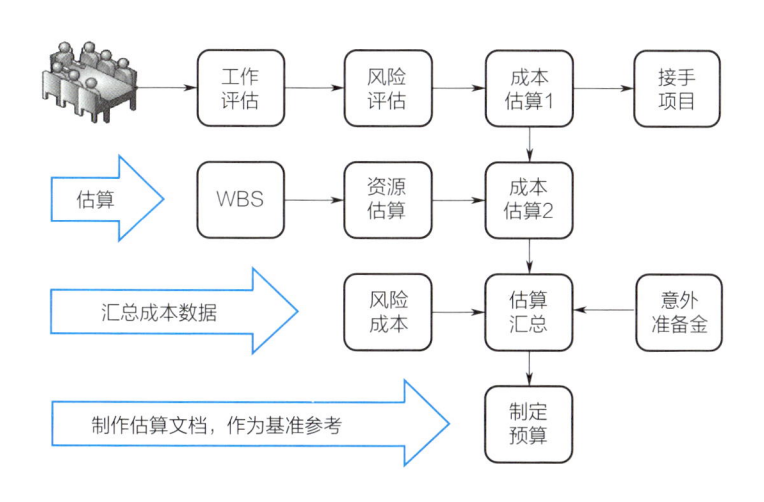

图 3-23 项目成本估算过程

项目成本估算就像给你的项目穿上合身的"救生衣"，确保它在完成活动时不会发生溺水身亡的意外。这是一个对完成项目活动所需资金**进行近似估算的过程**——在**特定时间点**，根据你手头的信息，进行**资金预测**。估

149

算后一定要形成文档，否则它就只存在于某个人的头脑中。没有估算文档，你做事可能就会是一团糟糊。

影响成本估算的因素如下：

- 估算的工作范围。
- 使用的前提假设。
- 涉及的制约因素。
- 需要使用的资源，如员工、设备和材料。
- 工期的考虑。
- 人员的考虑。
- 项目开支，包括直接和间接的开支。
- 风险和将风险控制到可接受水平的成本。

成本估算的方法包括**自下而上估算法**、**类比估算法**、**参数模型法**、**专家判断法**、**三点估算法**等，这些方法的详细应用已经在本章第三节中进行了详细的说明，此处不再赘述。需要注意的是，这些方法应用在成本估算时有一定的要求与限制。

（1）**自下而上估算法**能够提供详细的成本分析，适用于需要详细规划每个工作包的项目。其优点是可以**快速得出预估结果**，适用于**初期的粗略估算**。但是，这种方法的**准确性**可能较低，因为它忽略了子任务之间可能存在的差异。

（2）**类比估算法**适用于可以**找到类似项目**的情境，需要有足够的历史数据支持，以便找到与当前项目类似的案例进行比较。优点是**直观且易于理解**，缺点是**过于依赖历史数据**，可能无法准确反映出项目的特殊性。

（3）**参数模型法**基于统计学原理，通过分析项目的各个参数，如工作量、时间、人力资源等，来预估成本。该方法**适用于有大量历史数据支持的项目**，能够提供较为准确的成本估算，但需要大量的历史数据和统计分析。

优点是可以**提供较高的预估精度**，缺点是需要大量的数据支持，且模型的建立和校准工作相对复杂。

（4）**专家判断法**依赖于项目管理专家的经验。专家会根据他们的经验和对项目的理解，提出对成本的预估。优点是可以**考虑到项目的特殊性**，而且可以快速得出预估结果。然而，这种方法的准确性很大程度上**取决于专家的经验和判断能力**。

（5）**三点估算法**适用于存在较多不确定因素的项目，能够提供较为现实的成本估算。优点是可以**考虑到成本的不确定性**，缺点是**需要有足够的数据支持**。

三、思量周全，成本计划覆盖风险

成本计划是**汇总所有单个活动或工作包的估算成本**，建立一个经批准的**成本基准**的过程。图 3-24 展示了项目合同总价的制定过程，其中，合同预算基础由成本基准、管理储备金共同构成，即**成本基准 + 管理储备基金 = 总资金需求**，总资金需求即合同预算基础。

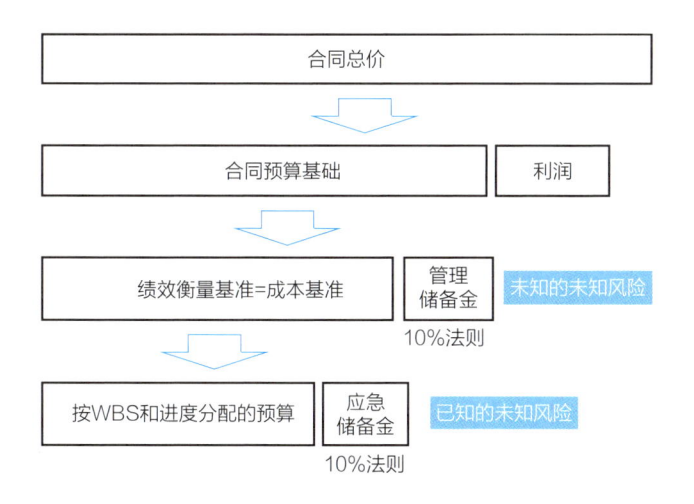

图 3-24 合同总价构成

需要注意的是，项目中的成本计划包括成本基准——所有经批准的工作包与进度预算，包括项目的应急储备金，但**不包括项目管理储备金**。

（1）**应急储备金**。应急储备金是为将来碰到的"已知的未知类风险"（关于风险的详细解释见本章第四节）所准备的资金，是成本绩效基准的一部分，属于项目预算。若无估算依据，应急储备金可按工作包总成本的10%计算。当遇到**变更项目基准范围内**的需求，或需要解决风险清单上确定的已知项目风险时，项目经理**有权动用应急储备金**，就像打开"个人小金库"一样，无须向管理层请示。

（2）**管理储备金**。管理储备金是为预先考虑的那些"未知的未知类风险"做准备的储备，通常由管理层拨出项目资金的一定百分比（如10%）作为管理储备。管理储备金不是成本基准的一部分，是否属于预算由管理层决定，项目经理动用管理储备金时**需要向管理层请示**。

成本基准是经过**批准的完工预算**，按照时间段分配资金，帮助项目经理测量、监控和掌握项目的整体成本表现。项目经理每隔一段时间就需要将项目真实的资金消耗与成本基准进行比对，查看项目资金的利用效率，确保没有出现成本浪费的情形。有了这个成本基准，龙王就再也不用担心项目推进时出现"盲人摸象"的情况了，手握这把"成本卡尺"，他就能够清晰地看到每一个进度，轻松掌控全局。

最终，龙虾凭借着过人的专业知识，成功说服了龙王，被任命为财务大总管。不仅会算账，还懂得业务，便是晋升的金钥匙。如果你在某个领域技艺出众，再有一点财务知识加持，那么在职场中，就如同开上了一条畅通无阻的高速公路！

四、案例阅读：现金为王，做好材料价差的预判与把控

（一）背景

2020年年初，A公司中标并签约辽宁省某地的房建项目，项目分EC1

和 EC2 两个地块，建筑面积为 25 万平方米左右，建筑单体有 44 栋，均为洋房业态，商业和垃圾站各一栋。项目团队由项目经理、生产经理、总工、安全总监、成本经理、物资经理组成。项目总包对下分包给 3 个土建队伍同时施工（其中一家为当地劳务队伍），甲方要求装机移交工作面 20 天达到正负零预售节点。工期压力较大。

由于这是 A 公司第一次进入辽宁省，所以事业部的建制并不完整，项目部的组建也较紧急。项目经理高某向公司申请策划工作支持，公司也未给予回应。于是高某带领全体项目成员进行综合策划，并提交策划方案至事业部，最终审批通过。

（二）面临的问题

一方面，对材料和价格，项目自身不具备决定权，由事业部按照总部招标采购限价清单确定。2020 年年中时，钢筋的市场价格为 3500 元/吨左右。随着时间的推移，到 2021 年 3 月，钢筋全面涨价，价格逼近 6000 元/吨。此时，工程进度已经过半，早期开工的几栋洋房接近封顶。另一方面，甲方的销售情况未达到预期，回款不及时，导致项目资金流断裂，钢筋、混凝土等主要材料全面断供，项目接近停工状态。一旦项目停工，合同将无法继续履行，对下，劳务队伍将产生大量索赔；对上，面临合同终止；若强行施工，公司将大量垫资施工，影响公司的整体资金流。

总部远在北京，事业部也没有可以支持的资源，摆在项目经理高某面前只有下面两条路：

第一，继续垫资施工，加上项目前期垫付的一亿多元，项目盈利的希望将十分渺茫，持续下去，公司的经营也会面临一定压力。

第二，退出项目，前期几亿元的投入将付诸东流，公司在辽宁省的营销布局努力全部归零。

此刻，高某作为项目经理，陷入了艰难抉择：退出还是坚守？还有没有其他的解决办法？高某想到了向公司总部管理部门上报。

（三）采取的措施及结果

公司管理部门连夜召开会议讨论对策，围绕是否退出项目展开了激烈的讨论。最后，总经理拍板，继续做项目，想尽一切办法保证项目现金流的稳定。在公司管理部门的大力支持下，高某决定采取以下措施：

（1）将钢筋采购纳入劳务合同范围，做合同变更，减少公司的资金压力，3家劳务队伍中的1家谈判成功。采用该模式，最终该劳务队伍承包范围的施工速度最快，按照甲方工期要求竣工交付。

（2）将对上总包合同中约定钢筋调差工作改为随当期产值提报且当期支付。在此方案条件下，总经理亲自出面协调，通过商务角度做了大量对上合同的调整，配合钢筋调差的当期结算支付工作，最终减少了A公司的资金流压力。

在双管齐下的措施之下，项目的现金流压力得到缓解，最终按期交付。

（四）案例反思

从项目管理的商务创效视角看，A公司的这两项操作，给劳务队伍增加了资金流压力，给甲方也增加了资金流压力，而总包方因为停工导致的管理费、劳务索赔和机械设备闲置费用等成本大量增加，严重影响了项目的利润。虽然项目按期交付，但只能算是盈亏平衡。

事后，高某对该项目进行了全面的复盘和总结。

（1）在项目策划阶段，资金流策划要经过多方参与审核，建议**三级管理公司要审核到总部，同时要全专业审核，尤其是财务及专业物资管理人员**。若项目意义重大，则建议聘请咨询公司共同参与，避免因各类物资价格因素考虑不周而影响项目整体的资金流。

（2）本次解决方案旨在将风险向上下游转移，相对合理，**但前期策划时没有充分识别风险，造成后期应对被动。**

（3）项目策划要纳入公司 ERP 审批流管理，避免遗漏，通过多方案比选规避项目风险，**数字化手段对全面策划至关重要。**

（五）案例讨论

（1）除了案例中提到的应对措施，你觉得还可以有哪些有效的降本增效措施？

（2）你认为项目经理应该如何提升项目预算、成本管控的能力？试举出 1~2 个案例。

本节作业

请基于第一节 WBS（工作分解结构）分解结果，评估该交付物总体的成本。

（1）提示：应用三点估算法。

（2）从每个工作包或任务活动及资源入手来分析。

本章总结

（1）方案是高阶计划的一种形式，在制定方案时，至少要找出两种截然不同的备选方案，制定备选方案时不要给自己设定限制条件。

（2）行动计划包括进度计划、资源计划、风险管理计划、项目沟通计划、成本计划等核心内容，其中，风险管理计划与进度计划、沟通计划又与干系人登记册是紧密关联的，不能彼此孤立。

（3）计划五步法是从WBS（工作分解结构）开始的，要分解到工作包再进行活动排序和工作量估算，工作量估算和成本估算的原理与方法可以共用。里程碑是项目中的重大事件，帮助界定项目结果，考虑到风险事件的存在，一定要将里程碑放到周中。

（4）沟通计划包含时间、内容、对象、方式（形式）、频率五个要素，制订沟通计划时必须针对不同干系人采取不同的沟通策略与方式。

（5）项目资金计划建立在成本估算的基础上，掌握多种成本估算方法有助于形成精准的项目预算。

附：本章各节作业参考答案

第三节的进度网络图绘制参考答案

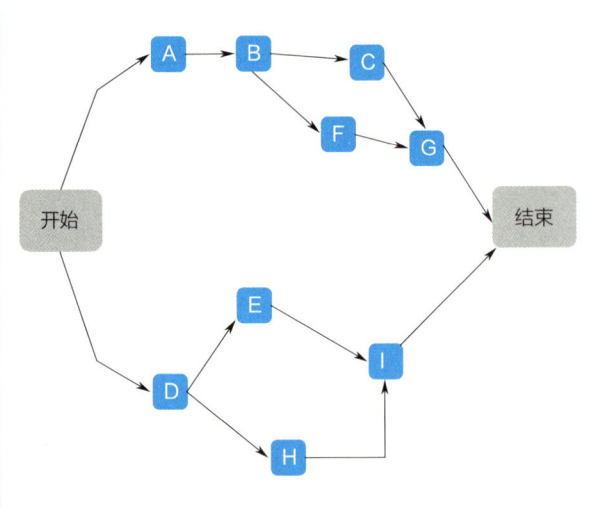

名称	前导活动
开始	—
A	开始
B	A
C	B
D	开始
E	D
F	B
G	F,C
H	D
I	E,H
完成	G,I

活动列表及对应的网络图

第五节的沟通方式练习答案

沟通内容	电话	电子邮件	面对面/视频	录音/录像/影印
评估干系人的支持情况			✓	
团队取得一致意见			✓	
调解冲突			✓	
消除干系人的误会	✓			
提出某成员的负面行为			✓	
对某成员表示支持/赞赏		✓		
鼓励成员的创造性思维		✓		
做出有讽刺意义的声明（委婉批评）			✓	
传递简单信息		✓		
提出问题		✓		
提出简单要求		✓		
给出复杂指令			✓	
呈送很多干系人		✓		
保密	✓		✓	
传送参考文档				✓
加强某干系人的权威性			✓	✓
提供永久记录		✓		✓

第四章

标杆打样

如何组织专人落实任务

第七回　众神归位

项目选对人就像在打游戏时选对搭档一样重要。你已经明确了发起人的期望，搭建起项目组织和机制，现在是时候招兵买马了。这时候，四位面试者走进了你的办公室——悟空、八戒、沙僧和白龙马。你会选择谁呢？为什么？

管理上，一切的错误是从**选错人**开始的。战略的落地靠项目，项目的成败则依赖项目经理与团队，"用好人"才能有好结果。如何知人善用是摆在所有管理者面前的难题，在所有项目风险要素中，人是最复杂多变且难以管理的。

第一节　知人善任，责任巧分配

在项目执行的过程中，你是否也曾陷入帕金森定律[一]？一开始觉得时间充裕，结果东搞西搞，忙得不可开交，做了许多无关紧要的事情。等到时间已经过去了80%，突然慌了神，眼看着项目的截止日期逼近，只能一边紧张一边拼命赶工。

[一] 帕金森定律，由英国历史学家和政治学家西里尔·诺斯古德·帕金森在1958年提出。该定律指出，无论任务量大小，人们往往都会在所规定的时间内完成任务。如果给定的时间很长，人们倾向于推迟工作的开始，导致在最后一刻集中完成。

掌握好节奏、分工、团队协作和冲突处理，是项目管理的重中之重。就像我们在第三章中提到的，光有计划但没有组织实施，就会出现计划和实施两张皮的尴尬局面。

要确保计划和实施之间的紧密联系，关键在于**明确每个时间节点谁负责做什么**。一定要密切关注**责任人的状态**，把责任人、实施人、协助人及相关要求都清清楚楚地写下来。这样一来，大家心中有数，项目才能顺利进行，避免出现临近截止日期时的"惊慌失措"。

一、知人善任是基础

> 管理上，任务分工的基础是对人的认知与理解，成员的能力与意愿是任务顺利展开的现实基础。行为学家保罗·赫塞与肯尼思·布兰查德于1969年共同提出了著名的"情境领导理论"，该理论认为，领导的有效性是领导者、被领导者、环境相互作用的函数，它们的关系可用下列公式来表达：
>
> **领导的有效性 = f（领导者、被领导者、环境）**

在项目管理中，领导的有效性就像一场精妙的舞台剧，舞台三要素——情境（环境）、演员（被领导者）和导演（领导者）——交互作用，演绎出一幕幕跌宕起伏、扣人心弦的剧情。

1. 领导者的条件

条件包括领导者的职位类别、年龄和经验，领导者的价值观念体系，领导者对员工的信任程度，领导者的领导个性（是倾向于专制的还是倾向于民主的），领导者对于不确定情况的安全感等。领导者的特质与风格我们在后文中将进行详细说明。

2. 被领导者的情况

这包括被领导者的文化期望和独立性需要程度，被领导者的责任感，被领导者对有关问题的关心程度，被领导者对不确定情况的安全感，被领导者对组织目标是否理解，被领导者在参与决策方面的知识、经验、能力等。

个体在任务情境下所表现出来的状态分为两类：**能力与意愿。**

（1）能力：个人或组织在某项特定工作或活动中所**表现出的知识**、经验和技能。

（2）意愿：个人或组织完成某项特定的工作或活动**表现出的信心**、承诺和动机。

"表现"这个词在定义中有重要的意义。项目管理者需要根据观察到的行为来判定员工的**准备度**。如果员工没有表现出能力，那涉及的便是知识、技巧和才能方面的强化；如果员工没有表现出意愿，那便会出现"口惠而实不至"的情况，或只是有意向而没有实际的行动。

3．组织环境的条件

这包括组织的历史、规模，组织的价值标准和传统，组织的工作要求，组织的协作经验；组织决策所需的时间及可利用的时间，组织所处的社会环境等。

（一）第一步：识别任务要求

识别任务对员工的要求，是评估员工准备度的第一步。准备度并不是一个抽象的概念，它与具体的任务息息相关。对于不同的工作任务，员工的准备度自然也会有所不同。想要更准确地评估员工的准备度，一个有效的方法就是对工作进行**细分**。

在第三章第三节的 WBS（工作分解结构）中，我们已经详细探讨了如何将工作内容拆解得更细致。在 WBS 词典中，有一栏专门对任务所要求的能力进行定义，这就为任务委派奠定了基础。例如，一位专注于系统开发的技术专家，可能在技术架构和数据逻辑方面游刃有余，但在撰写项目技术方案方面却显得力不从心，显然在这两项工作上，他的准备度存在较大差异。因此，作为管理者，我们需要根据情况，对不同任务给予不同的支持和指导，让每位员工都能在自己的领域发光发热。

（二）第二步：评估员工准备度

根据员工对任务的准备度情况，将员工的状态分为四阶：第一阶为R1，员工没能力，没意愿，没信心；第二阶为R2，员工没能力，有意愿，有信心；第三阶为R3，员工有能力，没意愿，没信心；第四阶为R4，员工有能力，有意愿，有信心。

（1）第一阶员工（R1）**没能力，没意愿，没信心**，此类员工在面对任务时：

- 工作表现没有水准。
- 工作拖延或完不成工作。
- 对工作感到恐慌、有疑问。
- 方向不清楚。
- 方法不明确。
- 逃避或推卸责任。
- 防卫心强、好辩论、抱怨。

（2）第二阶员工（R2）**没能力，有意愿，有信心**，此类员工在面对任务时：

- 第一次独立完成工作。
- 愿意接受工作。
- 专注热情、积极响应。
- 乐于接受建议。
- 快速行动。
- 渴望、兴奋、仔细倾听。
- 对新工作没经验。

（3）第三阶员工（R3）**有能力，没意愿，没信心**，此类员工在面对任务时：

- 表现出一定的能力。
- 怀疑自己的能力。
- 专注可能发生的问题。
- 以前展现过能力，现绩效下滑。
- 犹豫、抵触、烦恼、困惑。
- 感觉责任过重或工作量太大。
- 寻求领导参与或支持。

（4）第四阶员工（R4）**有能力，有意愿，有信心**，此类员工在面对任务时：

- 自觉、独立完成工作。
- 维持高水平表现。
- 负责任且乐于工作。
- 积极应对，以结果为导向。
- 主动汇报工作进展。
- 乐意分享工作经验。
- 报喜也报忧。

需要项目管理者注意的是，对员工的准备度判断，**建立在管理者充分识别出该任务对员工的要求基础之上**。员工的准备度不是一成不变的，若因为员工过去的业绩结果采用惯性思维进行任务分配，就容易陷入刻舟求剑的误区。

例如，R2状态多见于岗位新人，他们虽然在过去的工作经历中展现出一定的潜力与素质，但针对本岗位所需要的知识、技术并不完全具备，可喜的是，他们往往有热情、积极性很高，并乐于学习。

项目管理者切不可被**晕轮效应**⊖迷惑，认为员工过去在某个岗位上表现出色，在新岗位、新项目中一定就会产生高绩效，若因此而错误分配任务就会对项目产生极大影响。

> 我在为一家头部互联网公司服务时，曾负责过一个年度领导力与战略研讨项目。这个项目的领导力研讨主题由该公司的干部管理部门承接，负责人 Lisa 一接到任务，便把重任甩给了新入职的业务专家 Susan。然而当我在项目例会上看到 Susan 的方案时，不禁皱起了眉头。方案虽然整体看起来专业，但细节上却是漏洞百出，经不起一点推敲。
>
> 经过深入挖掘我才发现，由于 Susan 刚入职不久，尚未完全融入公司，所以对独自承担如此重要的任务感到无比焦虑。此时，我意识到 Lisa 把 Susan 的准备度从 R3 直接调到了 R4，却没有提供必要的辅导支持。这样放手，反而让 Susan 感到无所适从。
>
> 考虑到我与 Lisa 的职位差异，直接指出她的错误可能会让对方觉得不舒服，影响我们双方后续的合作，但项目紧迫又需要尽快调整错误，于是我当机立断，找到一位与高管关系密切的高级总监，向他诉说项目的风险，并邀请他作为信息中介，与 Lisa 进行沟通。通过这种柔性沟通方式，Lisa 终于意识到人员分配上的不足，采取了恰当的纠正措施，项目也得以顺利推进。

从这个故事中，我们可以得出一条宝贵的经验：**任务分析与人员准备度的识别，是分配任务的基石**。如果管理者想要真正理解任务对员工的要求，

⊖ 晕轮效应是一种普遍存在的心理现象，是指人们在对他人的认知过程中，基于个人的喜好或初步印象，推论出认知对象的其他品质。这种效应会导致人们对一个人的评价过于片面，往往只关注其突出的特点而忽略其他方面的品质。

就得从多个角度去挖掘员工的信息。换句话说，要善于运用同理心，关注员工的意愿、心态和动机，建立一个动态的准备度管理体系。

但别忘了，除了项目成员，其他干系人的准备度同样至关重要。

举个例子，我曾负责某公司的 ERP 项目，结果就遭遇了一个"天坑"。ERP 项目的出发点是整合财务与业务信息，提升核算和预算管理的精细化水平，这对财务部门来说是一个千载难逢的提升组织影响力的机会。作为项目经理的我理所当然地认为，财务总监会是项目的最大支持者与推动者，因此在梳理干系人时，所有计划都是按最乐观的估算模式展开的。

但是，项目执行不久后，我就被现实狠狠"打脸"了。财务总监钱总对方案总是保持沉默，对于我们的配合请求也总是爱搭不理。眼看项目上线里程碑日期日益逼近，进度却始终停滞不前，作为项目负责人，我真是百思不得其解。

一番冥思苦想后，我决定从财务总监的好友入手，通过他的一番居中协调，钱总愿意和我们坐下来聊聊。酒过三巡，钱总终于道出了真相——他并非不想推进项目，而是项目确定的验收时间在 8 月初，正好处于暑假期间，他原计划带孩子去国外考察留学项目，根本无法加班。对于他来说，项目组密集的任务安排就像狂轰滥炸，让他无所适从，只能采取"拖延"策略，等暑假结束再说。

听到钱总的"酒后真言"，我才恍然大悟：以往在其他项目上的成功经验并不完全适用于此项目，对每位干系人的准备度判断，千万不要想当然。只有保持对项目干系人的敏感，全面收集信息，小心假设并大胆求证，才能做出正确的判断。

员工状态识别注意事项如下：

- 要保证"工作明确"。

- 评估基于员工所展示出的技能，不是"应该能够"或"曾经能够"。
- 问题在于"员工是不是"，而不在于"他们能不能"。
- 对员工的"需要"而不是"想要"做出反应。
- 不要把热情和能力相混淆。
- 不要将缺乏信心误以为是缺乏动力。
- 增加知识并不保证提升技能。
- R4 并不意味着完美。

作为管理者理所当然地希望所有的成员都是 R4，然而现实却是员工多为 R2 与 R3，这就需要项目经理能够做到目光如炬、慧眼识人，切不可先入为主或主观臆断。

了解完员工准备度的定义及表现后，请思考这个问题："针对 R1~R4 这四种不同阶段的员工，你打算如何给他们分配任务？"你可能会脱口而出："这还不简单！直接告诉每个人干什么不就行了？"

（三）第三步：适配领导风格

管理者最大的思想误区在于，以为告知员工要完成的任务后，员工就一定会按部就班、丝毫不差地拿到管理者想要的成果。事实上，任务委派还真不简单。假如管理者用千篇一律的领导风格来分配任务，最终一定达不到预期。

在评估准备度之后，领导者接下来的任务就是确定领导风格。在实际工作中，管理者的经历与特质千差万别，因此也存在着多种领导风格，它们各有千秋，在一定程度上都推动了项目管理的发展。

1. 民主型领导风格

此种领导风格的特点是领导者鼓励团队参与决策，重视集体意见。例如，产品经理在规划新功能时，组织全员讨论并投票决定优先级；项目经理在制定项目目标时，邀请团队成员提交建议并整合成最终方案等。

2. 权威型领导风格

此种领导风格的特点是领导者明确愿景并指挥方向，强调团队成员"跟我来"。例如，项目总监在行业危机中快速制定项目交付战略，要求团队严格执行；项目经理在关键节点明确任务分工，确保所有人按统一目标推进等。

3. 教练型领导风格

此种领导风格的特点是领导者关注员工成长，通过指导激发员工潜力。例如，项目经理定期与员工进行职业规划谈话，为其量身定制技能提升计划；技术总监在代码审查中逐条反馈，帮助新人工程师改进编码习惯等。

4. 亲和型领导风格

此种领导风格的特点是领导者非常注重团队的和谐与信任，避免发生冲突。例如，项目经理每月组织团队聚餐和户外活动，增强成员归属感；项目经理在两名员工发生争执时主动调解，优先修复关系而非追究责任等。

5. 变革型领导风格

此种领导风格的特点是领导者推动创新与突破，鼓励挑战现状。例如，项目总监发起数字化转型，支持团队通过 AI 工具完成项目报告，允许试错；项目经理提出"全员创新月"，奖励提出颠覆性创意的团队成员等。

6. 指令型（专制型）领导风格

此种领导风格的特点是领导者严格控制流程，强调员工要服从和执行命令。例如，软件开发经理在系统出现漏洞时，直接指定排查步骤并要求严格按时完成；项目策划负责人详细规定每个环节的操作手册，禁止团队擅自改动等。

7. 放任型领导风格

此种领导风格的特点是领导者赋予团队高度自主权，仅提供必要支持。例如，研发项目主管允许工程师自由安排实验方向，只定期听取进展汇报；项目创意总监对设计师仅提出大致主题，具体表现形式由成员自主决定等。

8. 服务型领导风格

此种领导风格的特点是领导者优先满足团队需求，主动为团队扫清各种障碍。例如，项目经理为加班团队争取餐饮补贴，并协调其他部门减少流程干扰；项目管理办公室定期收集项目经理痛点，推动公司流程升级或调整考勤制度等。

需要注意的是，不同的领导风格有其具体的适用场景，优秀的领导者往往会混合多种风格，根据团队状态和任务需求进行灵活调整。

（1）对于高风险或紧急任务，如危机处理，可以采用指令型或权威型领导风格。

（2）对于创新项目，如产品研发，可以采取变革型或放任型领导风格。

（3）加强项目团队建设，如新人融入期管理，可以采取亲和型或服务型领导风格。

（4）希望员工长期发展，如人才培养，可以采取教练型或民主型领导风格。

此处，我将这些领导风格进行融合，从领导者与员工的互动模式与关注重点两个维度，将领导风格分为"指示型领导风格"与"支持型领导风格"两类。

指示型领导风格是指导性的，它告诉被领导者应该做什么，在哪做，如何做，做到什么程度以及在什么时间内完成。指示行为明确界定领导者与员工的角色，密切监督工作的进度与成就，一旦发现偏差及时给予批评指正，这是一种上对下的单向行为。

而支持型领导风格更关注领导者与员工的关系，鼓励并赞赏员工的表现与贡献，倾听并了解员工的问题与困扰，让员工参与决策的制定，支持促成员工独立自主地解决问题，并允许试错。这是一种双向或多向的行为。

"指示型领导风格"与"支持型领导风格"两两组合，构成了一个关于领导风格的四象限模型，如图4-1所示。横轴显示的是指示型领导行为，由低到高；竖轴显示的是支持型领导行为，也是由低到高。通过两个维度的高低组合，可以将领导风格简化为四种模式：第一种是高指示低支持型（S1），第二种是高指示高支持型（S2），第三种是低指示高支持型（S3），第四种是低指示低支持型（S4）。

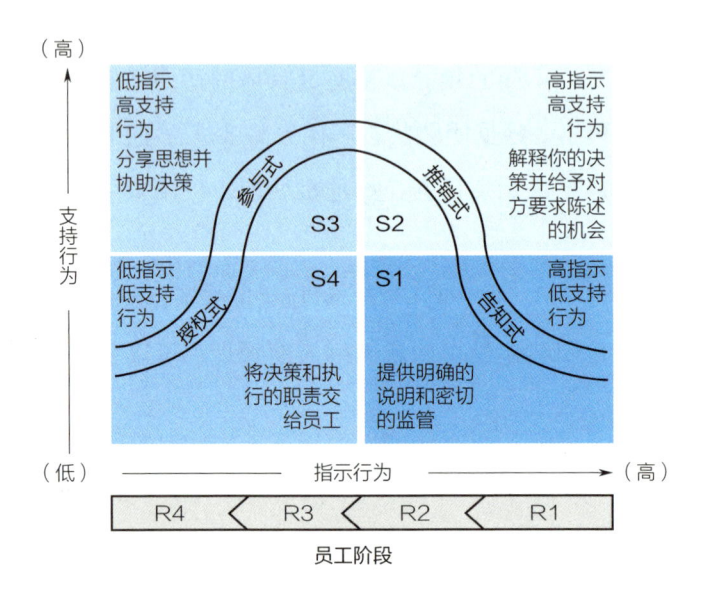

图 4-1 情境领导

人们心里通常会预设一个最佳的领导风格，但事实上，你不可能找到一种万金油式的领导风格。情境领导理论认为，不同的情境对应不同的领导风格。领导风格只能在某种情境下最有效，而不可能在任何情境下都最有效。将四种不同的准备度水平与四种领导风格联系起来，可以帮助领导者选择高效的行为模式。

1. 告知式领导风格

由于 R1 水平的员工对工作完全没有准备，所以，领导者需要明确地告诉他们做什么，在哪里做，什么时候做，以及怎样做。对于这类员工，领导者不应给予过多的支持行为与双向沟通。**过多的支持行为会使员工产生**

误解，认为领导者容忍或接受不佳表现，甚至会鼓励不佳表现。而员工由于对工作不熟悉，技能不足，既不掌握窍门，又提不出创见，过多地让其参与决策，反而会造成他们的惶恐不安，甚至增加他们的思想负担。

比较合适的做法是进行少量的沟通，这种沟通以促进员工对工作指令的理解为目的。对于处于 R1 水平的员工，**最佳的领导风格就是 S1**（高指示低支持行为），因为领导者需要做出详细的指示，所以又称为"告知式"，接近于前面所说的指令型领导风格。

如何对员工进行工作指导呢？其实完全不懂的员工，比那些明白但做不好的人，要好教许多。因为他们没有惯性、可塑性高、比较虚心。如图4-2 所示，有效的指导通常分为五个步骤——说教练跟赞。

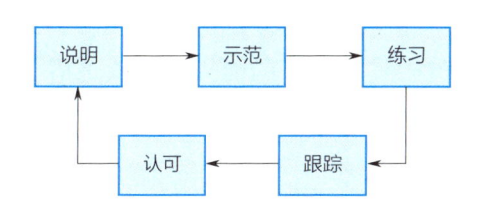

图 4-2 工作指导的五步法：说教练跟赞

（1）说：清晰地表达你的想法，语言浅显、逻辑清晰，让学习者听得懂。

（2）教：提供明确的示范，展示如何做，让学习者心中有数。

（3）练：让学习者多动手，实践出真知，动手才是王道。

（4）跟：根据学习者的情况，创造合适的练习环境，跟踪他们的学习进度和应用效果，确保他们不迷路。

（5）赞：及时肯定和鼓励员工的努力，让他们感受到你的支持，激励他们更进一步。

指导员工的要诀是，一次不要给予太多，要渐进性、循序性地提供练习机会，从旁观察、协助。

2. 推销式领导风格

处于 R2 水平的员工虽然缺乏必要的知识与技能，但具有工作的意愿和学习的动机，由于能力的不足，领导者要进行较多的工作指导。而且处于该水平的员工自我感觉很好，有积极参与决策的愿望并对工作充满信心。**具有这种信念的员工，一般都较反感领导者直接下达命令。**领导者必须要给他们以支持或鼓励，否则会让他们产生挫折感，认为得不到信任。

对于处于 R2 水平的员工，要采用 S2（高指示高支持行为）的领导风格，领导者通过向员工解释决策的原因，试图让员工感觉得到重视，进而从心理上完全接受，因此可称作"**推销式**"，该领导风格可以概括为 16 字真言：**我干你看，我说你听，你干我看，你说我听。**

3. 参与式领导风格

处于 R3 水平的员工具备足够的能力，但缺乏信心，或承诺度低。他们不需要大量提升能力的指导和具体指示，但需要领导者在心理和氛围上予以支持和鼓励。针对这类员工，最佳的领导风格是 S3（低指示高支持行为），领导者对具体任务可以放手，但要强化沟通和激励，通过鼓励员工参与决策激发其工作意愿，建立信心。这种领导风格强调员工的参与，所以被称为"**参与式领导风格**"。

4. 授权式领导风格

达到 R4 水平的员工有足够的能力、意愿和信心。对于这样的被领导者，领导者基本上可以放手、充分授权。在工作实践中，这样的员工具有知识和技能，他们不需要指导或指令，不需要频繁的监督，他们有信心并主动地完成工作，也不需要过多的鼓励与沟通。

领导者要做的，主要是对其工作结果进行合适的评价。这种领导风格是 S4（低指示低支持行为），对员工给予充分的信任，决策权与执行权都会下移给员工，所以被称为"**授权式领导风格**"。

图 4-3 展示了如何对员工进行授权的核心步骤。

```
第一步      第三步      第五步
表达信任    给予权限    提供协助

      第二步      第四步      第六步
      说明目标    征询构想    监督查核
```

图 4-3　授权六步法

注意：授权并不是把工作任务完全扔给员工不管不问。彼得·德鲁克在谈授权时特别强调："把可由别人做的事情交付给别人，这样管理者才能真正做应由自己做的事。"这句话的核心在于，授权的前提是被授权的人得有能力将事情做好。

权利可以转授他人，但责任却不可以，因此项目管理者要清楚地设置权限边界，约定问题的沟通机制，以及定期的监督核查。切不可做甩手掌柜，遇到问题还"甩锅"，如此，就是曲解了授权的本意了。

在以上四种领导行为模式中，在目标、监督与反馈中均蕴含着共同行为：

（1）目标，明确所期望的成果并设定目标。

（2）监督，观察和监督任务的进展情况。

（3）反馈，给予反馈。

在日常项目管理工作中，若领导行为匹配（情境领导就是使领导风格与员工阶段相匹配），则管理者可以：

（1）帮助员工更高效地完成工作。

（2）让员工得到所需帮助，并乐于接受。

173

（3）管理员工更加容易，减少无效的辅导过程。

若领导行为不匹配，如监督过多或监督不足，都不能达到预期任务目标。

（1）监督过多：给予员工的指示行为多于员工所需。这样会造成员工参与减少，对管理者不满，甚至被动等待，严重依赖管理者的指令，缺乏自主创新等相关问题。

（2）监督不足：给予员工的指示行为少于员工所需。这会让员工散漫怠惰，甚至做出较为极端的行为，最终造成项目效率低下。

> 大量实践表明，做不好任务分配，再优秀的项目经理都可能折戟沉沙。在做任务分配时切记不可拍脑袋凭心情，一定要做到细分任务，把合适的任务分给适当的人去做。
>
> 项目管理中最忌讳将 R1 员工分派在高难度任务上练兵，项目的特性决定了不容许试错。最好的方式是让 R4 员工作为标杆打样，过程中可派 R2 员工打下手，协助完成；**将中等难度的任务交给 R3 员工独立完成**；项目经理亲自辅导 R1 员工去完成初级任务。

二、用好工具效率高

回到本章开头的故事，一旦任务确定，计划获得批准，我们就开始组建团队、分配任务，徐徐拉开项目的华美大幕。在这个过程中，RACI 责任分配矩阵就是一张精准的人员落位表，帮助项目经理清晰地为每个人分配合适的职责，实现"人人有事做，事事有人做"的管理目标。

如表 4-1 所示，RACI 是四个单词的首字母。这四个字母分别代表执行人（Responsible），谁来具体负责实施；负责人（Accountable），谁来拍板做决策；咨询人（Consulting），出现一些信息差时要咨询谁来获得详细信息；被通知人（Inform），有些信息需要平行部门或同事知悉，也称为横向拉通。

那么问题来了，在这四类角色中，你觉得哪个角色应该有且只能有一个呢？

答案就是负责人。项目中的任何一项任务，有且只能有一人对其负责，虽然干活的可以有许多人，但拍板人只能有一个。所以，有经验的项目管理者需要将任务尽量拆分得合理细致，保证每个任务都有人负责，同时也要避免出现"一个和尚挑水吃，两个和尚抬水吃，三个和尚没水吃"的问题。如果发现存在两个人或更多人对一个任务负责，那肯定是任务分配出现了问题，你要重新去检视并排查问题，直到把问题解决。

表 4-1　RACI 责任分配矩阵

活动	人员（RACI）				
	唐僧	悟空	八戒	沙僧	白龙马
邀请菩萨降服红孩儿	A	R	I	I	I
偷摘人参果	I	A	R	C	C
邀请悟空出山	A	I	R	I	I
请龙王降雨	A	C	I	I	R

基于此工具，许多项目在分配任务时都可以进行细化，表 4-2 展示了某次大客户参访接待的项目，如何基于 WBS 分解后的任务清单，按照 RACI 角色进行职责分工，做到任务分配不重复、无遗漏，项目工作顺利展开的。

在我负责的一个青年干部发展项目中，业务方案汇报环节就像一场紧张、刺激的接力赛。我将汇报环节分为两轮展开：第一轮在多个分会场同步进行，各分会场的学员必须在规定时间内展示自行制作的数字化方案，然后迅速返回主会场。这个环节的时间把控非常重要，如果时间不能把控好就会出现"撞车"的乱象。

表 4-2　基于 WBS 的任务分工表

WBS 及任务分工表

一、项目基本情况

项目名称	大客户参访	项目编号	T0808
制作人	项××	审核人	马××
项目经理	项××	制作日期	2025年1月8日

二、工作分解结构（R，执行人；A，负责人；C，咨询人；I，被通知人）

分解代码	任务名称	包含活动	张三	李四	王五	赵六	吴某	刘某	张某
1.1	邀请客户	提交邀请函给客户	I	A	R	I	I	I	I
1.2		安排行程	R	A	C	I	I	I	C
1.3		与客户确认行程安排	I	A	R	I	I	I	I
2.1	落实资源	安排我司高层接待资源	R	A	C	I	I	I	I
2.2		安排各部门座谈人员	A	I	I	C	C	R	I
2.3		确定总部可参观场所	A	I	I	C	C	R	I
3.1	预订后勤资源	预订国际机票	A	I	C	I	I	I	C
3.2		预订酒店	A	I	C	I	I	I	R
3.3		预订陆上交通车	A	I	C	I	I	I	R
3.4		预订用餐	A	I	C	I	I	I	R
3.5		预订观光门票	A	I	C	I	I	I	R
4.1	实施考察接待	启程	I	C	R	I	I	I	C
4.2		展厅、生产线、物流参观	C	C	C	I	R	C	C
4.3		实验室考察	I	I	C	I	I	R	C
4.4		样板点考察	I	I	C	R	I	C	C
4.5		系列座谈	R	C	C	C	C	C	C
4.6		观光	I	I	C	I	I	I	R
4.7		返程	I	C	R	I	I	I	I
5.1	后续事宜跟踪	座谈交流问题点落实	R	C	C	C	C	C	I
5.2		代表处主管回访	I	R	C	I	I	I	I
5.3		代表处反馈考察效果	I	A	R	I	I	I	I
5.4		提交总结报告	R	A	C	I	I	I	C

回到主会场后，紧接着就是第二轮的小组讨论和方案制定。在小组讨论的同时，评委们逐一对上一轮汇报的方案进行打分，并反馈改进意见。同时，评委们还必须在第二轮小组代表汇报前，迅速返回主会场。两轮方案汇报必须在 4 个小时内完成，任何一轮如果出现差错，整个项目的进程就像被打翻的多米诺骨牌，需要重新来过。

为了让这一切顺利进行，我决定对 RACI 角色进行一次"变形升级"。我设定了项目组、助教、供应商、评委和学员等多个角色，通过 WBS 分解，确保每个角色的任务都清晰明了。在项目启动前，我召集这些角色开会，向他们详细说明每个动作的要求和标准，并制定了应急预案，确保万无一失。

最终，项目现场如同一场精心编排的多幕剧，各个环节无缝衔接，完美收官。

注意，在对成员分配任务时，要尽量秉持以下三个原则：

（1）**边界清晰**。避免扯皮的最好方式就是说清楚任务的边界，RACI 是非常好的工具。

（2）**互为备份**。每项任务都应该有且只有一人对其负责，但并不意味着只能一人知晓全部信息，不要让个人成为某项工作的瓶颈和风险要素，项目经理需要有备份意识。

（3）**兴趣驱动**。兴趣是最好的老师，也是情境领导更好发挥作用的基础，识别员工的兴趣所在，可以让工作事半功倍。

三、有效承接新任务

项目管理者下达任务时需要知人善任，考虑周全；对于项目成员而言，在接受管理者的任务分配时也要做到有效承接。做到以下三点，就可以确保承接任务的有效性。

> （1）了解为什么：承接任务时要确认目的，正如第二章所述，知其然并知其所以然，才能保证任务执行不跑偏。
>
> （2）明确做什么：做什么要有完成的标准，没有标准就无法量化，没有量化就无法执行与跟进。明确任务完成标准对管理者和执行人都十分重要，也是项目验收的重要依据。
>
> （3）决定怎么做：达成目标要有明确的路径，管理者可以根据任务执行人的准备度采取对应的领导风格，或给予指导或给予鼓励，让任务承接人从意愿到方法都能保证任务精准落地。

承接任务注意事项：

（1）不明白的地方一定要当面澄清。

（2）如果是周期较长的任务，一定设定里程碑，定期汇报进度。

（3）一定要将项目目的、思路、完成周期等复述一遍，以确保与项目经理理解一致。

（4）在执行过程中遇到困难或问题，要及时向上汇报。

（5）对协同任务按角色进行细分，梳理清楚流程，明确岗位职责，并要定期同步。

本节作业

（1）**练习**：基于员工阶段说明对下列案例中的人员进行阶段诊断，答案见本章总结。

案例1：

老王是公司的老项目经理了，公司签了一个新的项目，委任老王当这个项目的项目经理，这种类型的项目老王管理过很多次了，管得都不错。项目启动了，老王频繁地向部门领导汇报项目进度。

案例2：

公司提前两个月更换了客户订单系统，员工还没有进行完整的新系统培训。小张是订单处理专员，今天早上一上班他就接到了销售部门提交的新的客户订单，小张对新系统不熟悉，非常担心会出现操作上的错误。

案例3：

小李以前在公司做销售工作，业绩表现出色。上个月，小李顺利调入市场部门，公司马上要推出新产品，市场部领导老张让小李负责设计新产品推广手册的工作。

案例4：

小赵是10年的老员工了，在公司内人缘很好，与各部门的负责人都有着非常不错的私交。小赵负责的一个大项目马上就要启动了，但是这个项目的启动资金卡在了财务总监那里，还没有得到审批，总经理让小赵赶快去处理一下这件事情。

（2）**管理场景诊断。**

假设你已为每位项目成员设定了工作目标的达成标准，有个成员却突然向你抱怨，你所设定的要求，存在着宽严不一的问题，他认为他的目标过于严苛。此时，你会如何做？（答案见本章总结）

行动方案：

A.向他说明你为他设定的目标值的理由，并鼓励他全力以赴。

B.询问他达成目标的把握有多大？依据他的想法重新制定目标。

C.了解他的观点，并针对其中的困难及障碍，进一步研究双方的行动方法，以便增强他的信心。

D.以其他成员的目标值为例，说明你公正处理的态度。

E.询问他合理的目标是什么，并比较你设定的目标和他认为合理的目标之间的差异，协商出双方均可接受的目标水准。

（3）思考题。

作为项目经理，在团队完成组建后，你准备给取经团队的四位成员分配任务，他们分别是悟空、八戒、沙僧和白龙马，请根据本节所学，判断每位成员的准备度情况，以及应该采取的对应领导风格。

第二节　团队激发，精诚创佳绩

第八回　兄弟同心

最近，你的团队成员在推进一个新业务开拓的项目。你发现，尽管大家都清楚任务与目标，但是，普遍感觉预期与实际有所差异，存在一些能力与技巧上的困难。因此，团队的士气急剧下降，项目进度也未能达到原预定的里程碑目标。此时，你会如何重拾团队成员的信心呢？（答案见本章总结）

行动方案：

A. 安排相关专业能力与技巧方面的训练，以弥补成员的不足之处。

B. 依据成员的能力与现有技巧水准，调低项目目标以使成员增加达成的信心。

C. 举办情感交流的活动，如餐会，肯定成员的辛劳，激励团队士气。

D. 了解成员能力与技巧方面的困难，给予必要的指导。

E. 召开头脑风暴的讨论会议，与成员共商改善对策。

一、团队和团伙，一字之差两重天

同样是四大名著，为何《西游记》中师徒四人被认为是团队管理的经典案例，而《水浒传》中梁山一百零八将则很少被提及？我们不禁要问：团队与团伙有何区别？

管理学家斯蒂芬·P.罗宾斯认为：团队就是由**两个或者两个以上的，相互作用，相互依赖的个体，为了特定目标而按照一定规则结合在一起的组织**。

项目团队是由员工和项目经理组成的一个共同体，它合理利用每一个成员的知识和技能协同工作，解决问题，达到项目的目标。衡量是否构成团队有五个要素：**共同目标、共同决策、步调一致、信任互助、勇担责任**。高效团队往往有以下三个特点：**有共同目标、协作分工、互补**。

（1）**有共同目标**：共同目标具有现实意义和正向价值，通常需要可衡量、可接受，有实际性和实效性。

（2）**协作分工**：了解自己的职责分工，了解他人的职责分工，团队协作。

（3）**互补**：包括技能互补、年龄互补和角色互补。

团伙则是在较大群体内部，相互交往密切、纠集在一起从事不轨活动的小集团。

与团队的特点相比，团伙在目标、底线和行动力方面都有很大差别。

（1）**目标不同**。团队的目标是为了一个共同愿景，**愿景达成具有积极正向意义，团队的价值观得到社会认可**；团伙的目标可能更多的是个人利益，往往具有负向价值，为社会所不容。

（2）**底线不同**。团队有自己的道德底线；团伙可能就没有自己的道德底线。

（3）**行动力不同**。团队是协作分工的配合；团伙是斗争妥协的配合。

因此，人们常说"团伙以利而聚，利尽而人散"，团队则是"以（意）

义聚合，义存而人和"，心在一起才叫团队，只有人在一起叫团伙。项目启动，如果全体成员的眼中看到的只有升职加薪，忽略了交付价值、创造客户满意，一旦执行中遇到利益冲突，互不相让，不肯牺牲短期利益，就会积累矛盾，日积月累后定会如火山爆发，最后一发不可收拾。

因此，项目经理要学会"箍桶"技术——把不同特点不同材质的"板材员工"用规则圈起来，并最大化发挥器具的价值。接下来，我将从团队发展的横向流程和个体角色的纵向特质出发，分别介绍如何利用规律来管理团队，激发个体潜力，最大化建设团队战斗力。

二、治乱有法，团队发展心动曲线

20 世纪 70 年代，组织行为学家布鲁斯·塔克曼（Bruce Tuckman）与詹森（Jensen）共同提出了**小型团队发展五阶段模型**，该模型对后来的组织管理产生了深远的影响。项目团队发展的五个阶段如图 4-4 所示，分别是：形成期（Forming）、激荡期（Storming）、规范期（Norming）、表现期（Performing）和结束期（Adjourning）。

图 4-4 项目团队发展的五个阶段

（一）形成期

形成期属于项目团队的启蒙阶段，也称项目团队形成阶段。此时可以进行团队测试，测试的目的是**辨识团队的人际边界以及任务边界**。通过测试，可以建立起团队成员的相互关系、团队成员与团队领导之间的关系，以及各项团队标准等。团队成员的行为具有相当大的独立性。

在这一阶段，团队成员倾向于相互独立，不一定开诚布公。同时，团队成员相互认识，并了解团队情况及他们在团队中的正式角色与职责。尽管他们有可能被促动起来，但普遍而言，这一时期他们缺乏团队目的、活动的**相关信息**。部分团队成员还有可能表现出不稳定、忧虑的特征。

项目经理在带领团队的过程中，**要确保团队成员之间建立起一种互信的工作关系**。此阶段可以采取指令型或告知式领导风格，例如，与团队成员分享团队发展阶段的概念，达成共识。

（二）激荡期

激荡期开始形成各种观念，出现激烈竞争、碰撞的局面，也称项目团队震荡阶段。在本阶段，团队开始从事项目工作、制定技术决策和讨论项目管理办法。

在本阶段，如果团队成员不能用合作和开放的态度对待不同的观点和意见，团队环境可能变得事与愿违。团队成员面对其他成员的观点、见解，更想要展现个人性格特征。对于团队目标、期望、角色以及责任的不满和挫折感被表露出来，容易出现人际冲突、团队分化的问题。

项目经理应指引项目团队度过激荡期，**可以采取教练型领导风格**，强调**团队成员的差异，相互包容**。

（三）规范期

在规范期，规则、价值、行为、方法、工具均已建立，此阶段也称为项目团队规范阶段。在此阶段，团队效能提高，团队开始形成自己的身份识别。团队成员调适自己的行为，以使得团队发展更加自然、流畅。团队成员的动机水平增加，有意识地解决问题，实现组织和谐。

此时，项目经理应允许团队有更大的自治度，可以采取参与式领导风格。

（四）表现期

表现期的人际关系可以成为执行任务活动的工具，团队角色更为灵活和功能化，团队能量积聚于一体，也称为项目团队成熟阶段。

进入这一阶段后，团队就像一个组织有序的正式单位那样工作，团队成员之间相互依靠，平稳、高效地运作如一个整体，没有任何冲突，不需要外部监督。团队成员对于任务层面的工作职责有清晰的理解，采用团队自治形式，即便在没有监督的情况下自己也能做出决策，随处可见"我能做"的积极工作态度。

项目领导让团队自己执行必要的决策，此阶段可以采取授权式领导风格。

（五）结束期

进入结束期时任务完成，团队解散，也称项目团队解散阶段。通常在项目可交付成果完成之后，**解散团队**。

此时，团队成员的动机水平下降，关于团队未来的不确定性开始回升，由于工作中形成的信任关系，有小团体开始出现。

关于项目团队发展五个阶段的特点，可以从团队关系、团队规则、决策模式、领导权四个维度进行详细区分，如表 4-3 所示。

表 4-3 项目团队发展五个阶段的典型特点

维度	形成期	激荡期	规范期	表现期	结束期
团队关系	谨慎	紧张	平和	亲密	亲密
团队规则	尚无	少数	有	坚信	默认
决策模式	少数人	老板	民主	高度民主	少数人
领导权	名义上	无	确立	拥护	弱化

第四章 标杆打样——如何组织专人落实任务

团队的发展就像一场刺激的过山车游戏，并非完全按照五个阶段循序上升，有时会突然掉头回到激荡期。比如，某关键人物不告而别，或者新成员加入，团队气氛瞬间变得紧张，大家需要重新磨合，才能再次步入正常轨道。

同时，五阶段模型也未考虑团队成员的个性特点。每个人的特长和个性都能为团队发展增添色彩，充分发挥这些特质，不仅能让团队氛围更加和谐，也能推动项目加速向前发展。

在我负责的企业人才培养项目中，我曾尝试运用项目团队发展五阶段模型，来帮助校招新人快速融入团队。我所在的公司G，以技术管培生项目在行业内小有名气：每年7月至10月，我们会对几百名新入职的技术伙伴进行为期3个月的"入模子"培养。在这段时间，我们不仅教他们职业化意识，还培养他们的通用能力和专项技术能力。培养方式**遵循721原则**：10%的时间用于短期集训，20%的时间用于内部交流，70%的时间则是师父带徒弟，边工作边学习。经过20多年的打磨，这种混合培养模式成功构建出企业技术人才梯队"蓄水池"。

在短期集训阶段，项目组面临的最大挑战，就是**如何帮助这些来自名校的校招新人，快速完成心态转变，形成职业化习惯**。经过调研，项目组决定采用**沉浸式**项目团队建设模式，以军营式的项目组织结构，全程指导团队建设：一个营下设十个连队，每个连又分成三个班，连长和班长由学员竞选产生，每班配备一名辅导员。

刚进入训练营时，学员们被随机分到不同的班级，彼此并不熟悉。除了那些在学生会活跃过的同学，其他人普遍显得安静而谨慎。辅导员利用晚上的例会时间，激励大家进行团队融合，设定目标，如班级的最终排名、次日的排名和考试通过率等。班长负责任务分配，但由于与成员之间尚未建立深厚的信任关系，目标设置和职责分工往往会出现一些不合理之处。此时，辅导员并不会直接指出这些问题，而是让学员自行体验和试错，"人教人累死人，事教人一次就会"，这就是我们的方法论。

训练活动安排得满满当当，既有室内的知识学习和技能练习，又有户外拓展和体育活动，每项活动都能挣到积分。一天的训练结束后，项目组会根据积分进行连队排名，并组织各连长开会，下达第二天的任务。会后，班长回到班级进行当天活动的复盘，这时，团队的分化也悄然开始。

在一个排名靠后的班级里，班长小孟回到教室，看到大家一脸凝重的神色，心里不禁打了个寒战。他刚开口说"我觉得今天我们班的表现不太理想"，组员小张立刻反驳道："班长，大家都已经拼尽全力了，为什么成绩还不理想？你作为班长，得先反思自己啊！"这一发言引发了其他同学的共鸣，纷纷点头，气氛瞬间变得剑拔弩张。小孟心里那叫一个委屈，明明是出于公心，结果却成了众矢之的。

眼看小孟快要和同学们争论起来了，辅导员及时出手，提醒他先听听大家的意见。这招果断奏效，大家纷纷表达对小孟领导力的疑虑，还提出了不少建设性的建议。冷静下来的小孟意识到自己的不足，虚心接受了反馈，并进行了自我批评，气氛终于缓和了下来。

凭借在学生会的经验，小孟迅速扭转了局面，他邀请大家一起制定第二天的团队目标，结合实际情况进行目标调整和分工。小组的同学们纷纷献计献策，快速达成了共识，士气也开始回暖。

第二天，大家按照预定的分工积极行动，课堂互动热火朝天，互相分享笔记，拓展活动时更是彼此照应，为了争取积分可谓拼尽全力。虽然当天的排名目标没能如愿达到，但在晚上的班级复盘中，大家坦诚地进行了自我反思。小孟最后发言，除了自我批评，还表达了对每位成员的赞赏与感谢。在他的激励下，团队信心大增，开始制订更细化的执行计划，思考潜在问题及应对方案，团队逐渐走上了正轨。

接下来的几天，小孟带领的班级稳步提升，大家开始对他的领导力表示认可，甚至愿意主动贡献方案，积极承担汇报演出等额外工作，团队逐渐进入了自组织的状态。

七天的集训营结束时,小孟带领的班级获得了全营第三名的好成绩,所有成员的考核成绩也全部达标。集训营结束后的一个月,班级解散,大家按专业分配到了不同的见习部门,但小孟和他的同伴们却养成了一同吃饭、一同外出活动的习惯。回头看,小孟和他的团队,仿佛演绎了一出精彩的团队治乱之路,相信这次经历会让他们在未来的团队管理中更加得心应手、游刃有余。

结合案例,我们可以总结得出项目团队发展阶段与对应的管理方式,如表4-4所示。

表4-4 项目团队发展阶段与管理方式对照表

项目团队发展阶段	典型特征	对应的管理方式
形成期	成员既兴奋又紧张,缺乏团队意识和有效沟通	扮演组织者的角色,站在前面给团队成员明确的指示,制造可信、协作的团队工作氛围
激荡期	工作氛围趋于紧张,出现冲突和不和谐的现象,潜在问题逐渐暴露	扮演困难解决者的角色,树立威信、化解冲突,将指示和辅导教练结合起来
规范期	团队意识和团队凝聚力逐渐形成,愿意和其他人合作	扮演支持者的角色,塑造良好的团队文化,并在适当情况下授权
表现期	团队成员互相理解,高效沟通、密切配合,独立解决问题	充分授权,并适时激励
结束期	自我满足,工作热情和绩效下滑,个人承诺度有所下降	给团队注入新鲜血液,设定更高的目标,改变沟通方式;关注项目成员在本项目中的收获,感谢每一位成员的付出

三、角色识别,团队贡献最大化

剑桥产业培训研究部前主任梅雷迪思·贝尔宾(Meredith Belbin)博士认为:**团队角色是个体在群体内的行为、贡献以及人际互动的倾向性,利用个人的行为优势创造一个和谐的团队,可以极大地提升团队和个人绩效。**

贝尔宾基于大量实践提出了著名的贝尔宾团队角色（Belbin Team Roles）理论，该理论认为一支结构合理的团队应该由九种角色组成，团队成员必须清楚其他人所扮演的角色，了解如何相互弥补不足，发挥优势。这九种角色的介绍如下。

（一）智多星

智多星创造力强，充当创新者和发明者的角色。他们为团队的发展和完善出谋划策。通常他们更倾向于与其他团队成员保持距离，运用自己的想象力独立完成任务，标新立异。他们的想法总是很激进，并且可能会忽略实施的可能性。他们是独立的、聪明的、充满原创思想的，但是他们可能不善于与那些气场不同的人交流。

（二）外交家

外交家是热情、行动力强、外向的人。无论在公司内外，他们都善于和人打交道。他们与生俱来是谈判的高手，并且善于挖掘新的机遇、发展人际关系。虽然他们并没有很多原创性想法，但是在听取和发展别人想法的时候，外交家效率极高。就像他们的名字一样，他们善于发掘那些可以获得并利用的资源。由于性格开朗、外向，所以无论到哪里他们都会受到热烈欢迎。

外交家为人随和，好奇心强，乐于在任何新事物中寻找潜在的可能性。然而，如果没有他人的持续激励，他们的热情会很快消退。

（三）监督者

监督者是严肃、谨慎、理智的人，他们有着与生俱来的对过份热情的免疫力。他们倾向于三思而后行，做决定较慢。通常他们非常具有批判性思维。他们善于在考虑周全之后做出明智的决定。具有监督者特征的人所作出的决定，基本上是不会错的。

（四）协调者

协调者最突出的特征就是他们能够凝聚团队的力量向共同的目标努力。成熟、值得信赖并且自信，都是他们的代名词。在人际交往中，他们能够很快识别出对方的长处所在，并且通过知人善用来达成团队目标。虽然协调者并不是团队中最聪明的成员，但是他们拥有远见卓识，并且能够获得团队成员的尊重。

（五）推进者

推进者是充满干劲、精力充沛、渴望成就的人。通常，他们非常有进取心，性格外向，拥有强大驱动力。他们勇于挑战他人，并且关心最终是否胜利。他们喜欢领导并激励他人采取行动。在行动中如遇困难，他们会积极找出解决办法。他们是顽强又自信的，在面对任何失望和挫折时，他们倾向于显示出强烈的情绪反应。

推进者对人际关系不敏感，好争辩，可能缺少对人际交往的理解。这些特征决定了他们是团队中最具竞争性的角色。

（六）凝聚者

凝聚者是在团队中给予最大支持的成员。他们性格温和，擅长人际交往并关心他人。他们灵活性强，适应不同环境和人的能力非常强。凝聚者观察力强，善于交际。作为最佳倾听者的他们通常在团队中备受欢迎。他们在工作上非常敏感，但是在面对危机时，他们往往优柔寡断。

（七）实干家

实干家是实用主义者，有强烈的自我控制力及纪律意识。他们偏好努力工作，并系统化地解决问题。广而言之，执行者是典型的将自身利益与团队紧密相连、较少关注个人诉求的角色。然而，实干者或许会因缺乏主动而显得一板一眼。

（八）完美主义者

完美主义者是坚持不懈的、注重细节的。他们不太会去做他们认为完成不了的任何事。他们由内部焦虑所激励，但表面看起来很从容。一般来说，大多数完美主义者都性格内向，并不太需要外部的激励或推动。他们无法容忍那些态度随意的人。完美主义者并不喜欢委派他人，而是更倾向于自己来完成所有的任务。

（九）专家

专家是专注的，他们会为自己获得的专业技能和知识而感到骄傲。他们首要专注于维持自己的专业度以及对专业知识的不断探究之上。然而由于将绝大多数注意力都集中在自己的领域，因此他们对其他领域所知甚少。最终，他们成了只对专一领域有贡献的专家。但是很少有人能够一心一意钻研，或有成为一流专家的才能。

以上九种角色，可以按个体运用能量所聚焦的方向进行分类，分别是聚焦在行动、社交和思考三类，每类角色所具备的优缺点，以及对团队的贡献，如表4-5所示。

表4-5 九种团队角色的优缺点及对团队的贡献

角色		优点	缺点	对团队的贡献
行动类	推进者	善于推动、充满活力，目标导向性强，拥有克服障碍的勇气	爱冲动，易急躁，使他人有被催促、被压迫的感觉，可能会冒犯他人	1. 寻找和发现团队讨论中可能的方案 2. 促使团队任务的完成和团队目标的达成 3. 推动团队达成一致意见，并朝着决策行动
	实干家	严于律己，值得信赖，谨慎稳重，采取实际步骤和行动	缺乏灵活性；对没有把握的主意不感兴趣	1. 把谈话与建议转换为实际行动 2. 考虑什么是行得通的，什么是行不通的 3. 整理建议，使之与已经取得一致意见的计划和已有的系统相配合

（续）

	角色	优点	缺点	对团队的贡献
行动类	完美主义者	渴求工作质量完美，对工作的准确性要求高，会多做一点，让工作做得更好，其经手的事情经得起多次推敲	过于强调细节，可能会挫伤队友的士气，而且由于不太信任他人的执行质量而很少将工作分配给他人	1. 促使团队遵从目标要求和活动日程 2. 在方案中寻找并指出错误、遗漏和被忽视的内容 3. 促使团队不断完善
社交类	协调者	成熟、自信，能够澄清目标，凝聚众人，促进团队沟通	可能被他人视为推卸责任	1. 明确团队的目标 2. 选择需要决策的问题，并明确它们的先后顺序 3. 帮助确定团队中的角色分工、责任和工作界限 4. 总结团队的感受和成就，综合团队的建议
社交类	凝聚者	精诚合作、态度温和，感觉敏锐、待人圆滑、聆听及采纳意见，避免摩擦	在紧迫情况下可能会优柔寡断	1. 给予他人支持，并帮助他人 2. 打破讨论中的沉默 3. 采取行动扭转或克服团队中的分歧
社交类	外交家	热诚，善于沟通，能够探索新机会，开拓对外联系	过分乐观，一旦初期的热忱减退，可能会失去兴趣	1. 提出建议，并引入外部信息 2. 接触持有其他观点的个体或群体 3. 参加磋商性质的活动
思考类	智多星	富有创意、充满想象力，善于提出新颖的想法和以非传统的方式解决问题	可能会忽略琐事，过分沉迷于自我思维而未能有效表达	1. 提供有创造性的建议 2. 提出批评并有助于引出相反意见 3. 对已经形成的行动方案提出新的看法
思考类	监督者	公平而富有逻辑性的观察者，思辨力强，客观评价团队的选择	过于严苛，挫伤大家对无逻辑基础事物的积极性	1. 分析问题和情境 2. 对繁杂的材料予以简化，并澄清模糊不清的问题 3. 对他人的判断和作用做出评价 4. 对工作的质量有所把控
思考类	专家	专心致志、主动自觉、全情投入，能够提供不易掌握的专业知识和技能	只能在有限范围内做出贡献，沉迷于个人的专业和兴趣	1. 提供某一领域的专业知识 2. 为团队提供技术指导和创新思路 3. 对他人的判断和作用做出评价

需要特别注意的是，这九种角色在个体身上并非是互斥的。恰恰相反，个人往往会具备多个角色特质，在工作情境中，由于刺激反应形成的反射

作用，个体往往表现出其最显著、最擅长的某个角色特质。

在取经项目团队里，唐僧不仅是个专家，还是个推进者和完美主义者；而悟空既能推动项目进展，又能当外交家。八戒既是凝聚者，又是外交家。作为一名优秀的管理者，你的任务就是灵活识别团队中的这些角色，并把他们安排到最合适的位置和任务上。这样一来，不仅能让团队士气高涨，还能确保项目顺利推进。

附：团队角色自测问卷

为了帮助项目管理者和团队成员更好地识别自我角色，我特附上贝尔宾团队角色自测问卷及计分表，有兴趣的读者可以用 15 分钟时间尝试完成一次自评。

问卷说明：对下列问题的回答，可能在不同程度上描绘了你的行为。每题有 9 个句子，请将总分 10 分分配给每题的 9 个句子（直接在句子后面标注分数）。分配的原则是：最体现你的工作行为的句子得分最高，以此类推。常规情况是将这 10 分按规则分配给其中几句话，最极端的情况也可能是全部分配给其中的某一句话。请根据你的实际情况把分数填入后面的自我评价分析表中，保证每题的分数总和不能超出 10 分。

一、我相信我可以为团队做出积极的贡献，因为：

A. 我能很快地发现并把握住新的机会

B. 我被认为是天生的团队成员，我能与各种类型的人一起合作共事

C. 我能从侧面思考解决问题的方法

D. 我善于发现并挖掘团队成员的潜力

E. 我热衷于通过关注细节来改善工作成果

F. 我对能应用所学的培训和专业知识充满热情

G. 为确保工作万无一失，我倾向于坦率直言

H. 我确保我的工作能按时完成

I. 我能针对不同的行动方案提出合理、正确的判断

二、我有时会在团队合作中遇到困难，因为：

A. 一旦工作开始，我不太愿意为了他人而改变之前的计划

B. 我喜欢影响他人，这可能导致别人的不满

C. 如果我的专业知识不被认可，我会变得沮丧

D. 一旦我最开始的热情消退了，我可能很快会失去工作动力

E. 我可能会低估自己所作出的贡献

F. 我倾向于提出质疑，这可能会浇灭团队的热情

G. 我可能失去耐心，这会营造一种紧张的气氛

H. 我可能因为自己过多的想法而遗忘当前正在进行的工作

I. 我执着于准确地完成任务，这可能会耽误工作进程

三、当我与其他人共同完成一项工作时：

A. 我喜欢充当带领团队达成共识的角色

B. 我会认真审核所有的细节，确保工作准确无误

C. 我会鼓励团队成员行动起来，并推动团队完成目标

D. 我会提出团队未曾探索的想法，并通过团队一起来完善这些想法

E. 我可以在必要时提供支持和理解

F. 我热衷于和他人交流互动，活跃团队气氛

G. 我愿意尽可能多地学习，并把所学的东西应用到工作上

H. 我确保自己保持客观中立

I. 我会制订具体的执行计划，并确保工作井井有条地实施

四、在进行团队合作的过程中：

A. 当团队成员遇到问题时，我是第一个意识到并主动提供帮助的人

B. 我是一个乐于学习的人，并用我的所学来帮助团队

C. 我不会畏惧挑战他人的观点

D. 我会全方位检验新的想法，确保它们的可行性

E. 我专注于找到最高效的工作方法

F. 我能在别人之前想出富有想象力、新颖的解决方法

G. 我的所有工作都被贴上了"完美主义"的标签

H. 我乐于与工作团队以外的人进行联系

I. 我能使人们在某些必要的行动上达成一致

五、我特有的团队合作模式为：

A. 我理智地思考，避免得意忘形

B. 我尽可能高效地完成工作

C. 在应对困难时，我会表现得谨慎与敏感

D. 我对压力下的工作应对自如

E. 我对遇到的新的机会和人充满兴趣

F. 我通过辨清工作优先级来更好地完成任务

G. 我在工作中努力做到精益求精、尽善尽美

H. 我喜欢那种能运用打破常规的方式来处理问题的机会

I. 大多数情况下，我喜欢自己待着，对某一领域进行深度研究

六、在和其他人一起工作时：

A. 我会认真聆听其他成员发表他们的意见

B. 我善于自己独立开展某些工作

C. 当与他人的观点产生冲突时，我没有把握使对方理解我的观点

D. 我能发现团队中的人才并让他们发挥所长

E. 我善于对工作进行全面检查，以避免任何错误或疏忽

F. 我确保团队能依据事实，客观、逻辑地做出决策

G. 在面对需要完成的工作时，我能迅速采取行动

H. 我会鼓舞团队并推动其向前发展

I. 我希望与大量的人和事打交道

七、如果我在团队中遇到了问题，可能是因为：

A. 我在处理重大问题时，可能会激怒他人

B. 我会质疑他人的想法及解决方案，但却不给出替代方案

C. 我关注事情的质量是否完美，以至于有时很难按时完成

D. 如果有新的项目让我产生了兴趣，我可能会忽略跟进现有工作

E. 我倾向于抗拒那些会扰乱工作进展的改变

F. 我会陶醉于提出新的想法，而忽略了团队的需求

G. 我倾向于做宏观把控，而错过了重要的细节

H. 当他人轻视我的专长时，我会感到很沮丧

I. 我总是倾向于避免充当一个决策者的角色以规避冲突

八、我能在团队中顺利工作，因为：

A. 我很看重在工作中达到最高标准的精确度

B. 当工作有紧迫的交付期限时，我能有最佳表现

C. 我总是会乐于支持与大家共同利益有关的积极建议

D. 我确保团队理解工作的优先顺序，并达成共识

E. 我尽可能探索并充分利用外部资源

F. 我通过谨慎判断、细致了解来解决难题

G. 我做需要做的而不是喜欢做的工作

H. 我能根据自身经验和专业知识提供有价值的信息

I. 我能从侧面考虑问题，提出新的视角和结论

九、如果突然给我一个困难的工作，而且时间有限，人员不熟：

A. 在有新方案之前，我宁愿先躲进角落，拟定一个解脱困境的方案

B. 我能迅速与他人建立良好关系，与不同类型的人都能顺利开展工作

C. 我会设想通过用人所长的方法来减轻工作负担

D. 我天生的谨慎感，将有助于我们不会出现大的失误

E. 我认为我能保持头脑冷静，富有条理地思考问题

F. 我相信凭自己过硬的专业能力，可以较轻松地搞定

G. 尽管困难重重，我也能保证目标始终如一

H. 如果集体工作没有进展，我会采取积极措施去加以推动

I. 我愿意开展广泛的讨论，意在激发新思想，推动工作

自我评价分析表

大题号	实干家	完美主义者	推进者	专家	智多星	监督者	外交家	凝聚者	协调者
一	H	E	G	F	C	I	A	B	D
二	A	I	G	C	H	F	D	E	B
三	I	B	C	G	D	H	F	E	A
四	E	G	C	B	F	D	H	A	I
五	B	G	D	I	H	A	E	C	F
六	G	E	H	B	C	F	I	A	D
七	E	C	A	H	F	B	D	I	G
八	B	A	G	H	I	F	E	C	D
九	G	D	H	F	A	E	I	B	C
总计									

得分最高的角色是_____。

得分最低的角色是_____。

本节作业

为团队不同发展阶段匹配不同领导风格，答案见本章总结。

A 教练型：多指示，多支持；管理者征求成员意见后做决策；双向交流并反馈的沟通方式；频繁的监督

B 支持型：少指示，多支持；共同做决策；多问少说并反馈的沟通方式；监督减少

C 变革型：多改变，少仁慈；制造危机感；改变沟通方式；重视监督并赏罚分明

D 授权型：多授权，少控制；被授权人决策；双向交流并反馈的沟通方式；更少的监督

E 指示型：多指示，少支持；决策由管理者制定；自上而下的沟通方式；频繁的监督

3 规范期

1 形成期

4 表现期

2 激荡期

5 结束期

第三节　同理表达，沟通传佳音

第三章中已经提到项目经理应该将精力的 80%~90% 用于项目沟通，可见沟通能力对于管理者的重要性。广义来说，管理的问题主要是沟通问题，工作中的矛盾与失误，70% 都源于沟通不畅。一个团队要共同完成一项任务，必须配合默契。一个企业要发展壮大，员工之间必须达成有效的合作，合作的默契源于沟通。在工作中尽可能减少如图 4-5 所示的沟通漏斗，才能更好地传递信息，从而出色地完成工作，还能避免因他人理解不全面或错误而影响人际关系。

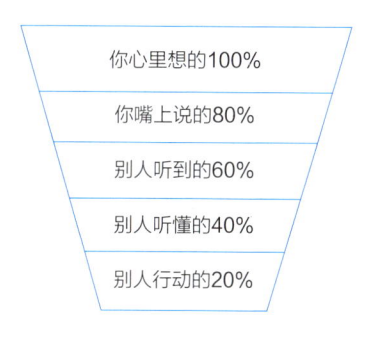

你心里想的100%
你嘴上说的80%
别人听到的60%
别人听懂的40%
别人行动的20%

图 4-5　沟通漏斗

> 沟通的英文是 Communication，来自拉丁文，表示 "To share"，意为 "沟通是最大限度的分享信息"，由此可知，沟通的目的是达成有质量的结果。

一、抽丝剥茧，沟通的本质

《列子·说符》中记载了一则寓言：从前有个人，不慎丢了一把斧子。

他怀疑是邻居家的儿子偷走的，便观察那个人。看那人走路的样子，像是偷斧子的；看那人的面部表情，也像是偷斧子的；听那人的言谈话语，更像是偷斧子的。那人的一言一行，一举一动，无一不像偷斧子的。不久后，他（丢斧子的人）在翻动自家的谷堆时发现了丢失的斧子，第二天又见到邻居家的儿子，就觉得他的言行举止没有一处像是偷斧子的人了。这就是"疑邻盗斧"的由来，从中我们可以看到，人们在沟通中其实经常会遵循一个 ABC 模型，即：

（1）Assumption（假设），这是个体行为的前提条件，如引发行动的环境、动机等，认知心理学研究表明，大脑习惯预设结论，以减少思考带来的能量过度消耗。

（2）Behavior（行为），个体在整个过程中做出的行为改变。

（3）Consequence（结果），即行动带给我们的反馈，结果会强化假设，进而再次强化行为。

在沟通中，对方是基于你的行为做出反应而不是基于你的意图，你的意图是好的并不代表就会得到好的反应。因此，沟通的本质是根据对方的行为（反应）而做出反应的过程。图 4-6 的沟通模型清晰地展示了这一本质过程。

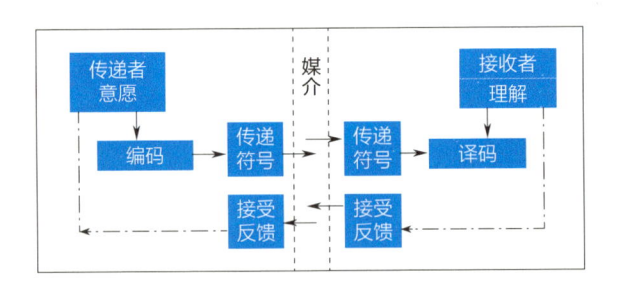

图 4-6 沟通模型

由沟通模型我们可以清楚地发现，影响沟通效果的主要因素包括**编码**、**媒介**、**译码**三类，在实践中沟通障碍还有很多更细节的影响条件，如下：

- 距离。指物理距离,由于距离远,难以实现面对面的沟通或长期沟通与了解。
- 曲解。当人分不清实际材料和自己的观点、感受、情绪的界限时,就容易曲解。
- 语义。这涉及沟通语言,如文字、图像、身体语言等。
- 缺乏信任。趋利避害是人与生俱来的一种心理模式,信任度不够必然会顾虑后果。
- 不可接近。如上级与下级、销售与客户、陌生人之间,彼此会有一层屏障。
- 负载过重。当人们负载的信息过度时,他们就倾向于业绩完成不佳。
- 方向迷失。信息内容缺乏导向可能会导致沟通障碍。
- 沟通缺口。沟通的正式网络中所存在的缺陷与漏洞。

此外,职责不明确、个性不相容、拒绝倾听、没有恰当媒介等都是导致沟通障碍的原因。那么,沟通障碍是如何产生的?研究表明,个人的认知、个性和兴趣以及态度、情感和偏见等都会导致沟通障碍的产生。

- 认知障碍:每个人都会从不同的方面来看待同一条信息,影响认知的因素包括受教育程度和过去的经历,使用明确含义的词语可以使认知问题减到最少。
- 个性和兴趣障碍:人们容易对感兴趣的信息听得很仔细,但对不熟悉或枯燥的信息听不进去。
- 态度、情感、偏见会使我们的认知发生扭曲。任何人如果怀有强烈的爱憎,出于自我保护的原因,都容易改变沟通的方式。强烈的情绪化会使人失去正常的理解力。

美国心理学家乔瑟夫·勒夫(Joseph Luft)和哈里·英格拉姆(Harry

Ingram）在 20 世纪 70 年代提出了著名的"乔哈里窗"，其作为内容沟通的工具，实际上包含的交流信息有：情感、经验、观点、态度、技能、目的、动机等，后来在培训、潜能开发等众多领域都有着广泛的应用。

乔哈里窗有四个象限：

（1）第一象限，公开区（Open Area），自己知道，别人也知道的信息。例如，你的姓名、性别、年龄、职务等。

（2）第二象限，盲区（Blind Spot），自己不知道，别人却知道的盲点。例如，你的处事方式，别人对你的感受。常见的方法有询问、倾听、复述确认等。

（3）第三象限，隐秘区（Hidden Area）。自己知道，别人不知道的秘密。例如，你的秘密、希望、心愿，以及你的好恶。

（4）第四象限，未知区（Unknown Area）。自己和别人都不知道的信息。未知区是尚待挖掘的黑洞，它对其他区域有潜在影响。

当你与他人接触时，公开区通常是最小的，因为缺乏交流的机会。通过扩大公开区，你可以有效消除认知、兴趣和个性上的障碍（见图 4-7）。就像在企业中，部门之间的公开区越大，管理者看问题的视角就越全面，做出的决策也就越明智。

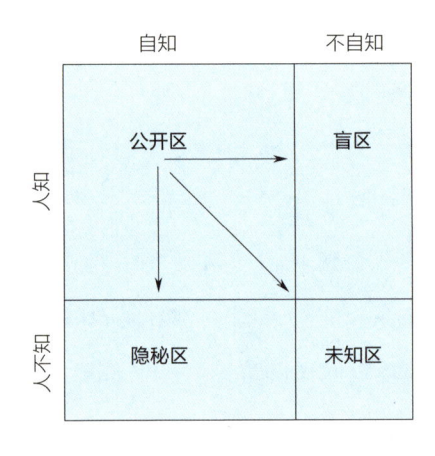

图 4-7 乔哈里窗

二、定其交而后求，信任沟通三步走

君子修身有三法："君子安其身而后动，易其心而后语，定其交而后求。"这句话为我们的沟通与协作提供了诸多启发。

（一）良好沟通习惯的第一步，建立信任

心理学家们告诉我们，**建立信任有四大要素：言、行、情、责**。让我们来逐一解锁这些信任的"密码"。

（1）**听其言**：讲信用，语言上要真诚主动，言而有信，公开坦率，有良好的口碑，人前背后一致，让所有的人都相信我说的话。

（2）**观其行**：做事可靠，行动上要明确具体，可依赖，可靠，从小事做起，争取双赢结果，让他人放心我做的事。

（3）**感其情**：维护关系，关系上要尊重和关心，有同理心，态度客观，让其他人喜欢跟我在一起。

（4）**明其责**：负责任，责任上有把事情做好的动机，有责任心，做事有始有终，承担责任，懂得真诚道歉，让他人感知到我做事有责任感。

如何与他人建立信任关系？简单来说，这个过程可以归结为以下四步。

（1）**先建立交情，再谈事情**。就像约会一样，先让彼此放松，建立起友好的氛围，再开始讨论那些严肃的事情。

（2）**谈不拢时，回归交情**。如果讨论陷入僵局，不妨暂时放下议题，聊聊生活，等彼此的关系更加稳固了，再回到事务上，效果会更好。

（3）**事情谈好了，赶快加强交情**。成功达成协议后，记得及时增强彼此的联系，让信任的根基更加牢固。例如，聊聊对方的兴趣，会让对方生出更多的亲切感。

（4）**闲来无事，"维持"交情**。信任不是一朝一夕的事，平时多花点时间维护关系，让信任在日常中生根发芽。例如，在一些特别的纪念日发一个祝福短信；当自己拿到独家信息时，也可以分享给对方，加强双方的深

入互动。

沟通的真正目的，是实现目标并强化关系，所谓"**事成人爽**"，就是此意。

（二）良好沟通习惯的第二步，想清楚再沟通

当我刚迈入职场时，单位里有位采购主管范工，以严谨的工作态度和"嘴下不留情面"的风格著称，大家都对其敬而远之。记得有一次，我负责的项目需要采购一批低值耗材。提交完线上申请后，我心急如焚，便拨通了他的电话，希望他能帮我加快审批进度。没想到电话一接通，他就像打开了"怼人模式"，直言不讳地说："你这位同事，打电话前得先自报家门，说明来意，还得把工作要求和截止日期都说清楚！我每天接上百个电话，大家都觉得自己的事情特别重要，但我这儿也有规矩！不按规范流程来，公司可就乱套了！"

这番话如同当头棒喝，让我瞬间清醒。确实，对于我来说，可能是火烧眉毛的紧急事务，但对于他而言，或许只是家常便饭而已。生活中无非三件事：自己的事、别人的事和上天的事。与其埋怨，不如学会高效沟通，做到利己利人。

痛定思痛，我总结出沟通前的四问：

（1）为什么？我沟通的目的是什么？

（2）要什么？对方的需求和利益是什么？

（3）说什么？从对方的角度，该如何表达？

（4）做什么？我希望对方如何反应或行动？

此后，我曾负责一个专门为工程企业项目经理准备的训练营。老实说，课程内容一开始干巴巴的，缺乏吸引人的素材。于是，我决定邀请一些专家来分享他们的案例，给课程增添点色彩。经过多番打听，我终于发现某个产品部门恰好有丰富的专家和产品资源。问题来了，如何才能让对方觉

得我们之间的合作是一次"双赢",并愿意伸出援手呢?

为了实现这个目标,我开始认真思考,运用"沟通前四问"这一工具,反复打磨自己的语言,揣摩对方的需求和利益。经过一番推演,我终于找到了合作的切入点。以下是我们的部分对话(有删减):

> 你好,【姓名】,我了解到你们目前正在做针对项目经理的【综合策划、综合决策类】产品,我所在的【部门】计划于【具体时间】专门针对工程项目经理做数字化赋能培训。
>
> 我正在收集一些和全过程商务策划相关的案例,也有了一点积累,想和你这边互通一下有无:
>
> (1)是否可以提供一些你们的产品可以解决的业务痛点及对应的案例故事?
>
> (2)我收集到一些和策划相关的案例与模板工具,如果你们有需要,我可以分享给你们。
>
> (3)最近我要做一期项目经理的精品小班课,看有没有机会可以把你们的产品嵌进去,加深客户的认知,促进商机转化。
>
> 以上,希望有机会可以深入交流一下,线上线下都行。

在沟通中,说明白和想清楚是同等重要的,这里给大家推荐一个简单、实用的**工具——PEP**,它可以帮助我们更加结构化地表达自己的观点。

(1)P:我主张的重点(Point),你可以直截了当地告诉对方你想表达的核心观点,吸引他的注意力。

(2)E:列举背后的想法、缘由、证据(Evidence),提供一些有趣的故事、数据或例子,帮助对方理解你的观点为何如此重要,让人对你的观点的价值深信不疑。

(3)P:再次强调重点(Point),充分利用心理学的"尾音效应",这就像画龙点睛,让对方在脑海中牢牢记住你的核心信息。

> 例如：
>
> 在以下三个降低项目费用的方案中，我建议采取方案一（Point）。
>
> 因为，方案一能节省的费用最高。在可行性及执行难易程度的评估上，方案一的得分也是最高的（Evidence）。
>
> 因此，我建议采取方案一来减少项目费用，并且在您核准后，就能立即展开（Point）。

（三）良好沟通习惯的第三步，倾听并理解对方

1. 倾听的五个层次

心理学告诉我们，**倾听有五个层次**，从低到高依次是：

第一层，听而不闻，心不在焉地听（Ignoring）。这类人就像是一位专业的捧哏演员，嘴上应着"嗯哎"，但心早已飞到九霄云外。他们的耳朵在听，脑袋却在想着半夜的足球比赛或者第二天的饭局。比如，晚上和孩子爸爸聊聊孩子在学校的情况，很多男士常常用"浮皮潦草"的方式应付，结果就是招来潮水般的抱怨。

第二层，假装在听（Pretending）。这类人仿佛"戏精"附体，时不时附和几句，表面上看似认真，实际上却对对方说的内容毫无印象。

第三层，选择性地听（Selection）。这类人仿佛是耳朵里装了个"选择性助听器"，只听那些迎合自己兴趣和口味的内容，把那些与自己意向相左的、自己不爱听的内容通通过滤掉。比如，学生在上课时只听到放学的铃声，员工在工作中只听到和升职加薪相关的信息等。项目中最典型的选择性倾听群体集中在经验丰富的顾问身上，业内常用"新顾问不会问，老顾问不会听"来概括这一现象。

第四层，专注地听（Attention）。也称为防御性倾听，这时候的倾听者就像准备登台辩论的选手，倾听的目的是回应、抬杠或是反驳对方。他们

会把对方说的内容认真归纳，但未必能真正领悟说话者的本意。

第五层，同理心倾听（Empathetic）。这是倾听的最高境界，目的是理解他人、增进关系，而不是单纯地回应。这样的倾听者会真正投入到对话中，感同身受，仿佛与对方心灵相通。

2. 提升你的倾听能力

在练习积极倾听他人时，我们可以从以下**五个方面**加以强化。

（1）**给予积极的开门信号**。给对方一个"我在听你说"的信号。放下其他事情，离说者近些，保持微笑，身体微微向前倾，保持目光的接触（前提是对方没有不舒服的感觉）。用点头来表示回应，用手势鼓励对方倾诉，必要时做记录，显示出感兴趣。好的倾听者一般**随身携带纸笔**，在与说者交流时，尽量避免使用手机或电脑，以保证沟通的氛围。

（2）**保持必要的沉默**。有魅力的领导者懂得沉默的力量。适时的沉默不仅能彰显你的可靠性，还能鼓励说者畅所欲言，确保沟通顺畅。沉默不是冷场，而是给彼此思考的空间。

（3）**问对的问题**。提问的艺术在于选择合适的问题类型。问题可以分为**开放式、封闭式和跟进式**三类，要特别注意，封闭式问题不仅仅是"是"或"否"的回答，它们通常有明确的答案，如"什么时候""在哪里""由谁执行"等。

在良好的沟通中，一定要尽量避免一些有明确暗示的问题，因为暗示类问题本质上也是封闭式的问题。而封闭式问题比较难以获取更多的信息，不利于沟通的深入展开。以下是一些典型的暗示类问题，想一想，如何改变其提问方式？（提示：将封闭式问题打开，变成开放式、跟进式的对话。）

- 在项目执行期间，希望大家能自愿加班，你认为呢？
- 你看过文件之后觉得没什么问题吧？

- 客户是不是不满意我的提议啊？
- 你觉得这个项目延期没有你的责任吗？
- 你不觉得我的想法是最好的吗？

（4）**确认说者的意思**。通过简洁复述你对对方话语的理解，如果得到对方"是"的答复，则继续交流，如果双方与你的认知不同，则请对方再做说明，最终确保双方的理解是一致的。

> 关于确认说者意思的技巧，可以用"**前置语 + 引述 + 后置语**"的模板来进行。
>
> 客户A：我真不知道该怎么推进这个新财务系统，它虽然是知名公司的产品，但每个业务都有自己定义的规则。这些规则和我们平时的做法大相径庭，导致我们需要花费更多的时间和金钱去调整。
>
> 项目经理B：所以，你的意思是（前置语），新财务系统的规则和我们以前的做法差别很大，这让你感到无从下手（引述），对吗（后置语）？

如果你在理解对方想要表达的意思时**还存在一定困难**，你可以使用下面的表达方式来进行确认或澄清：

- 那是不是意味着……
- 我想知道如果……
- 可能是……
- 较为合理的说法是不是……
- 你似乎认为……
- 看起来你……
- 在我听来，你……

- 我是不是可以这样理解，你……
- 我有这样一个印象……

如果你**确信你已经理解了对方想要说的话**，你可以用下面这些表达方式：

- 你觉得……
- 你一直这样认为……
- 从你的角度出发……
- 看起来，你……
- 以你的经验……
- 从你的立场出发……
- 就你看来……
- 你相信……
- 在我听来，你的意思是……
- 就我的观察……

最后，总结复述的要诀如下：

- 让说者完全表达他的意思。
- 用你的言语表达出你所听到的意思。
- 与对方确认是否正确。
- 如果双方认知是相同的，则继续交流。
- 如果双方认知不同，则请说者再说明一次。
- 不要过度使用，使用的最佳时机是在澄清重要观点及总结讨论内容时。

（5）**同理心回应**。在项目管理中，沟通就像哈利·波特手里的魔法棒，挥动起来不仅能解决问题，还能让团队关系更加紧密。而同理心回应，就是这根魔法棒的核心法则。想要高效沟通，请务必记住：**先听出感受，再**

了解事实。高效沟通＝问题解决＋舒适关系，但顺序不能打乱——先理解心情，再解决事情。

回应从低到高的三个层次如下：

1）**差的回应**。这种回应就像往火上浇油，直接忽视对方的感受，甚至让对方感觉更糟糕。常见表现有批评、指责、冷嘲热讽，甚至是侮辱和威胁。结果，沟通的桥梁瞬间崩塌，伤害感满满，隔阂也随之而来。

2）**无效的回应**。明显忽略对方的感受。只处理事情，不处理心情。这种回应就像在说"我听到了，但我不在乎"。他们往往只关注事情本身，而忽略了对方的情绪。你可能会听到"问题在你这里""我警告你""这就是解决方案""项目就是这样""你真厉害"等满是说教的语言，或者虚假的赞美。这样的回应让发言者感到被误解，心里满是挫败感。

3）**好的同理心回应**。正确理解发言者的意思及感受，**并把自己的理解传达给对方**，以表示自己对对方的理解。这样的回应让发言者感到被理解和被尊重，双方仿佛心灵相通，默契无比。表现特征包括倾听、认同、心领神会，甚至是令人惊讶的支持。以下是同理心回应的典型例句。

1）回应感性信息，包含但不限于：

- 你看起来很难过……
- 想必你很生气吧……
- 看把你高兴的……
- 噢，你感到很失望吧……
- 你对此很着急吧……

2）回应理性信息，包含但不限于：

- 你的意思是……
- 不知道我理解的对不对……
- 如果我没猜错的话，你是想……

- 你是说……对吗？
- 从我的理解，你……

总结来说，同理心回应的模板为"理解对方+表达出你的理解"。我们一定要注意，同理心回应是以自己的语言，重复对方所说，理解对方的感受，在感情上，最大限度地理解/缓解对方的情绪，在事情上，与其共同客观地面对。认同对方的情绪，并不代表认同对方的行为。

同理心回应小练习

张三最近加班加点，终于赶出了一个项目方案，结果却被客户无情地打回来重做，心情瞬间跌入谷底。他跟你喝酒吐槽，满脸沮丧。此时，你会选择哪种回应方式？

A."老张，方案不过无所谓，别太难过！待会儿我带你去唱卡拉OK，咱们潇洒走一回，把这些不开心的事儿统统抛到脑后！"

B."老张，你这个方案具体怎么写的？查了哪些数据？和谁求证过？有没有写错的地方？你花了多久？还有哪些细节没注意到？"

C."哎，至于嘛，不就是一个方案没过吗？谁还没有被打回过方案的经历啊，扛过去才是真男人！"

D."老张，你这一说勾起了我的伤心往事。我有一次也是熬了4个通宵，结果方案还没上交就被告知需求变了，只能重新来，真是惨啊！所以，你这事儿算不了什么！"

E."老张，你这经历真够悲催的，我完全理解你，同情你！"

F."的确，辛辛苦苦付出却没得到期待的结果，心里一定很失落、很不甘。我能理解你的心情。老张，如果你想避免下次重蹈覆辙，你准备怎么做呢？有没有什么需要朋友们帮忙的？"

在这6种回应中，显然F是最佳选项。它不仅考虑到了倾诉

> 者的情绪，还聚焦于问题本身，鼓励对方思考解决方案。这样的回应才是真正有效的，既温暖又专业，让人感受到你对他真正的关心和支持。

3. 发挥语言魔力

在项目中，若掌握好倾听技巧，再结合语言编码，就可以达到更好的沟通效果。下面，我为大家整理了一些常见的语言结构，让你在不同项目管理的场景中游刃有余。

（1）"你不需要……只要……就好！"这句话就像一剂强心针，适合鼓励客户或项目成员行动。例如："你不需要担心领导的看法，只要勇敢地表达你的观点就好！"

（2）"想象一下……"这是一把开启想象力的钥匙，帮助大家突破局限，聚焦目标。例如："想象一下，当项目上线后，你可以边喝奶茶边玩手机，轻松做数据，再也不用熬夜加班了！"

（3）"当你……你就会……"适用于消除对方的抗拒情绪，鼓励对方参与项目工作的场景。例如："当你真正体验到我们的产品带来的高效和便捷时，你就会感谢自己当初的努力！"

（4）"凡是不以……为目的的……都是耍流氓！"通过这种断言，展现说话人的权威性与专业性。例如："凡是不以降本增效为目的的数字化都是耍流氓！"

（5）"最需要……就是……自己。"适用于展现个人的专业性、权威与影响力。例如："我多年的项目管理经验告诉我，最需要提升项目管理能力的，恰恰是项目经理自己，最需要提升领导力的，也正是领导自己。"

（6）"这件事分三个方面！"适用于方案汇报或表达建议时，展示说话人的结构严谨。例如："项目要想取得成功，可以从三个方面着手：干系人、计划、资源！"

（7）"你的问题就是你的答案！"这是一种巧妙的说法，适合在不便表明态度时使用。例如："其实，领导，您对这个项目早有定论，您的问题其实就是答案！"我在某个咨询项目前期，遇到客户总经理询问我对他们某些管理模式的意见时，就用过这句，事实证明非常有效。

（8）"我知道你特别想骂（预置脚本）！"这是一句安抚客户情绪的妙语，让对方感受到你的理解和关心。

三、知己解彼，沟通风格大揭秘

在某个阳光明媚的早晨，一个研发团队正在进行例会，气氛有点紧张。部门经理老周，曾经做过军人，个性雷厉风行，像发射迫击炮一样直接宣布："从今天起，所有通过在线平台反馈的客户问题，必须在24小时内解决！"听到这些话，大家都默默点头，心里想着："好吧，服从命令听指挥。"

然而，产品经理小刘却不识趣地站了出来："经理，如果遇到特殊问题，24小时解决不了，怎么办呢？"这下好像点燃了炸药包，老周当场拍桌子，大声吼道："这是定下来的事情，哪有这么多问题，不想干就别干！"小刘也不甘示弱，立刻反唇相讥："我只是请示工作，哪句话听出来我不想干了？！"

这下可好，双方简直就差在会议室里开战了。其他同事见状，赶紧拉开了二人，才避免了冲突的升级。

从这个小插曲中，我们可以看到，老周和小刘的冲突其实是沟通风格的差异所致。老周喜欢简单明了，直来直去，而小刘则偏爱逻辑清晰、条理分明的交流方式。大家在工作中学会理解彼此的风格，才能更好地协同作战。

（一）沟通风格一键解码

心理学领域对沟通风格有诸多定义和分类，在实践中影响最广泛的包括 DISC 和 PDP。DISC 性格测试是根据美国心理学家威廉·莫尔顿·马斯顿（William Moulton Marston）教授的个人激励理论创建的行为因素分析测评，该测评被广泛应用于世界 500 强企业的人才招聘、培养、管理、激励领域。

DISC 个性测验由 24 组描述个性特质的形容词构成，每组包含 4 个形容词，这些形容词是根据支配性（D：Dominance）、影响性（I：Influence）、服从性（C：Compliance）、稳定性（S：Steadiness）和 4 个测量维度以及一些干扰维度来选择的，要求被试从中选择一个最适合自己和最不适合自己的形容词。

PDP 的全称是 Professional Dyna-Metric Programs（行为特质动态衡量系统），它是一个用来衡量个人的行为特质、活力、动能、压力、精力及能量变动情况的系统。PDP 根据人的天生特质，将人群分为 5 种类型，包括：支配型、外向型、耐心型、精确型、整合型。为了将这 5 种类型的个性特质形象化，根据其各自的特点，这 5 类人群又分别被称为"老虎型""孔雀型""考拉型""猫头鹰型""变色龙型"。PDP 是一个进行人才管理的专业系统，能够帮助人们认识与管理自己，帮助组织做到"人尽其才"。图 4-8 展示了 PDP 系统中不同特质人群的关注点。

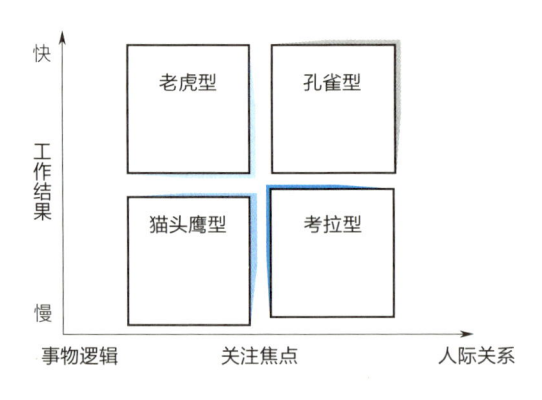

图 4-8 PDP 特质图

（1）**老虎型**。权威导向，重实质报酬，目标导向明显，约占人口的15%。老虎型人群的共同性格为充满自信、竞争心强、主动且企图心强烈，是有决断力的领导者。老虎型的人胸怀大志，勇于冒险，看问题能够直指核心，并对目标全力以赴。取经团队中的悟空就属于此类。

（2）**孔雀型**。同理心强，擅长言语表达，约占人口的15%。孔雀型人群喜做与人有关的事、重视团队、擅长激励，如环境许可适当，会主动营造愉快、活泼的气氛。显然，取经团队中的八戒非常符合这个特质。

（3）**考拉型**。爱好和平，持之以恒，忍耐度佳，约占人口的20%。考拉型人群的关键特质是持久性和步调性，往往持之以恒、有耐心；喜欢做长远的考虑，不喜欢频频发生突发状况，厌恶突发的干扰。习惯思考中长期利益与合理性，面对改变需要较多的时间考虑。沙僧则是此类角色的典型代表。

（4）**猫头鹰型**。喜欢精确，重视专业性，循规蹈矩，约占人口的20%。猫头鹰型人群的共同特质为重计划、有条理、注重细节。在行为上，喜欢理性思考与分析，重视制度、结构和规范。唐僧便是典型代表。

（5）**变色龙型**。协调性佳，配合度高，是团队的润滑剂，约占人口的30%。变色龙型的人群会依组织目标及所处环境的任务需求，随时调整自己，因为他们没有明确的预设立场，不走极端，柔软性高，是称职的谈判斡旋高手，也是手腕圆融的外交人才。在环境骤变的时代，他们更能随机应变，因此不论是企业在开创期、过渡期还是转型期，都非常需要这类人才的参与。

在将 DISC 与 PDP 的类型做对比分析后发现，二者具有高度的对应关系，因此在很多实践操作中，二者会被混合使用。以下是与四类特质人群的相处之道。

1. 与老虎型干系人相处

老虎型人群一般企图心强烈，喜欢冒险，个性积极，竞争力强，凡事喜欢掌控全局发号施令，不喜欢维持现状，但行动力强，目标一经确立便会全力以赴。老虎型人群的缺点是在决策上较易流于专断，不易妥协，故较容易与人发生争执和摩擦。如果员工中有老虎型的人，要给予他更多的责任，他会觉得自己有价值，布置工作时注意结果导向；如果上司是老虎型的人，则要在他面前展示自信、果断的一面，同时避免在公众场合与他唱反调。案例中的老周很明显就属于老虎型领导，小刘在沟通中最大的失误就是当众质疑领导的决策，出现冲突在所难免。

对于项目经理而言，与老虎型干系人沟通时要注意以下三点：

（1）目标要明确。老虎型干系人非常注重结果，所以在和老虎型干系人沟通时，要设立明确的目标，并且挖掘出目标的意义，探讨可能的应对方案和应急处理措施以保证实现预定目标。

（2）直接沟通。学会善于倾听，能够平等、主动地与他交流问题，有意见单独谈，开诚布公地告诉他你的意见。

（3）选准激励点。挑战、授权、物质奖励，设定有难度的目标、丰富的工作内容等，这些都可以成为有效激励老虎型人才的关键点。

2. 与孔雀型干系人相处

孔雀型领导者在任何团体内，都是人缘最好的人和最受欢迎的人，是最能吹起领导号角的人物。当孔雀型领导的员工，除了要能乐于在团队中工作，还要对领导谦逊得体，不露锋、不出头，把一切成功光环都让给领导。孔雀型领导者，不宜有个老虎型的人当二把手或员工。

反之，若老虎型领导者有个孔雀型的副手，则会是最佳搭配。孔雀型的人天生具有鼓吹理想的特质，在推动新思维、执行某种新使命或推广某项宣传等任务的工作中，都会有极出色的表现。

对于项目经理而言，与孔雀型干系人沟通时要注意以下两点：

（1）与孔雀型干系人相处时，要对他们表达出你的认可和赞美。孔雀型干系人是人际关系导向的，他们对人非常敏感，在团队中往往活跃气氛，带来快乐，也非常享受作为团队一员的感觉，他们不能接受被忽视、把他们排除在外的环境。可以恰当地表达你对他们的欣赏和认可，引导他们落实行动方案。

（2）孔雀型的人才创意很多，有很多新鲜的点子，我们需要做的是鼓励并引导他们从众多创意中排列出优先顺序，并制订计划，落实执行。

3. 与考拉型干系人相处

考拉型领导者在需要专业精密技巧的领域，或在气氛和谐且不赶时间的职场环境中，最能发挥所长。当企业的市场占有率比较稳定时，考拉型的企业领导者是极佳的总舵手。但当企业还在开拓市场时，老虎型或孔雀型的人才则较占优势。勇于开疆辟土的老虎型人才担任一把手，配以与人为善的考拉型人才当二把手，也是一个好的搭配。考拉型领导强调无为而治，能与周围的人和睦相处而不树敌，是极佳的人事领导者。

对于项目经理而言，与考拉型干系人沟通时要注意以下三点：

（1）考拉型的人做事从容不迫，有自己的步调，喜欢做长远的规划。要给予充分的考虑和行动的时间，避免突发奇想地突然改变既定计划。

（2）培养应变能力。考拉型的人非常注重事先的计划和安排，面对突发事件和需要快速做决定的事情往往会感到不适应，可以适当加强他们的应变能力。

（3）鼓励面对冲突，鼓励提出不同的意见。考拉型的人性格温和，喜欢和谐，不喜欢激烈的冲突。但是在项目紧张的日程中冲突往往不可避免，需要鼓励他们提出自己的意见，不要害怕面对冲突。

4. 与猫头鹰型干系人相处

架构稳定和制度健全的组织最好聘用猫头鹰型的人来担任各级管理者，因为猫头鹰型领导喜欢在安全架构的环境中工作，且其表现也会最好。其行事讲究制度化，事事求依据和规律的习性，极为适合事务机构的行事方式。然而，当企业需要进行目标重整、结构重组、流程变革时，猫头鹰型领导就会产生迷失，不知如何处事，也不知如何自处。对改革类项目，他们要么先保持观望的态度，再慢慢适应新的局面；要么先保持观望的态度，然后递交辞呈；要么会结集反对力量，公然表示反对或隐晦地做出反对的行为。

猫头鹰型的人以数据和规则为主导思想，直觉能力和应变能力都偏低，从而创造能力和创新能力也相对较弱，因而**不宜承担需要创新能力的任务**。

我曾在一家国内知名的IT公司工作，期间遇到过不少猫头鹰型上司。这些管理者对工作细节的关注简直到了令人发指的地步！比如，方案里的字体差异、错别字都能让他们眉头紧皱，而在培训现场，若地上的插线板电线没有贴墙固定，他们甚至会亲自动手重新布线粘贴。

猫头鹰型的领导最讨厌的就是不负责任、没有时间观念和不守规矩的人。 所以，和他们开会时，你务必提前准备好详细的汇报资料，确保准时到场。沟通时，记得多用逻辑和规则来支撑你的观点，最好还能用数据来辅助，这样才能让他们心服口服。

对于项目经理而言，与猫头鹰型干系人沟通时要注意以下三点：

（1）确保人品获得猫头鹰型管理者的认可。猫头鹰型的人特别看重人品，如果能够真诚地提出意见，展现出较强的责任心，便会得到他们的欣赏。

（2）做到精确和有规划性。要有细致而精确的计划，用事实和数据说话，遵规守纪，严格按照计划执行。猫头鹰管理者会把这些看作一个人所具有的品质。

（3）鼓励猫头鹰型的成员学会抓大放小。猫头鹰型的团队成员比较注重细节，应该引导他们从细节中跳出来，看到整体，培养他们见树又见林的眼界和技能。

（二）沟通风格快速自测

关于 DISC 和 PDP 的测评，网络上有许多免费的资源，推荐大家用正版软件或正规途径进行自评。当然，如果现实条件不允许，也不用担心，我为大家推荐一个非常好用的自测工具——O 环测试。它能帮助你快速了解自己的沟通风格，让你在项目中如鱼得水，轻松做到与干系人们打成一片。

O 环测试，其实是一种测试我们身体能量信息的简单方法。科学家们发现，人体就像一部精密的机器，拥有自动调节的系统，能从食物、空气、阳光和水中吸收能量，然后转化为我们日常所需的动力。我们的五官、皮肤和意志每天都在与外界接触，接收大量信息。这些信息有的能转化为能量，帮助我们保持活力；有的则可能消耗我们的能量，甚至影响身体的正常运转。为了保护自己，身体会本能地做出反应，抵御那些可能造成伤害的信息。

O 环测试的工作原理是利用人体的感应传导系统，通过肌肉力量的变化来反映我们体内的能量状态。这个测试的"发明者"为大村惠昭博士，他在美国纽约心脏科研究所担任所长时，花了整整 15 年时间，与芝加哥大学的医学系学生一起进行临床研究，逐步使 O 环测试实现了标准化和系统化，最终将其命名为 Bi-Digital-O-Ring-Test，简称 ORT。1993 年 2 月，O 环测试获得了美国专利（权利字号 5188107），并在 22 个国家地区获得了专利认证。

O 环测试的魅力在于它的简单性。通过拉动手指，观察力量的强弱变化，就能测出你体内的能量状态。这其实是人体动力学[一]的一种应用。它可以帮助你判断是否生病、各个身体部位的健康状况、周围事物对你的影响是好是坏，甚至能告诉你某人或某件事对你是否有利。经过多年的研究，

[一] 人体动力学（kinesiology）是 1964 年美国按摩治疗师古德哈特所发明的一种诊断法，透过测试病者肌肉对外在刺激的反应，来评估身体能量的情况。

大村惠昭博士发现，手指肌肉是测试的最佳选择，因为它能清晰地反映出全身细胞的运作状态。

一般人的左手是接收能量的部位，用右手发送能量，所以用右手的手指做 O 环测试最为理想。

O 环测试具体操作步骤如下：

（1）首先，邀请一位朋友来帮忙，站在你的右侧，面对面，保持一臂的距离，确保你们四只脚尽量站在一条直线上。

（2）伸出你的右手，让它和心脏平行，掌心向前，拇指和中指紧紧捏成一个"O"环，记得全程保持用力。

（3）然后，让你的搭档右手中指朝下，轻轻插入你的"O"环中。

（4）在这个环节中，你需要用左手依次触摸自己身体的四个部位：颈部、胸部、胃部和小腹。与此同时，搭档开始尝试用力拉开你的"O"环，看看你能否坚持住。

（5）以颈部为基准，记作 10 分，然后记录每个部位被拉开"O"环所需的力量，进行对比打分，形成每个部位的分值结果。

（6）重复第 2~5 步，进行第二次测试，并将各部位的得分累加，获得最高分的部位即为你的天性区域。如表 4-6 所示，被测人的沟通风格趋向于考拉。

注：左利手的人选择相反方向，操作步骤同上。

表 4-6　O 环沟通风格测评结果对比说明

第一次	第二次	总分	用力部位	PDP	DISC
10	10	20	颈部	老虎	D
9	8	17	胸部	孔雀	I
11	12	23	胃部	考拉	S
8	9	17	小腹	猫头鹰	C

在此必须提醒大家，心理测评不是一成不变的公式，它们有时候就像天气预报，可能会存在偏差——即我们通常所说的信度和效度。

虽然了解这些测评工具，可以帮助管理者更全面地评估团队成员，从而制订更具针对性的沟通计划及做出相应激励措施，但**千万不能用心理测评给人贴标签**。每个人身上都有多种特质，只是有些特质更显眼，某方面的特质突出，并不意味着其他特质就不存在。所以，使用心理测评时，记得保持开放的心态，去发现每个人的独特之处。

拿悟空来说，他是个典型的老虎型角色，但偶尔也会露出孔雀型的一面。所以，项目管理者在识别干系人特质时，千万莫要陷入绝对主义的误区。

更重要的是，项目管理者也要主动反思自己的特质，努力调整沟通风格，试着成为变色龙型的人才。这样一来，你才能轻松应对各种干系人，真正做到化解矛盾、凝聚团队、增强互信。只有这样，才能让项目在健康的轨道上不断向前推进。

本节作业

1. 案例分析

小李被任命为某区域重点项目的项目经理。他很烦恼：该项目需要两个平台集成，总部派来两位在相关技术领域比较擅长的专家参与该项目的方案设计。在项目执行过程中，他发现在每次技术评审会上两位专家都会争吵，甚至当着客户的面，两位专家都会为某些技术细节产生争执并无法达成共识。小李向你抱怨说："总部来的这两位专家情商太低了，吵架根本就不分场合，集成方案到现在也没个结论，团队的风气也被带坏了，我是拿他们没招了！"

结合案例思考以下问题：

（1）项目团队当前处于哪个阶段，判断依据是什么？

（2）这个项目经理最大的问题是什么？

（3）如果你是项目经理，你将如何与两位项目专家进行沟通？

2. 听力测验：沟通中的障碍（答案见本章总结部分）

邀请一位伙伴进行以下沟通练习，看看你的信息理解能力如何。

甲读出以下一段文字，乙根据听到的这段信息作答，过程中双方尽量不做额外交流。

文字内容如下：

- 商店打烊时，
- 某商人刚关上店里的灯，
- 一男子来到店堂并索要钱款，
- 店主打开收银机，
- 收银机内的东西被倒了出来而那个男子逃走了，
- 一位警察很快接到报案。

测试你的听力——请针对以上故事判断以下描述是否正确，用T（正确）/F（错误）/U（不确定）来表示。

（1）店主将店堂内的灯关掉后，一男子到达。

（2）抢劫者是一男子。

（3）来的那个男子没有索要钱款。

（4）打开收银机的那个男子是店主。

（5）店主倒出收银机中的东西后逃离。

（6）故事中提到了收银机，但没说里面具体有多少钱。

（7）抢劫者向店主索要钱款。

（8）索要钱款的男子倒出收银机中的东西后，急忙离开。

（9）抢劫者打开了收银机。

（10）店堂灯关掉后，一个男子来了。

（11）抢劫者没有把钱随身带走。

（12）故事涉及三个人物：店主，一个索要钱款的男子，以及一个警察。

3. 沟通风格自测

寻找一位伙伴，尝试用 O 环测试法找到自己的沟通风格，并找到自己风格的优劣势，列出自己需要改进的部分，思考如何与其他三类风格的干系人更好地协作。

第四节　春风化雨，柔性消障碍

第九回　隔阂骤起

项目成员八戒非常不满意你纵容悟空不打考勤的特权，于是去挑拨沙僧，诱使他一同反抗你，当你知道他正进行这项举动时，你最好的做法是什么？（答案与解析见本章总结）

行动方案：

A. 静观其变

B. 叫八戒进来，询问有关挑拨之事

C. 把八戒与沙僧分别叫来谈

D. 约谈沙僧，询问有关八戒的挑拨之事

E. 约谈沙僧，说明八戒为你曾经赞美沙僧之事不满的经过

一、冲突为常，心中有底切莫慌张

项目本身具有临时性、不确定性等特点，因此，在项目管理中，冲突是特别常见的情景。项目经理就像在微权力结构下的超人，当手里的资源有限、面对各种干系人的影响时，问题自然就来了，冲突[①]也就随之而至。

从分类上来看，**冲突可以分为建设性冲突和破坏性冲突**。

（1）建设性冲突：**冲突双方对实现共同的目标都十分关心，彼此乐意了解对方的观点和意见**，大家以争论问题为中心，互相交换观点和意见的情况不断增加。

（2）破坏性冲突：**双方对赢得自己观点的胜利十分关心，不愿听取对方的观点和意见**，由问题的争论转为人身攻击，互相交换观点和意见的情况不断减少，以致完全停止。

在组织内部，适当的建设性冲突其实是有益的，能够激发团队的创造力和绩效，而破坏性冲突就像工作中的"毒瘤"，需要尽量避免。研究表明（见图 4-9），**冲突与绩效之间的关系呈现出一个倒 U 形曲线**。适度的冲突有助于提高组织绩效，而过低或过高的冲突水平则可能导致破坏性后果。

那么，项目中常见的冲突来源有哪些？这里有几个常见的"引爆点"：

（1）对进度计划的不同看法。

（2）对任务优先级的争论。

（3）资源的短缺与分配问题。

（4）对技术意见与执行情况的权衡。

（5）个人工作风格和个性差异。

（6）标准产品与个性化需求的冲突。

[①] 冲突指的是两个或两个以上的团队成员在目标、利益、认识等方面互不相容或互相排斥，从而产生心理或行为上的矛盾，导致抵触、争执或攻击事件。

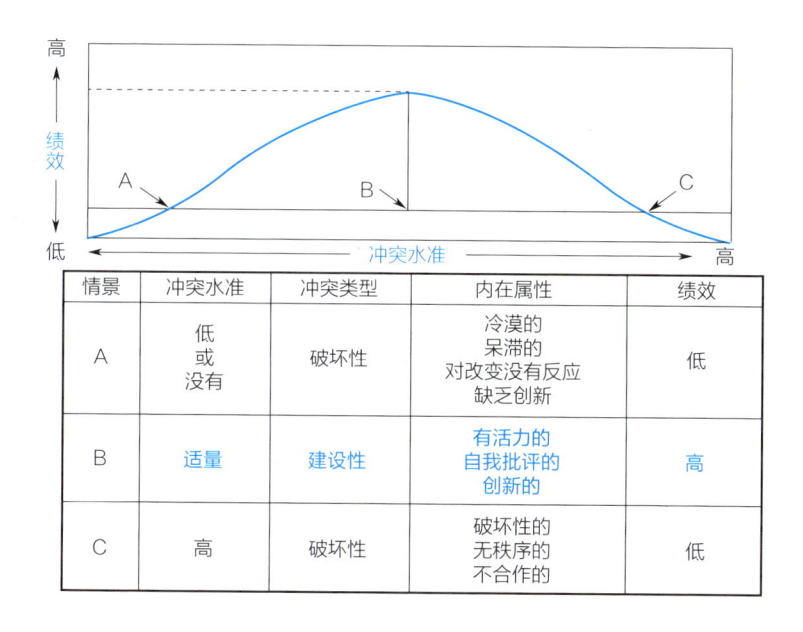

第四章 标杆打样——如何组织专人落实任务

情景	冲突水准	冲突类型	内在属性	绩效
A	低或没有	破坏性	冷漠的 呆滞的 对改变没有反应 缺乏创新	低
B	适量	建设性	有活力的 自我批评的 创新的	高
C	高	破坏性	破坏性的 无秩序的 不合作的	低

图 4-9 冲突与绩效的关系

从建设性冲突到破坏性冲突，项目的冲突之旅可分为六个阶段：轻微的意见分歧或误解、公开的质问或反击、武断的言语回击、威胁和最后通牒、挑衅性的人身攻击、损毁对方的公开努力。

作为一名管理者，你需要尽早介入，特别是在冲突的后期，不要让它升级。一旦冲突升级，改变彼此的态度可就难上加难了，因为伤害一旦造成，那些伤人的话和行为是无法收回的。

在管理冲突时，我们通常有两种策略：专注于任务和专注于关系（见图4-10）。如果你过于关注任务，你可能就会变成一个"任务狂"，这可会阻碍团队的发展。缺少人情味的环境会伤害团队成员的创造力和奉献精神，

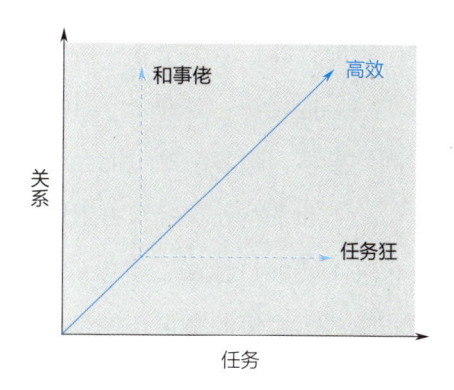

图 4-10 冲突管理的两种典型方式

223

久而久之，大家会感到厌倦和沮丧，甚至想要"逃离"这个沉闷的氛围。

而如果你过于关注关系，那你可能就会变成"和事佬"。虽然团队成员之间的相互依存度和忠诚度会很高，但成绩却可能会寥寥无几。优秀的项目管理者既关注任务的推进，又关心团队成员的感受。这就是我们在第二章提到的"抬头看人，低头做事"。所以，冲突管理的艺术在于找到那个完美的平衡点。

在项目管理中，冲突并非洪水猛兽，而是一个可以用来增强团队关系、提升工作效率的"秘密武器"。就像我们常说的"不打不相识"，只有在争执中，大家才能真正了解彼此的底牌。作为项目经理，你的任务便是抓住这些冲突的瞬间，引导团队反思，深入探讨如何将这些摩擦转化为解决问题的契机，达成共识。

解决冲突有很多种方法，下面就来看看八种实用的"妙招"。

（1）职权法：当冲突发生时，项目经理可以运用自己的职权来裁决或协商。就像是游戏中的"裁判"，一声哨响，问题迎刃而解。

（2）隔离法：当部门间需要合作时，别急着直接找对方，先向自己的上级汇报，让他们去协调。这样一来，双方都能在"安全距离"内处理问题，脱离接触就可以避免擦枪走火。

（3）缓冲法：在容易冲突的部门之间设置一些"缓冲物"，让各自控制一定的资源，减少争夺，避免"火药桶"爆炸。

（4）拖延法：如果冲突不算太严重，可以选择使用"拖字诀"。随着时间的推移，很多问题可能会自然而然地消失。

（5）和平共处法：双方求同存异，学会接受对方的观点。

（6）转移目标法：引导员工将注意力转移到共同的兴趣点上，让他们忘记那些不愉快的事情，像是用遥控器给他们换了个"新频道"。

（7）沟通教育法：管理者可以帮助员工认清现实，引导他们用正确的视角看待问题，像是给他们上了一堂"冲突处理课"。

（8）托马斯冲突处理模型：通过对他人立场的配合程度和自己立场的坚持程度，形成五种策略，帮助团队找到最佳的合作方式，如图 4-11 所示。

图 4-11 托马斯冲突处理模型

1）撤退/回避策略：就像你在一场激烈的争辩中，突然决定"我先认输"，这就是撤退策略。当冲突升级时，有时候回避问题，等到你准备好的时候再出击，或者把问题交给其他人处理，反而能让事情变得更简单。

2）强迫/命令策略：就像是你在游戏中突然憋大招，强行让他人接受自己的观点。虽然这种方法能迅速解决紧急问题，但往往**以牺牲他人为代价**，结果就是"你赢我输"的局面。强权可不是解决问题的长久之计，需要慎用。

3）缓和/包容策略：有时你需要**做出让步**，强调大家的共同点，而不是分歧。这样可以维护和谐的关系，考虑到他人的需求，大家才能一起开心地玩耍。

4）合作/解决问题策略：综合不同的观点，采用合作的态度，通过开放的对话，大家一起找到共识，**达成双赢**的局面。

5）妥协策略：为了暂时解决冲突，我们需要找一个大家都能接受的折中方案。不过，妥协有时也会导致"双输"的局面，所以要谨慎使用。

以上这五种策略，强迫/命令、缓和/包容策略都是一赢一输策略，撤退/

回避是双输策略，妥协策略介于输赢之间，只有合作/解决问题才是双赢策略。

在冲突管理中，我们的立场和关注点是可以变化的。随着项目的推进，项目经理需要不断分析、调动和转化各种阻力与推力，从被动应对转向主动出击。灵活运用这五种策略，最终你会发现，达成项目目标并不是一件难事。

二、治乱有方，障碍消除 36 计

在项目的早期阶段，对团队建设的注意非常关键，但它不是一劳永逸的，而是一个永无止境的过程。项目经理要不断地监控团队的表现，以发现需要何种修正行动来避免或解决各种团队问题。

定期召开会议是绝对必不可少的，项目经理可以设置一些有价值的主题，比如："作为一个团队我们在什么方面做得较好？""什么方面需要引起团队的注意？"这样的互动不仅能让团队成员共同评估项目的整体进展，还能有效解决团队内部的职能问题。

当然，团队在合作过程中难免会遇到一些障碍。这里列出一些常见的团队障碍及解决方法（36 计），如表 4-7 所示，供你参考，希望能够帮助你引导团队顺利走向和谐共处的彼岸。

表 4-7　有效项目团队的障碍及解决办法

主要障碍	解决办法
团队成员之间有不同的见解、不同的优先考虑事项、不同的兴趣	1. 在项目的早期就尽力发现这些差异 2. 充分说明和解释项目的范围，以及如果顺利完成项目可能带来的奖赏 3. 宣传"团队"概念并解释职责，设法使个人兴趣与整个项目的目标相一致
角色冲突	4. 在项目前期，询问团队成员他们认为自己最适合从事项目的哪项工作 5. 确定如何才能把整个项目分解为最恰当的子系统和子任务（如工作分解结构） 6. 分配或协商任务 7. 举行常规状态评议会议，以便让团队了解进展情况 8. 充分解释在项目生命周期中未曾预料的任务冲突

（续）

主要障碍	解决办法
项目目标或结果不明确	9. 确保各团体理解总体的和跨组织的项目目标 10. 与高层管理者和客户进行明确而频繁的交流，召开状态评议会议来听取反馈，以便于目标的渐进明确 11. 起一个适宜的团队名称从而强化项目目标
项目环境不断变化	12. 尽量稳定外部影响：主要项目成员必须拟订有关主要项目方向的协议并且把这个方向灌输给整个团队 13. 让高层管理者和客户了解无根据的变化带来的不利后果 14. 预测项目发展所处环境的变化，制订应急计划
团队领导层的竞争	15. 高层管理者必须帮助建立项目经理的领导职责 16. 项目经理需要具备团队成员期望的领导能力 17. 明确的任务和职责定义，通常使团队领导层的竞争力降至最低水平
缺乏团队定义和结构	18. 项目领导需要把团队概念同时灌输给高层管理者和他的团队成员 19. 定期举行团队会议，明确界定任务、职能和责任 20. 将团队运转的必要信息清楚、明白地记录于纸质媒介上 21. 将我方的高层管理者和客户方相关角色纳入团队范畴，有助于团队的完整和统一
项目人员的选择有问题	22. 试图与可能成为团队成员的人协商项目的任务分配 23. 明确地与可能成为团队成员的人讨论项目的重要性和他们在团队中的任务，以及完成任务可能带来的奖赏和项目管理总的"一般准则" 24. 如果团队成员对项目还不感兴趣，那么应该考虑换人
项目领导者的信誉有问题	25. 提升管理和技术专业知识，建立合格的项目领导者形象 26. 改善与其他支持团队的重要领导的关系
团队成员缺乏责任心	27. 尽早认识到缺乏安全感是缺乏责任心的主要原因，需要设法搞清为什么团队成员缺乏安全感，然后努力减少团队成员的担心 28. 和其他团队成员的冲突可能是导致缺乏责任心的另一个重要原因，项目经理尽快干预和调节这些冲突是很重要的 29. 如果一个团队成员的专业兴趣在其他领域，项目领导者应分析满足该项目成员兴趣的方法或考虑换人
沟通有问题	30. 项目领导者应该投入足够的时间与个别的团队成员就其需要和关心的事进行交流 31. 提供一种适时、恰当的媒介形式（如一对一便签）来鼓励个别团队成员之间的交流 32. 强化沟通的方式：状态通报会、进度检查、汇报系统和协同定位 33. 项目负责人应该与客户和高层管理者建立定期而全面的联系，重点应放在就关键问题和书面协议的书面或口头联系上
缺乏高层管理者的支持	34. 争取高层管理者的支持，有助于妥善处理内部组织之间的资源竞争 35. 将高层管理者对其项目持续的兴趣和承诺，做成项目定期检查的必备条目 36. 项目负责人需要在项目开始时就告诉高层管理者需要何种资源，高层管理者要为项目的有效运行提供适宜的环境

三、案例阅读：守正出奇，甩项引发的攻防战

项目障碍重重，**变更引发的冲突更是重中之重**，我们一起看一个由甩项[一]变更引发的攻防战案例。

故事发生在 2019 年年初，总部位于中部某省的 A 公司中标了某省省会 T 市的商品房项目。该项目规划三期，一期 8 栋楼，每栋地下 2 层，地上 18~22 层不等。建设单位是当地龙头开发商 M 地产公司，该公司在 T 市拥有多个明星楼盘，口碑一直不错。

（一）临危受命，暗流涌动

签订完合同与补充协议后，A 公司随后任命了项目经理和项目班子。驻场不足一月，项目经理和商务经理因个人原因先后辞职，无奈之下 A 公司只能另寻他人。

此时，总工出身的高某进入公司管理层的视野：30 多岁，年富力强，踏实稳重，技术水平过硬，正好利用项目历练一番。经过内部研究，A 公司任命高某为项目经理。接到任命后，高某同时又带了之前班子的骨干——商务经理小钱入场，项目班子很快搭建完成。

在土建阶段，工程按计划如期开展，凭借以往的经验，工程中的很多技术难题都被高某顺利化解，项目看上去一帆风顺。眼看项目的**主体结构**已经过半，工程量确认也按部就班地开展，高某紧绷的神经逐渐放松下来。这天上午，高某视察完项目现场后，回到项目部办公室，心情愉快，忍不住打开手机准备"刷"一会视频。突然，门外传来一阵急促的敲门声。

高某站起身打开门，迎面站着一脸委屈的商务经理小钱。高某忍不住皱了一下眉："出什么事了，怎么哭丧个脸？"小钱也不客气，把门一摔，

[一] 甩项是指在工程领域中，由于某些特殊原因，部分工程未能按计划完成，被暂时甩下，而整个工程则先行验收并交付使用的情况。

一屁股坐在凳子上："高总，这个项目现在干不下去了！"

"哦？"高某心中一惊，连忙给小钱递上一瓶矿泉水，"别着急，慢慢说。"

小钱于是把补充协议的来龙去脉说了一遍："最近一段时间，由于材料、人工价格飙升，按照当初的补充协议，建设单位全部的门窗、封闭阳台、栏杆、外墙饰面材料、外墙保温材料的认价已经低于市场价，同时建设单位又只认材料费，不认人工费，咱们基本没有利润可言。项目部已经拖欠了一个月的劳务工资，今天早上我去找建设方的工程负责人张总确认劳务工资发放时间，他们说现在资金支付存在困难，想再拖欠咱们一个月的工程款。项目前期已经垫资了6000多万元，不能再垫付了。这不，我急忙来找你商量了。"

"补充协议？"高某抓了一下头皮，"我当时还真没有太在意这个，以为你审过就没有问题了。"

"我是请法务部一起会审了合同。"小钱一脸无辜，"但是建设方把补充协议作为附件放到了合同最后的补充说明里，我就没有太关注。而且前面的项目交接也没有专门提到，直到最近才发现这个问题。"

事到如今，追究责任已经没有意义。还是要尽快商量应对措施。高某闭目想了一会儿："我们已经垫资这么多了，还想让我们赔钱干。既然如此，那我们就提出来把这些分项工程甩项，让他们自己干！"

（二）筹谋帷幄，步步为营

确定甩项方案后，高某又连夜和小钱及其他项目班子成员开会，商讨具体的变更方案。最后，项目部决定向建设单位提出这些部分的工程甩项，但建设单位需给予甩项经济补偿，补偿方案由两部分构成：

第一部分是按双方在合同中约定的认质认价工程3%的配合费，第二部分是取甩项工程总造价的12%的经济补偿。最终索赔的经济补偿金额为甩项工程的15%。

赔钱的部分按甩项拿走以减少损失，又能通过合同与协议约定，向建设单位索赔，来增加一部分经济补偿，两部分相加后测算，应该可以实现扭亏为盈，高某对这番谋划信心满满。

（三）闭门谢客，裹足不前

两天后，高某来到建设方项目负责人张总的办公室，当高某提出甩项附加要求后，张总眉头紧锁，一脸凝重："高总啊，认价标准以甲方为主，白纸黑字写在合同上的，你这个甩项补偿的要求，我们不能认可，也没有什么可商量的！"

眼看吃了一个闭门羹，直接谈这条路可能走不通了。

高某陪着笑容站起身，走出张总的办公室。一边走，一边思考着如何从张总周围的人员进行突破……

接下来的两周里，高某明显比平日里忙碌了许多：

一方面安排商务经理和生产经理，着手收集市面上的物价、劳务价格资料和建设单位的各项会议资料等，形成索赔文档以备后用。另一方面，他一天到晚往医院跑，说去探望一位"重要的"的病人，"神龙见首不见尾"。通过这种"明修栈道，暗度陈仓"的方式，事情终于有了转机。一周后，高某接到了张总的电话："高总，你方便的时候来我办公室一趟吧，咱们谈谈补偿费的方案。"高某连忙带上商务经理小钱，飞奔到张总的办公室。

（四）曙光初现，再接再厉

看到二人到来，张总也一改之前冰冷的态度，亲自递上两杯热茶："高总，这个补偿费，也不是不可以谈，但实话实说，变动的金额太大，我不好向公司交代。要想让公司同意，还要过审计这一关，你们必须要用事实说话，拿出证据来。"

"是的，您说得对，张总，那您看下一步怎么办，我们已经在准备材料了。"高某应声附和。

"那你等几天，我今天就和公司上报，后面的事情我也说不上话了，你知道还有商务部、法务部、审计部等部门也会参与进来，后面就看你们的本事了。"张总意味深长地说道。

隔天下午，小钱果真接到了建设方商务部的电话，要求施工单位项目部派人提交变更资料。小钱拿上前期准备的资料，兴冲冲地赶到现场，递交了变更材料。对方看完后，又原封递回给小钱："你这个材料不符合我们公司的财务和审计要求，需要按我们的标准重新做！"

（五）风波再起，坚守底线

小钱按照建设单位预算部的要求重新编写了资料，并重新递交，但每次总以各种理由被退回，反复修改了两三次都不行。小钱只能找到高某汇报："看来建设单位是故意拖咱们啊，这反反复复修改了好几遍，都是各种不行，这样下去怎么改估计也通不过！"

看到垂头丧气的小钱，高某已经猜到了几分。他拍拍小钱的肩膀说："别灰心，凡事都有办法，此路不通再走别路。"

两周后，建设方收到了 A 公司的停工通知函，要求 M 地产公司两周内必须确定甩项工程的处理方案，同意支付 15% 补偿金，否则 A 公司项目部将暂停施工，并且停工期间的损失由 M 地产公司承担。M 公司的法务部门收到通知函后，马上转给了**负责该项目的公司副总经理郭总**。郭总了解情况后，安排人打电话通知项目负责人张总、商务部门负责人以及高某一起会商。

高某同时也请了公司总经理刘总一起参会。会上，高某将变更资料对应的设计图、建设单位认价资料、市场询价材料等一并附上，条理清晰、逻辑严密的推理过程，让建设方的相关人员无法辩驳。不过姜还是老的辣，郭总表面上依然不动声色，听完唇枪舌剑的辩论后，已经有了判断。他微微点点头："刘总啊，你们公司的确也不容易，但 15% 的索赔显然要求太高，这么多资金，对于我们而言也是非常大的一笔支出。从契约上来说，如果你们暂停施工，一定是两败俱伤。我的意思是，咱们各让一步，后续还要一起合作，你们说对吧？"

刘总心领神会，点头微笑道："郭总说得对，我们的小高比较年轻，很多事情做得有点太过着急，考虑得也不周全。既然您还是希望能继续合作，我们也回去再商量一下，一定拿出个折中的方案，保证双方都不吃亏。"

（六）柳暗花明，握手言和

最终，在高某的坚持和运作下，建设单位同意以配合费及总包服务费的名义多计取 4% 的经济补偿，也就是**共计 7% 的经济补偿，并签订了书面文件。甩项引发的补偿风波终于顺利解决**，高某也受到了公司总经理的点名表扬，项目又进入了热火朝天的建设中。

但项目后期是否会一帆风顺？建设单位会不会再度发难？只有时间会给出答案。

案例讲到最后，**请你思考一个问题**：假如你是施工方的项目经理，面对日益专业和严格的甲方，如何更好地应对项目中出现的各类冲突呢？

本节作业

在以下两个场景中，当事人应该采取哪种策略？备选策略为：撤退/回避策略、强迫/命令策略、缓和/包容策略、妥协策略、合作/解决问题策略。（答案见本章总结。）

如果是你，你会如何做？

（1）两个团队成员关于项目中的优先级发生争执。一个人认为你在开始任何工作之前应该先把所有的工作写下来，另一个人则认为你可以边工作边完成文档。你与他们坐下来，倾听他们的意见，然后决定应当首先把大部分工作写下来，在文档完成 80% 的时候开始工作。

你采取的是哪种冲突解决策略？

（2）你在管理一个软件上线项目，两个开发人员来找你，因为他们对下一步完成哪个特性功能意见不一致。你听取了第一个程序员的意见，因为他比较有经验，做的产品的质量一直不错，同时没有仔细考虑第二个程序员的意见和其他信息，便决定采纳他的意见。

你采取的是哪种冲突解决策略？

本章总结

（1）利用情境领导风格对不同状态的员工进行任务分配，根据责任分配规则保证人人有事干，事事有人干。

（2）知其然，知其所以然，任务承接多问是什么、为什么、怎么做。

（3）了解团队发展阶段，加强项目团队建设，尽快度过激荡期，产出项目绩效。

（4）理解团队角色与贡献，保证人尽其责，让团队绩效最大化。

（5）理解同理心回应，建立信任沟通。

（6）掌握沟通风格特质，管理不同风格的项目成员。

（7）善于利用冲突并促进团队融合，掌握冲突处理策略。

（8）不要忘记干系人，对不同影响力的干系人进行针对性管理，你需要一份干系人登记册（参考第二章内容）。

附：本章各节作业参考答案

1. 第一节人员状态诊断案例答案

（1）案例 1 中老王属于 R3（有能力，没意愿，没信心）。

（2）案例 2 中小张属于 R1（没能力，没意愿，没信心）。

（3）案例3中小李属于R2（没能力，有意愿，有信心）。

（4）案例4中小赵属于R4（有能力，有意愿，有信心）。

2．第一节管理场景诊断答案

选项［C］，因为只有C提供了行动方法，ABDE均没有解决问题。

这个成员觉得任务完成有难度，说明在能力方面可能存在欠缺，作为领导要帮助员工提升能力、解决问题。比如，客户经理若提到某项指标标准严格，我们通常的做法，除了向其解释制定依据，还会讲明下一步的工作思路和方法，对其行为进行指导，帮助其完成指标。

3．第二节第八回答案

选项［D］，强调是能力与技巧方面出现了问题，需要指导员工改进提升。

A和D两个选项都能弥补能力上的不足，但哪个效果会更快呢？在项目正在进行时，A显然不是最好的办法。

可能会有较多的人选择E，读者可能对头脑风暴应用的场景不是很清楚，头脑风暴使用的是发散性思维，水平思考获取更多方法去创新。在该案例中，已经很明确大家是在能力和技巧上存在问题，而头脑风暴是无法解决这一问题的。

4．第二节作业答案

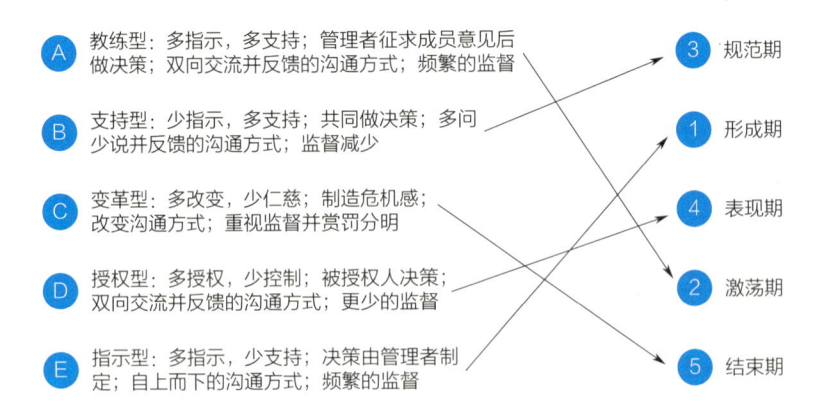

A 教练型：多指示，多支持；管理者征求成员意见后做决策；双向交流并反馈的沟通方式；频繁的监督 —— 3 规范期

B 支持型：少指示，多支持；共同做决策；多问少说并反馈的沟通方式；监督减少 —— 1 形成期

C 变革型：多改变，少仁慈；制造危机感；改变沟通方式；重视监督并赏罚分明 —— 4 表现期

D 授权型：多授权，少控制；被授权人决策；双向交流并反馈的沟通方式；更少的监督 —— 2 激荡期

E 指示型：多指示，少支持；决策由管理者制定；自上而下的沟通方式；频繁的监督 —— 5 结束期

5. 第三节听力测验答案

（1）店主将店堂内的灯关掉后，一男子到达。　　U（商人不等于店主）

（2）抢劫者是一男子。　　　　　　　　U（索要钱款者不一定是抢劫者）

（3）来的那个男子没有索要钱款。　　　　　　　　　　　　　　　F

（4）打开收银机的那个男子是店主。　　　　U（店主不一定是男的）

（5）店主倒出收银机中的东西后逃离。　　　　　　　　　　　　　U

（6）故事中提到了收银机，但没说里面具体有多少钱。　　　　　　T

（7）抢劫者向店主索要钱款。　　　　　　　　　　　　　　　　　U

（8）索要钱款的男子倒出收银机中的东西后，急忙离开。　　　　　U

（9）抢劫者打开了收银机。　　　　　　　　　　　　　　　　　　F

（10）店堂灯关掉后，一个男子来了。　　　　　　　　　　　　　T

（11）抢劫者没有把钱随身带走。　　　　　　　　　　　　　　　U

（12）故事涉及三个人物：店主，一个索要钱款的男子，

　　　以及一个警察。　　　　　　　　　　　　　　　　　　　U

6. 第四节第九回答案

答案［A］。ABCDE 的选择其实分为两种情况：一类是置之不理，静观其变；另一类是身陷其中，采取不同的方式去调查，大家觉得哪种方式更好呢？

［A］对于八戒的挑拨，沙僧未必相信，所以最好的做法是，不采取任何行动，静观其变。BCDE 显然都不合适，不能过早陷入这件事。

7. 第四节作业答案

场景一采取的是妥协策略，各退一步；场景二采取的是强迫/命令策略，只听其中一个人的，比较武断。

第五章
监控节点 过程激励

如何强化过程监督

第十回　阴沟翻船

你安排悟空负责开发一款全新的实时翻译软件，以便在旅行时轻松地和当地的施主们沟通。悟空之前开发过动物语言翻译系统，这对于他来说简直是小菜一碟，他接到任务后，什么疑问都没有，转身就离开了。

一周后，项目组抵达某国的海关。你兴致勃勃地让悟空拿出翻译工具，准备与海关人员交流。结果，悟空一拍大腿，满脸懊恼地说："哎呀，师父，我这几天只顾着玩游戏了，这个翻译工具还没做完呢！"

无奈之下，你只好亲自上阵……

第一节　管理技巧一点通

正如上面的故事那样，我们会发现项目有时就像一只脱缰的野马，进展不顺利，结果也常常取决于团队成员的心情。造成这种现象的罪魁祸首，往往是**缺少了必要的监督和辅导**。想要让项目稳稳当当地向前推进，我们需要在项目实施过程中，更加重视监控环节，及时发现并解决潜在的障碍。

在监控环节，你需要有监控计划，**按计划监督事件、监督进程、监督里程碑**，同时还要针对**人员的状态和能力**，给予相应的管理动作。

假设你的项目已经取得了一些阶段性的成果，作为项目负责人，你该如何向团队反馈呢？

（1）好事分开享受和集中告知。例如，项目进度顺利，老板准备给大家发红包，项目验收后，大家还可以享受假期。你是选择让大家分开享受这些好消息，还是集中告诉他们？

（2）坏事分开忍受和集中告知。例如，项目进度滞后，客户威胁要投诉，项目成本超支，可能大家都要失去奖金。你是选择一个个告诉大家，还是一次性把坏消息抛出来？

（3）好事早说和晚说。项目中的好消息是提前几个月就告诉大家，让他们期待，还是等到事情临近时再告知？

（4）小奖奖励和不奖励。是给项目成员发一张价值200元的购物卡、一箱水果，还是选择用表扬和赞赏等精神激励来奖励他们？

（5）涨工资和发奖金。如果项目成员表现出色，项目结束时，你是申请给他们涨工资，还是补发一笔项目奖金？

（6）好事让员工选和替员工做主。为了表彰某位员工的突出贡献，你是让他选择一次出国游，还是用项目经费为他买一部手机？这个决定是交给他，还是你来替他做主？

（7）评优标准公开和不公开。公司评选优秀项目员工时，是把评优标准公开给大家，还是保持神秘感不公布？

相信大家结合自己的经验，心中都有答案。接下来，我们将从管理学和心理学的角度，逐一揭晓这些选择背后的原理。

（1）**好事要分开享受，坏事一次性告知。**心理学中有个词汇叫作"损失厌恶效应"，指的是人们对损失的反应比对收益的反应要强烈得多。假如你同时获得了100元和失去了100元，你会发现，失去的那100元让你心如刀割，而获得的100元收益却没那么让人兴奋。

当我们谈到好事时，研究表明，**收益的兴奋感会随着好事数量的增加而减弱**。所以，给人带来好消息的时候，分开来讲就显得尤为重要。这样可以让兴奋感持续存在。

而随着坏事的增加，给人带来的负面情绪不断增加，让人感觉损失特别大。所以如果你把坏事分开说，听的人就像被钝刀子割肉般痛苦。因此，坏消息一定要集中告知。

（2）**好事要早说**。这背后便是心理学上的延迟满足原理。研究表明，延迟满足是工作激励的一个维度，**具有较强延迟满足倾向的人，其工作绩效更加突出**。好事兑现的时间越长，对员工的激励效果越好。

想象一下，在公司年初的业务动员会上，领导满怀激情地宣布：如果大家今年业绩做得好，咱们年终的庆功团建，会去海南三亚或者东南亚国家。你听完这个消息是不是充满了强烈的期待，干劲儿十足？相反，假如在年底的总结大会上，老板直接宣布由于你业绩表现出色，明天给你放假一周可以带薪出去旅游七天。七天过后，你的兴奋感还在吗？显然这种期待感会直线下降，激励的效果也不如提前半年告知来得持久。

（3）**小奖最好不奖励**。因为那些小小的奖励，根本无法激发员工的热情。与其给员工发一张200元的购物卡，不如给他们更大的精神激励，有时候，精神上的鼓励比那些物质奖励来得更有效。

很多公司都明白这一点。比如，华为的"蓝血十杰"奖，专门用来表彰那些为公司管理体系建设做出巨大贡献的英雄们；"明日之星"奖则让每位员工都有机会成为公司的超级明星，而"天道酬勤"奖则是对那些在艰苦地区辛勤工作的员工致以的关怀。这些荣誉不仅仅是一纸证书，更是华为激励员工不断进步、勇于挑战的具体体现。

从这个角度看，给表现优秀的员工发个小礼物，不如**建立一个荣誉体系**，让他们感受到尊重和成就感。这种内在的动力，能让员工在未来的工作中持续表现出色。综合来看，非物质奖励的效果更持久，且没有副作用。因此，项目管理者不妨养成物质与精神激励并重的管理习惯，**善用非物质奖励的方式**，让团队在轻松愉快的氛围中共同成长。

（4）项目绩效好肯定是发奖金。工资具有刚性，一旦给员工涨薪，基本不能再降薪。一旦降薪士气就会备受打击，项目团队就散了。因此，**项目奖励最好是及时到位，奖金就是对你辛勤付出的直接回应**，项目管理者可以通过发奖金来给团队加油打气。

涨工资与什么条件有关？从管理角度而言，**工资与能力有关，企业为员工的能力、素质发薪，为工作成果、绩效、经营业绩付奖金**，这是两码事，不能混为一谈。除非你可以证明具备做某项挑战性工作的能力，或者你所在的岗位具有稀缺性，企业才会为你涨薪，否则，企业更愿意用短期的奖金来进行激励。

（5）**如果给员工两个以上的奖励选项，必须替员工做主**。这背后涉及经济学中的"机会成本"概念：假如让员工自己决策，当员工选择了价值8000元的马尔代夫七日游，心里却想着自己放弃了5000元的手机，结果就可能觉得这次旅行实则是亏了5000元，反之亦然。

从心理学和财务的角度来看，机会成本也是一种沉没成本，付出并不会带来额外的收益，所以让员工选择会令其更难受，还不如替他选择，免去不必要的纠结和失落。

（6）**评优标准尽量不公开**。心理学调查发现，个体的自我认知容易出现偏差：询问外貌普通的被试对自身的外表打几分，结果显示80%~90%的人都会认为自己的外貌属于中等偏上水平，这种对自己评估较高的现象是大脑的一种伪装机制，对自己的评价高于平均水平的认知，其实就是一种误判。

说到评优标准，这本身就是个非常"主观"的话题。无论是哪个行业，评优标准中总会夹杂一些个人色彩，这就像给某些员工的表现加了一层"滤镜"。因此，如果直接公布这些标准，很多员工会觉得自己完全符合条件。一旦没被选上，心里就会冒出疑问："我明明符合标准，怎么就没我？"甚至他们会怀疑背后存在暗箱操作，评优就带来了很多负向的情绪。

组织者无法解释清楚，所以干脆不公开，组织内评议出优秀人员后再按照绩优者制定画像，可以免去一些不必要的麻烦。

第二节　百密一疏，监控事莫忘接口

在日常工作中，如果你只是有计划却没有监控，项目风险就会像地鼠一样，毫无征兆地乱窜。虽然不做监控听起来省事、省心、省力，但这其实是把自己推向了"和老天掰手腕"的边缘。如果你的团队成员既没有高意愿又没有高能力，而你又不去监控，那你就只能在心里默默祈祷，结果怎么样全看天意了。

那么，什么时候可以考虑减少监控或完全不监控呢？答案是，**当你的员工处于 R4 状态**，具备了完全自主开展工作的能力和条件时，管理者才可以放心放手。但如果不这样做，你很可能就会陷入我们开篇提到的糟糕境地。

在管理风格上，你可以选择民主型或授权的方式，但在项目中，务必要保持对项目成果负责的态度。提前和任务执行人明确任务验收的时间、标准以及注意事项是至关重要的。

一、接口多发风险，提前预见保进展

对项目计划和执行进行监控的计划就是监控计划。计划制定的核心要素包括**谁、在什么时间、做什么事、衡量标准是怎样的。**

如何制订项目监控计划呢？首先，**明确你的监控目的**，就像给航海图标明方向标。接下来，提炼出一些关键的**监控点**。最后，针对这些监控点，制定相应的监控策略。

监控的目的可以从两个方面来理解：一个是追踪项目的**进展情况**，另一个则是发现并纠正**偏差**。

角度一：
- 我要知道事情进展如何
- 我要知道是否靠近预定目标和方向
- 我要知道有效性如何，是否在忙有效的事

角度二：
- 偏差
- 偏差原因

监控点是监控计划中最核心的部分之一，在监控的时候，你需要思考，哪些点是你要注意的，哪些点是自己在项目监控当中经常忽略的，逐一列出这些要素，如表 5-1 所示。

表 5-1　监控点示例

问题	偏差	偏差的原因
进展如何	里程碑监控 主要事件监控	××××
是否靠近预定目标	阶段成果监控	××××
是否在忙有效的事	关键要素监控	××××
人的能力及意愿情况	项目成员的投入度 职责分工及协同进展	××××

为什么会出现偏差呢？这可能是因为里程碑监控没有到位，或者主要事件的监控被忽视了。除了对这些"事件"和"接口"的监控，我们还需要关注团队成员的能力和意愿，经验显示，项目的成功不仅仅依赖于计划，还得看团队的投入和协同合作。

如表 5-2 所示，制订一个具体的监控计划是至关重要的。这个计划不仅要明确重要的**监控项**和**监控点**，还要详细列出**监控的时点**、如何获取**监控数据**以及**监控标准**等。监控计划就像给你的项目安装了一个"360度高清摄像头"，让你在每一个关键时刻都能一目了然，确保项目状态始终尽在掌控。

表 5-2　项目监控内容示例

监控项	具体项	监控什么	时点	如何监控
里程碑监控	里程碑1 里程碑2 里程碑3	里程碑交付物	里程碑时点	现场查看
主要事件监控	行动1 行动2 行动3	计划内的事件	按周、半月、月	电话汇报、邮件汇报
阶段成果监控	行动1 行动2 行动3	总成果目标按时间分解，如软件模块、硬件集成等	按周、半月、月	业务系统数据抽查
关键要素监控	CSF1 CSF2	成败关键要素	按周、半月、月	面谈汇报、风险清单检查
项目成员的投入度	任务分工 工作状态	绩效产出 团队士气	按周、半月、月	面谈汇报、绩效系统数据

凡是有接口的地方，必然需要监控。

这些接口不仅包括事件之间的逻辑顺序和依赖关系，还涵盖了团队成员之间的协作衔接点。作为项目经理，你不能掉以轻心，记得时常整理风险登记册，紧盯关键路径，关注那些可能潜伏的风险事件或条件。

曾经，我负责一个为期一周的企业战略动员会，地点选在了北京郊区的一家高端酒店。虽然我们在前期做了万全的准备，但在项目进行得如火如荼时，意外突然来敲门——附近的施工队不小心把电线碰断了，酒店瞬间陷入一片漆黑。酒店没有备用发电机，一片漆黑之下活动只能暂停。

虽然我们事先检查了所有可能的风险项，但偏偏把与外部接口的注意事项给漏掉了，这可真是"百密一疏"！这次教训告诉我们，项目管理不能只盯着内部，还得把外部因素纳入视野，才能避免意外的"至暗时刻"。

有了这次教训，每当负责项目时，我都会将监控重点放到接口上。同时，为了让我的团队成员也能养成自我监控的好习惯，我总喜欢在关键时刻抛出一个问题："如果你是用户，你希望这个功能/成果是怎样的？项目该如何运作才能让你满意？"这种逆向思维不仅能激发团队的创造力，还能有效地提前识别和规避潜在风险。

我家厨房曾做过一个临时改造项目，抽油烟机的烟管要沿着墙面延伸到 3 米外的窗户，再和排风口连通。这个项目看上去很简单，只需要用 2 米多长的 PVC 硬管和烟机的软管做搭接即可。木工师傅确认了基本的管线方向和尺寸后就开干了。

等到烟管布设好之后，看到 3 米多长的管道在墙上不甚美观，我紧跟着问木工："你准备怎么包装我的烟管？"师傅不假思索地说："我给你用石膏板封装好就行，非常好看。"乍一听好像没有什么问题，但我马上意识到了问题所在：软管和硬管存在接口，一旦软管坏了，需要更换，那就意味着石膏板需要全部打碎重做。

木工师傅的想法是追求低成本和快进度，而我作为业主，首先想要的是高质量。于是，我果断否定了他这个方案，对方马上又将方案改为木板整体包裹，此时我追问了他一个问题："假如软管坏了，需要更换，你是换软管的师傅，怎么样才能简单、快捷地完成换管工作？"

这句话提醒了木工师傅，他又考虑在软管接口的地方打出一块空间，保证接口下方的木板可以拆卸，为后续的换管留出余地。事实证明，这个决策非常具有前瞻性：工程结束不到一个月，软管接口处就由于粘贴不牢而断裂。当我打电话叫来木工师傅修复时，他终于理解了我当初坚持留出缓冲空间的良苦用心。

监控接口，可以站在最终用户视角并**逆向思考潜在的问题**：如果某个意外状况发生，我们该如何迅速展开修复、替换或改进的

> 工作?
>
> 这种以终为始的思考模式，可以帮助项目组建立自上而下的项目管理思维。在项目执行时，也可避免单一视角带来的思维盲区。这个过程需要项目团队的积极参与和团结一致，大家齐心协力才能让项目顺利推进。如时间允许，尽量提前至风险识别阶段开展，可以起到事半功倍的效果。

二、所见即所得，可视化管理是个宝

在谈到进度监控工具时，很多人脑海中第一时间浮现的，往往是那些炫酷的可视化大屏幕，然而千万别被这种"只要把实施进程公开化，就能实现可视化"的表象所迷惑。很多企业习惯于设置电子大屏，仿佛只要有了那些闪闪发光的数字仪表盘，项目进展就会顺风顺水，万事大吉。实际上，真正的项目管理可不是这么简单的"看图说话"！

可视化的本质在于：它是**由可交付成果转化为给客户带来的变化和创造的价值**。可视化的背后，藏着更多的细节和策略，需要我们深入挖掘客户需求，理解每一个数据背后的业务价值，梳理项目的关键指标体系，只有基于关键指标体系的跟踪、监控，才是真正的可视化。

如果你的项目经费紧张，买不起炫酷的电子大屏，难道就不能搞可视化管理了吗？当然不是！作为一名项目经理，我们需要详细分析各干系人对项目的期待和重要性，从而把需求进行排序，最终形成一个**需求追踪矩阵**。表5-3就像一个迷你版"电子大屏"，通过这个简单的表格，我们能把每一个需求与业务目标或项目目标紧密相连，保障每个需求都能为我们带来实际的商业价值。

在需求追踪矩阵中，所有干系人的筹码总和必须是"100"。这意味着每个需求的筹码量都与"业务序列目标"和"项目干系人"息息相关。这样一来，不仅让项目变得更有方向感，还能让每一位干系人的声音都被听见。

在项目推进的过程中，项目经理可不能偷懒。你需要时不时拿出需求追踪矩阵，像裁判一样仔细检查各位重要干系人手中的"筹码"——那些影响项目成败的关键需求。你要保证每一项需求都被妥善满足，**确保所有干系人的"筹码"都被如期收回**。这样一来，即使没有那种高大上的电子屏幕，你依然能做到"货真价实"的可视化管理。

表 5-3 需求追踪矩阵

干系人		业务目标				
		销售（目标1）	生产（目标2）	库存（目标3）	物流（目标4）	财务（目标5）
张三	决策层	需求1（筹码量）				需求2（筹码量）
李四	管理层		需求3（筹码量）			
王五	管理层			需求5（筹码量）	需求6（筹码量）	
赵六	执行层	需求8（筹码量）				需求7（筹码量）
钱七	执行层			需求4（筹码量）		

第三节　动态追踪，绩效情况巧度量

第十一回　上天言好事

佛祖决定了解进展情况，需要你向他提交一份项目绩效状态报告。面对这一要求，你会选择哪种行动方案呢？（答案见本章总结）

行动方案：

A. 安排八戒对各重要的干系人进行公关，邀请他们在佛祖面前尽量多多美言。

B. 取消项目组周末休假，加班开会，讨论召开项目收益论证会的可行性。

C. 安排悟空收集相关的进度、资金支出数据，制作项目投入产出分析报告，并根据现状预测项目的进展是否正常。

D. 将项目策划书与项目计划、监控数据等各类项目文件，提前发送给佛祖身边的助理，汇总后上报给佛祖。

E. 此次汇报相对不重要，不需单独准备，只需要准备与佛祖做谈话式沟通即可。

一、管好资金流，项目成本控制流程

在项目管理领域，项目经理不仅仅是个"管理者"，更是个"经营者"。为了确保项目顺利进行，项目经理必须时刻关注项目的绩效状态，确保一切都在"正轨"之内。

项目成本控制源于项目估算形成的项目预算结果，项目成本控制主要包括五个要素。

（1）**成本预测与计划**。参考第三章第六节内容，在项目开始前，项目经理需要进行成本预测，明确目标成本。利用自下而上的估算方法，结合专家的智慧、行业经验和历史数据，形成一个可信的成本估算。

（2）**成本事前控制**。项目估算上报后，也不能掉以轻心。此时要考虑管理风险，加入一笔**"管理储备金"**，这是项目预算的重要组成部分。财务专员会根据这个预算制订**资金支出计划**，细致到每个月、每周，甚至每个人、每件材料和机器的费用，确保一切都在掌控之中。

（3）**成本事中控制**。在项目实施过程中，时刻对比实际发生的成本与目标成本。项目管理人员需对各类支出进行审查，确保每一笔钱都为项目增值，并及时反馈偏差信息，以便项目管理者迅速采取行动。

（4）**项目成本核算与分析**。通过对实际成本与预算的比较，分析原因，明确责任，并进行相应的考核与奖惩。根据项目的绩效数据，评估后续的进度和产出，制定改进措施，以确保项目在未来更上一层楼。

在此过程中需注意如下事项：

- 形成基准后，按基准分阶段申报预算，超出基准部分的资金不能进行支出。
- 实际业务活动是否创造了业务价值？资金支出和业务活动间的关系如何？是否存在冗余活动或浪费行为。
- 成本控制不仅仅控制资金支出，更要关注资金支出带来的价值。

项目结算发生在项目执行过程中或项目阶段结束时，是对项目**实际发生的成本**进行的统计和核算。具体步骤如下：

1）项目完成后，收集实际发生的成本数据，包括人工、材料、设备等费用。

2）依据合同条款、变更记录、实际工时记录、实际支出记录等，对比合同约定好的工时价格，计算实际工作量和费用，判断成本是否有偏差。

3）与供应商、合作伙伴核对数据，确认合同约定的工作内容与付款完结。

（5）**项目决算**。项目成本管理的最终评价，是指项目完结之后，把项目实际花费的所有成本最后计算分析。这是对项目成本管理的最后评价，也是总结经验的重要根据。项目决算需要分析成本偏差的原因，总结成本管理的经验教训，为以后的项目提供参考。

项目决算的具体步骤包括：

1）汇总项目的全部成本，包括直接成本、间接成本和管理费用。

2）计算项目的收益，如通过项目带来的业务增长、成本节约、客户满意度、质量改进、客户增长等。

3）进行财务分析，评估项目的投资回报率和经济效益。

4）依据成本效益分析、投资回报率、财务报表、与预算和概算进行对比分析，评估成本控制效果。

表 5-4 为项目状态报告样例，展示项目绩效汇报时要关注的关键项目及指标情况。这个状态报告由**七个重要部分**构成：首先是**项目基本情况**，其次是**当前任务状态**，紧接着是**本周期内的主要活动**，随后是**下一个周期的活动计划**，当然，**财务状况**也必不可少，最后还有**上期遗留问题的处理**以及**本期问题和求助**。作为项目经理，你可以根据实际情况，灵活调整这些内容，让你的报告更具针对性和实用性。

表 5-4　项目状态报告样例

项目状态报告				
一、项目基本情况			
项目名称	年度营销峰会	项目编号	T0701
制作人	张三	审核人	李四
项目经理	张三	制作日期	2024 年 7 月 8 日
当前项目状况	✓ 按计划进行	□ 比计划提前	□ 落后计划
汇报周期				
二、当前任务状态（简要描述任务进展情况）			
关键任务	状态指标	状态描述	
邀请客户	应邀比例达 80%	大客户 90% 已接受邀请，确认来访	
落实资源	峰会场地可容纳 1000 人参会	峰会酒店已确定，会服商待确认	

(续)

项目状态报告		
制定会议议程	高层审核通过	日常计划已完成，待审批
峰会广告制作	实现线索转化达50%	待执行
三、本周期内的主要活动（对本周期内的主要交付物进行总结）		
完成峰会酒店与会服商的考察，敲定会场酒店，选取了两家会服厂商		
四、下一个周期的活动计划（描述活动需要与项目计划，和 WBS 相对应）		
在下个里程碑 7 月 20 日前完成会议议程的详细方案并审批通过		
五、财务状况		
预算 100 万元，目前实际支出 20 万元，成本执行率为 20%，成本涵盖项目进度工作 40%		
六、上期遗留问题的处理（说明上一个汇报周期内问题的处理意见和处理结果）		
某位有争议的行业大咖是否继续邀请		
七、本期问题和求助（说明本次汇报周期内需要解决的问题和需要寻求的帮助）		
申请增加两名海报设计人员		

从表 5-4 的项目状态报告可以看出，状态指标和成本执行率等数据都是充满含金量的。在第二章的项目策划部分，我曾介绍过项目的度量指标，并分别列出了产品类、服务类、活动类项目的目标与指标，在项目执行过程中该如何监控呢？表 5-5 展示了不同类型项目的绩效度量指标，项目经理可以参照表格的逻辑设计自身项目的绩效度量指标。

表 5-5 典型项目绩效度量指标

项目类型	关键绩效指标	测量频率	预警阈值
产品开发	需求变更率、测试通过率	双周	>15% 变更
服务实施	CSAT、SLA 达成率	月度	<90% 达标
市场活动	线索转化成本、NPS 净推荐值	活动后	ROI<1.2

二、挣到即赚到，项目绩效的关键指标

项目管理是一个复杂的工程，要想了解项目的绩效，最好的办法就是

251

运用**先验指标**与**过程指标**来展现它的全貌。而在这其中，挣值分析[⊖]法就像是项目管理界的"瑞士军刀"，巧妙地将这两类指标结合起来，构建了一个完备的绩效度量体系。

挣值分析深刻诠释了"时间就是金钱"的真理，它将进度带来的价值转化为货币，通过统一的货币单位来衡量项目的表现。有几个核心参数你得记牢：**计划值（PV）、实际成本（AC）、挣值（EV）和完工预算（BAC）**。接下来，还有一些评价指标也是不可忽视的，包括**进度偏差（SV）、成本偏差（CV）、进度绩效指数（SPI）和成本绩效指数（CPI）**。

（1）**计划值（Planned Value，PV）**。计划值是你在某个时间点前，预计完成的活动或工作包的预算成本总和。如果你的项目计划在一年内完成，每个月的计划成本就是该月的 PV，简单明了。

（2）**实际成本（Actual Cost，AC）**。这一项记录的是你在某段时间内，完成工作所花费的真实成本。比如，如果你在第一个月实际花了 10 万元，那么 AC 就是 10 万元。

（3）**挣值（Earned Value，EV）**。挣值代表的是在某段时间内，实际完成工作的**评估价值**。如果在第一个月，你的项目完成了 50% 的工作量，那么 EV 就是那部分工作的**预算价值**，听起来是不是挺有道理？

（4）**完工预算（Budget at completion，BAC）**。表示按照原计划预计用于完成项目所花费的总预算，作为测量绩效的基准使用，一般是保持不变的。

我们以一系列完整的项目案例来对几个参数进行系统说明。

1. 案例一：如何计算计划值（PV）

悟空在管理一个蟠桃园采摘项目，需要为 2000 公顷的采摘做出项目预

⊖ 挣值分析（Earned Value Analysis）是一种项目管理技术，用于综合评估项目的进度和费用。它通过将项目的计划指标、完成状况和资源耗费进行综合度量，从而准确描述项目的进展状态。

算。这个项目每周的成本都是一样的。

团队人员每周的工资总共为 4000 元，另外每周需要价值 1000 元的设备来完成工作。那么：

（1）如果这个项目计划至少 16 周完成，这个项目的**完工预算（BAC）**是多少？

（2）项目进行到第 4 周的计划 / 完成百分比是多少？

（3）项目进行到第 4 周的计划值（PV）是多少？

分析如下：

（1）完工预算为 **16 周工期的总成本**，每周的计划成本需要消耗人员工资和设备成本，共 5000 元，那么 16 周就是 5000×16=80000 元，即完工预算 BAC 为 80000 元。

（2）项目进行到第 4 周时，计划 / 完成百分比为 4/16×100%=25%。

（3）项目进行到第 4 周时的计划值 PV=BAC× 计划 / 完成百分比，PV=80000×25%=20000 元。

2．案例二：如何计算挣值（EV）

接案例一，悟空接到王母娘娘的信息，要求汇报当前阶段的项目状态。悟空与团队确认项目进展，但他们带来了一些坏消息：根据进度，他们当前本来应该采摘 500 公顷蟠桃，但实际上他们只采摘了 400 公顷。那么：

（1）项目当前实际 / 完成百分比是多少？

（2）目前的挣值（EV）是多少？

分析如下：

（1）实际 / 完成百分比为 400/2000×100%=20%，即项目在第 4 周时实际 / 完成百分比为 20%。

（2）项目在第 4 周的 EV=BAC× 实际 / 完成百分比为 80000×20%=16000，即 16000 元。

到此，我们已经知道了项目的计划值（PV）、实际成本（AC）和挣值（EV），那么，悟空该如何向王母娘娘去汇报项目的绩效情况？项目是超前了还是滞后了？评价指标有哪些？这就涉及**进度绩效指数和成本绩效指数、进度偏差和成本偏差**等指标的运用，我们继续用案例来进行说明。

- 进度偏差 SV = EV – PV，表示项目进度与计划的差异。
- 成本偏差 CV = EV – AC，表示项目成本与预算的差异。
- 进度绩效指数 SPI = EV / PV，表示项目进度执行的效率。
- 成本绩效指数 CPI = EV / AC，表示项目成本执行的效率。

3．案例三：如何评价进度偏差（SV）

悟空用计划值（PV）和挣值（EV）进行比较，得到如下数据：SV = EV–PV=16000–20000=–4000，SPI = EV / PV=16000/20000=0.8。他有点糊涂：**进度偏差为负，进度绩效指数小于 1，这说明了什么？**

4．案例四：如何评价成本偏差（CV）

百思不得其解，悟空又用实际成本（AC）和挣值（EV）进行比较，得到如下数据：CV = EV – AC[一]=16000-20000=-4000，CPI = EV / AC=16000/20000=0.8，巧合的是**成本偏差为负，成本绩效指数也小于 1，这又说明了什么呢？**

从发起人的角度来看，项目管理要有一本明细账，能用数字清晰地告诉我们投资的"收益"情况。如果进度绩效指数大于 1，这意味着挣值已经超过了计划值，就像是在告诉项目发起人："咱们的工作进度比计划还要快，有我在您放心！"反之，如果进度绩效指数小于 1，那就得小心了，进度可能出现了延期，要"撸起袖子加油干"啦！

[一] AC= 每周的人工和设备合计成本 5000× 当前消耗的时间 4 周。

再来说说成本绩效指数。当成本绩效指数大于1时，就意味着我们的挣值比实际成本要高，就是"花小钱办大事"；但如果成本绩效指数小于1，那就得考虑一下预算超支的问题了。如果成本偏差为正，那就可以骄傲地向发起人宣布："项目挣到钱了，您的投入没有白费！"而如果为负，那就得认真反思，看看是哪里出了问题。

将进度绩效指数和成本绩效指数结合起来看，效果会更加明显，你能更清晰地洞察项目的健康状况，如表5-6所示。这样一来，项目管理就不仅仅是数字游戏，而是让每一位参与者都能感受到"钱"与"进度"之间的微妙关系。

表5-6 进度/成本绩效指数总结

CPI/SPI	SPI=1	0<SPI<1	SPI>1
CPI=1	进度正常，成本正常	进度滞后，成本正常	进度提前，成本正常
0<CPI<1	进度正常，成本超预算	进度滞后，成本超预算	进度提前，成本超预算
CPI>1	进度正常，成本节约	进度滞后，成本节约	进度提前，成本节约

作为项目管理者一定要谨记：小（小于1）指数，不得意，大于1，真高兴！因为CPI、SPI都大于1，说明真正做到了"多快好省"！

看到此处，悟空恍然大悟——项目出现了进度滞后、成本超支的情况，说明现状很不理想。怎么给王母娘娘汇报才能免于挨骂呢？悟空不断抓耳挠腮。这时候他想起自己的结拜兄弟牛魔王，牛魔王前段时间刚刚因为铁扇宫项目获得嘉奖，何不去求教一番？或许他能带来一些启发。

5．案例五：如何向发起人汇报项目绩效

牛魔王听完悟空的烦恼，像打开了话匣子，滔滔不绝地分享自己的项目管理秘籍："别担心，进度滞后、成本超支并不可怕！只要还没到最后验收，就是乾坤未定，一切都还来得及！"他拍了拍悟空的肩膀，继续说道："领导对这些指标的关注是动态的，不会因为一时的波动就对你横加指责。关键是，你得清楚回答以下三个问题：

"一是，按照现在的绩效指数，完工时**会不会超支**？"

"二是，如果按当前的绩效情况，完工时**需要追加多少预算**？"

"三是，如果不追加预算，剩下的工作该**如何调整**？"

以当前项目为例，牛魔王引入了一个新概念：TCPI（完工尚需绩效指数）。

TCPI（To Complete Performance Index）指的是到项目完成时的绩效指数，它表明了项目必须有怎样的绩效才能保证在预算内完工。

由于 TCPI 的计算公式为（BAC-EV)/(BAC-AC），按此公式计算，得到当前的 TCPI 为（80000−16000)/(80000−20000)≈1.067。

悟空挠挠头，满脸疑惑："老哥，这些数字到底是什么意思啊？"牛魔王微微一笑说："大圣，听好了！TCPI 大于 1，意味着你剩下的工作比剩余的资金多，这就需要打起精神一鼓作气去压缩进度；如果小于 1，那就代表你可以轻松完成，老板们可以高枕无忧啦！"

悟空连连点头，赶紧跳到牛魔王身后，热情地给他捶背，顺便小声问："那我该怎么做呢？"

牛魔王摆摆手道："大圣，别急，咱们还得算一笔账。"说着，他在地上开始画起了逻辑图：

"首先，完工估算（Estimate at Completion，EAC）是个重要的概念，表示根据当前的成本绩效指数，**估算完工时的预算**。计算公式是 EAC=BAC/CPI，完工估算 EAC=80000/0.8=100000，显然比预算多了，这个结果就是第一个问题的答案。

"接着，到完工时估算（Estimate to Completion，ETC）告诉我们，**剩余的任务完成还需要多少预算**，公式是 ETC=EAC−AC，计算得到 ETC 为 80000 元。而按照你原来的预算分配只剩下 60000 元，这其中有 20000 元的资金缺口。这就是我刚才提到的第二个问题的答案。

"还有完工时差异（Variance at Completion，VAC），它是**按原始计**

划估算的完工预算与按当前绩效水平估算的完工预算之间的偏差，公式是VAC=BAC-EAC。你原来的预算是80000元，根据项目实际数据，完工估算EAC是100000元，这样就可以看出完工时差异VAC也是20000元。这个数字就是按现在绩效发展下去的资金偏差，也是问题二的答案。

"当然，如果王母娘娘要求你加快进度，又不想给你追加预算，那压力就大了，你就得想办法赶工了。以你大圣的神通，这点小问题相信难不倒你，问题三你肯定已经有答案啦！"

悟空听完，眼中闪过一丝灵光："原来如此，我明白了！"关于如何向王母娘娘汇报项目状态，此刻他已经胸有成竹。

那么，亲爱的项目经理，你准备好自己的项目报告了吗？

三、战略需抓手，指标库体系建设势在必行

我曾经服务过一家贸工一体化的企业，这家企业在转型期启动了多个数字化建设项目，CEO（首席执行官）对这些项目寄予厚望。但由于缺乏数字化建设经验，他们在推进项目的过程中遇到了诸多问题，如项目组织结构失衡、方案决策机制不清晰、需求变更频繁、项目目标模糊、缺乏项目度量指标、项目绩效监控方案缺位等，造成发起人因不了解项目状态而处于极度不安之中。CEO特别强调PMO（项目管理办公室）必须制定清晰的项目绩效管理方案，保证所有项目都处于可监控状态，避免发生系统性风险。

当企业存在多个项目并行开展的情况时，单纯用项目状态报告的指标进行项目管理就有些力不从心了。从发起人的角度来看，战略落地势必靠多个项目支撑来实现，而多个项目组合构成了"项目集合"，单项目的结果最优不能保证项目集合收益最优，必须从系统角度设计管控体系，才能保证项目集合的绩效实现最优。设置项目绩效指标体系并形成动态化追踪

与反馈,将是一个最佳选择。表 5-7 展示了一个按项目阶段分配的绩效动态指标库体系,通过将指标细分为结果指标和过程指标,再与项目周期关联,赋予不同的权重,便初步构建出一个可行的项目绩效指标评估与监控体系。

表 5-7 项目绩效动态指标库

项目阶段	指标	权重
启动阶段	需求明确性	40%
	资源到位率	30%
	干系人认同度	30%
执行阶段	进度偏差	25%
	质量指标	35%
	成本消耗	25%
	风险控制	15%
收尾阶段	成果验收率	50%
	知识转移完整性	30%
	客户满意度	20%

在推进项目绩效指标体系时,要注意以下管理要点,避免走入"只见树木不见森林"的误区。

1. 定期做战略对齐检查

(1)建立项目目标与组织战略的映射关系表。凡是不能度量的便无法考核,项目目标与本组织战略发展的目标有承接关系,例如,组织目标的 KR(关键结果)应该是项目的 O(目标),这样才能保障项目的方向始终正确,实现战略焦点的精准突破。

(2)使用平衡计分卡维度进行目标分类。单个项目的绩效指标会集中在财务角度——在既定的预算范围内按期、保值地实现范围目标,但多个项目组合时,就需要考虑组织的可持续发展,显然平衡计分卡是一个理想的工具。项目管理部门应该从财务、客户、流程和成长四个维度设置追踪指标,保证客户价值的精准交付，才能实现财务增值，内部流程建设可以为经营效率、人才储备等关键成功要素提供底层保障。

（3）**确保每个项目至少有 1 个战略支撑目标**。在项目策划环节，我曾特别强调过，必须将项目目标与商业成功进行关联。在项目管理部拆解完组织战略目标后，要将该战略目标与项目进行绑定，并找到实现该目标涉及的职能角色、资源投入、能力要求等，尽快建立起支撑战略目标落地的组织结构与章程，确保实现上下同欲，力出一孔。

2．实施过程注意事项

（1）避免目标冲突：尽量使用项目组合管理工具进行目标协同分析。

（2）数据治理：建立统一的数据采集标准和校验机制，通过数据做好追踪与监控。

（3）人员激励：可将个人 OKR 与项目 KPI 进行 30% 权重挂钩，权重比例可以向上浮动。

（4）向上管理：设计高管仪表盘，聚焦 3 个战略级指标，高管应定期检查该指标的进展情况。

本节作业

请选择自己实际负责的某个项目，运用挣值分析法分析项目的计划值（PV）、实际成本（AC）、挣值（EV）等数据，计算进度绩效指数、成本绩效指数，并分析照此绩效水平到完工时的 TCPI 和 EAC 等数据，参考项目状态报告模板，尝试制作某阶段的项目报告，将结果填入**附录 7"项目状态报告表"**中。

第四节　智者千虑，监督人还需有度

第十二回　驭下有方

你已经对八戒最近在项目中的表现提出了批评与改进建议，八戒口头上也表示接受。但是最近几天，你发现他的工作情况日趋恶化，已经到了无药可救的地步。你决定采取一些强有力的措施，你的最佳抉择是：（答案与解析见本章总结）

A. 以取消项目奖金来警告他，然后做最后的尝试，全心全力去拯救他。

B. 大幅调整他的工作内容，减少其与其他人的关联，以迫使他自己递交辞呈，返回高老庄。

C. 请求你的顶头上司观音与八戒开诚布公地谈谈。观音在五年前雇用过八戒，与他总有一些交情。

D. 向你的顶头上司观音提出辞退八戒的主张。

E. 向你的顶头上司观音提出将八戒调走的主张。

项目问题表面上看是行动问题，本质都是人的问题，在监控事件与接口之外，还需要关注项目成员的状态与能力问题。

一、擦亮眼，绩效辅导双管齐下

在第四章第一节中，我们已经讨论过，任务分配应该根据员工的准备度来调整。不过，现实总是让人唏嘘不已，R4 水平的员工很少，大部分员工其实都在 R2 和 R3 之间徘徊。项目经理的权力就像被压在五指山下的孙悟空，活动范围有限，调动精兵强将几乎是天方夜谭，结果项目的绩效问题就成了家常便饭。

因此，**绩效辅导就成了项目经理的必杀技**。想要做好绩效辅导，首先要弄清楚员工的绩效问题究竟出在技能上，还是出在意愿上。如图 5-1 所示，找到绩效问题的根源，能够让你的绩效辅导事半功倍，助你在项目管理的道路上越走越稳。

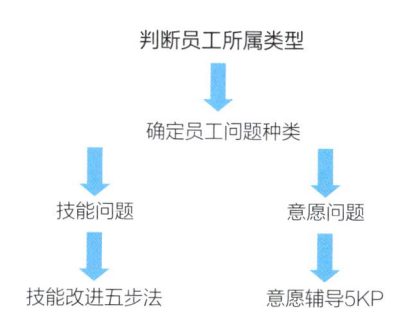

图 5-1 员工绩效辅导的双路径

（一）技能改进五步法

技能问题集中表现为不具备从事某项工作、承接某项任务的必备知识和经历等，通常可以用培训加以解决。假如你询问员工为何出现绩效不及预期的情况，**对方如果将问题归结为不了解 ×× 规则、不会做 ×× 事情等**，就可以初步判定是技能问题。针对技能问题可以进行对应的改进培训。

在认知心理学领域，知识被分为四大类：**事实性知识**[一]、**概念性知识**[二]、

[一] 事实性知识：又叫基本事实，是一种重要的知识类型。事实性知识往往是对具体客观事物之间关系的表面性、直接性描述，通常不涉及事物背后所隐藏的基本原理。主要包括：（1）有关术语；（2）特定事物的要素和细节等。

[二] 概念性知识：一个整体结构中各基本要素之间的关系，表明某一学科知识如何组织、如何发生内部联系、如何体现出系统一致等。主要包括：（1）分类和类别知识；（2）原则和规则知识；（3）理论、模型和结构知识等。

程序性知识[一]和元认知知识[二]。前两者是我们通常所说的"知识"，程序性知识则是技能的核心所在。我们可以把对知识的掌握程度分为两个层级：**低层级包括理解、记忆和应用；高层级则是应用、评价和创新**。需要注意的是，掌握程序性知识与具备技能是两码事。

若要掌握真正的技能，除了具备基础知识，还需要加入练习。对技能的改进可以采用"技能改进五步法"——备教练跟评。

（1）备：准备培训内容。准备培训内容时，最好事先做好调研，可以采用一对一访谈与一对多问卷相结合的方式，让学员列出自己在工作中遇到困难的具体场景。场景分析可以采用"我做……任务时，遇到……困难，出现……后果"句式结构。例如："当我在做双周计划时，不能准确评估工作量，会出现进度超出原定计划的问题。"针对不同的知识点和知识类型，培训方式是不同的。

（2）教：培训示范并讲解要领。认知心理学研究表明，大脑的记忆容量是有限的，因此每次讲授的要领内容建议不超过7个要点，避免一次教太多。在展示动作要领时，培训者一定要做动作分解，形成基本动作，便于学习者掌握。

（3）练：让受训者当场操作和练习。讲授者要将技能融入真实场景，最少能够让受训者现场模拟试做。注意要分段进行练习，不要强求一气呵成，就如我们学习驾驶技术一样，将路面驾驶分解为起步、直行、加速、转弯、刹车、驻车等一系列动作，便于受训者系统掌握，而不至于囫囵吞枣，顾此失彼。

（4）跟：及时鼓励与跟进强化。耐心引导学员多次尝试，直到他们100%掌握。根据学员的掌握情况，持续创造挑战性应用环境，鼓励学员每次都有进步。

[一] 程序性知识：关于"如何做某事"的知识，指做某事的方法，探究的方法。
[二] 元认知知识：是对认知的认知，即从更高层次审视自己的思想和行为。

（5）评：总结反馈与庆祝进步。考核最后掌握情况，直到学员养成习惯，激励与庆贺学员取得的进步。

值得注意的是，这个五步"备教练跟评"与第四章提到的 R1 员工 S1 指导风格的五步"说教练跟赞"在核心环节上是一致的。不同之处在于应用场景和目的：工作指导更注重增强 R1 员工的信心，让他们迅速投入工作；而绩效辅导则侧重于行为的改善和习惯的内化。在实际工作中，这二者可以灵活结合，混合使用也无大碍。

（二）意愿辅导 5KP

意愿问题则属于态度、价值观与动机范畴，隐藏得更深，需要项目管理者更加耐心细致，深度挖掘员工出现意愿问题背后的深层原因，此时运用教练技术显得尤为重要。

针对意愿问题的辅导改进，单纯做培训是达不到预期效果的，"解铃还须系铃人"，找到根本原因才能治标又治本。

管理者可以运用 5KP（关键原则，Key Principle）技术来调动被辅导人的积极性，让他们重新燃起斗志。

（1）KP1：尊重，维护自尊，加强自信。秉持实事求是的原则，态度诚恳。

（2）KP2：共情，仔细聆听，善意回应。表示理解，阐述事实和感受。

（3）KP3：参与，提供帮助，鼓励参与。帮助他人找到改进的方法，鼓励他们参与改进。

（4）KP4：分享，分享观点，传情达理（建立信任）。坦诚地分享担忧和顾虑，表露心声，共建信任。

（5）KP5：支持，给予支持，鼓励承担（得到承诺）。明确责任，协助个人或团队做出决策，而非越俎代庖。

辅导对谈的流程与方法如图 5-2 所示，首先要与谈话人确定存在绩效问题，然后一起寻找可能的解决方案。在这个过程中，灵活运用5KP原则，双方共同确定监控的时间节点、里程碑等关键内容，并积极表达对结果的肯定与激励。我们始终要记住，辅导对谈不仅仅是流程和方法，更是人与人之间的沟通与信任。

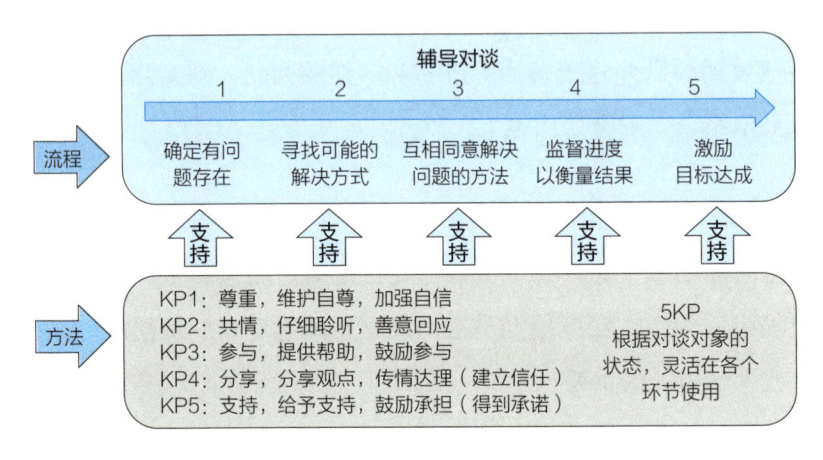

图 5-2 辅导对谈流程与方法

需要注意，5KP不是一成不变的，而是可以根据需要任意组合的"转接头"。每个人遇到的情况不同，就要求在辅导时有所侧重。

- 如果对方正在经历情绪风暴，如伤心、焦虑或愤怒，那我们就要多用KP2，给他更多的关心和支持。
- 如果对方渴望成就感，那KP1就要成为我们的主角，激励他朝着目标努力。
- 如果对方是一位经验丰富的老手，则要多用KP3，帮助他发挥出色的能力。
- 当然，面对那些犹豫不决、心里有顾虑的员工，要多用KP4，帮助他厘清思路，做出明智的决策。
- 当对方充满信心、乐于承担责任时，KP5就该闪亮登场了，助他一臂之力。

作为管理者，我们一定要睁大眼睛，灵活运用技能改进与意愿辅导两条路径，而不是机械性地一刀切，认为一旦出现绩效问题就都是能力不行，也要避免把培训作为"万能点读笔"，哪里不行点哪里。**灵活，才是绩效辅导的精髓。**

> 在担任某企业人才发展总监的期间，我遇到了一位销售总监的紧急求助。他的团队最近两个月的销售业绩就像高空跳伞，直线下坠，团队士气也跟着跌到了谷底。大家每天醒来唯一的活动就是盯着一个个数字目标，感觉就像陷入巨大的黑洞，完全迷失了方向。于是，这位销售总监灵机一动，决定请人力资源部门组织一次培训，想通过提升士气来带动销售业绩。
>
> 不过，多年的人才发展经验告诉我，这种培训往往是"领导生病，员工吃药"的经典重现。问题其实出在管理者身上，他们的管理手段往往是简单粗暴的"三板斧"：一哄二骂三冷眼，"打鸡血"没效果就开始精神打压，结果，员工们连尊重和归属感都找不到。
>
> 于是，我使出浑身解数说服销售总监让我全权处理这次培训。凭借深厚的专业知识，我最终策划了一场满意度高达 100% 的销售技能专题培训。可惜，即便如此，训后三个月内，销售人员的离职潮依然如洪水般汹涌而来。唏嘘之余，我愈发意识到，提升管理者的领导力是多么重要与必要！

二、会表扬，任务达成事半功倍

激励是一个非常重要的管理手段，若使用得当，对于项目目标的达成将会大有裨益。在实践中，项目经理可用的激励手段主要包括**物质激励和**

精神激励两类。物质激励我们在本章第一节已经进行了介绍，本节将重点探讨如何应用精神激励，尤其是**表扬来激发团队动能，加强凝聚力。**

表扬与奖励的共同点如下：

（1）同是激励的方式，目的是激励员工的行为。

（2）都是对员工工作的认可。

（3）都对后期工作有积极促进作用。

（4）都要与任务表现匹配。

（5）都需要是及时、自发的。

（6）对象都可以是个人或团队。

（7）都要针对被奖励者的需求。

（8）都要承认被奖励者的成功以及为组织创造的价值。

表扬与奖励的不同点如下：

表扬	奖励
（1）精神层面。	（1）物质层面。
（2）关注过程。	（2）关注结果。
（3）成本低。	（3）倾向于有计划和有组织的行为。
（4）频率高。	
（5）倾向于自然流露。	（4）必须按照制度或事先制定的规则执行。
（6）可以是正式的或非正式的。	
（7）通常为非物质形式。	（5）更加正式。
（8）无限制。	（6）通常采用现金等物质形式。
	（7）有限制。

正是由于表扬成本低，无使用限制，随时随地随时都可以用，所以各位项目经理，千万不要吝啬你们的溢美之词。此外，管理者更要充分利用

此管理手段，构建项目荣誉体系，以此激发成员全心全意投入工作中。具体到表扬某人时，可以遵循以下**五个步骤**：

（1）第一步，**表扬细节**。具体、明确地指出他人值得称赞的行为细节。

（2）第二步，**说品质**。说明行为反映了他人哪方面的品质。

（3）第三步，**谈影响**。这些表现所带来的结果和影响（个人/团队）。

（4）第四步，**谈感受**。让他们"感觉"到你的高兴，并提出期望。

（5）第五步，**肢体接触**。和他们握手或拍拍他们的肩膀，表示你对他们成功的支持。

以下为表扬的一个示例：

"兄弟们，大家先暂停一下手中的工作，我要表扬一下小苏！"

细节："因为他不仅修订了客户调研表，还制定出一套巧妙、精确的问题。"

品质："小苏接受这项其他员工不愿接受的艰巨任务，并能出色地将其完成。"

影响："因为有小苏的努力，我们才开始真正地倾听客户的声音，这对提高客户的满意度具有非比寻常的意义。"

感受："你让我们所有人都感到骄傲！干得很不错！"

肢体接触：手放到对方肩膀上轻拍两下。

三、巧批评，润物无声"事成人爽"

在工作中，恰到好处的表扬就如春风化雨，能瞬间点亮员工的积极性。然而，现实中往往"喜忧参半"才是常态，这时候批评就显得尤为重要了。特别注意，当"90后""00后"成为职场的新生代时，批评更需讲究策略。

批评一般可以分为两种类型：**建设性反馈和负向反馈**。建设性反馈是帮助受反馈者取得积极成果的指导，目的是纠正性的，促进受反馈者持续健康

267

成长。而负向反馈，就像是警示标志，提醒员工注意潜在的陷阱，及早避开为妙。

（一）建设性反馈

为了让批评更具建设性，我们可以遵循六个典型步骤（见图 5-3），确保每一次反馈都能成为员工进步的助推器。这样不仅能提升个人绩效，还能增强团队的士气，营造出一个积极向上的工作氛围。

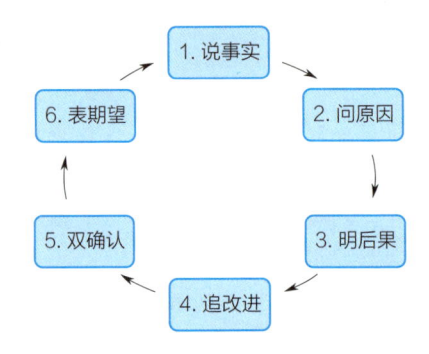

图 5-3　建设性反馈六步法

（1）第一步，说事实。明确目的，并确认事实与行为，此时可以应用 KP1 维护自尊。

（2）第二步，问原因。了解产生问题的原因，此时可用 KP2 表达同理心。

（3）第三步，明后果。说明后果及影响，运用 KP4 分享观点。

（4）第四步，追改进。让员工提出问题补救或改进的方法，通过 KP3 鼓励对方参与。

（5）第五步，双确认。双方确认改进方法，以 KP5 表达支持。

（6）第六步，表期望。表达你对员工的支持与期望，应用 KP5 表达支持，明确责任。

以下是应用示例。

项目组成员悟空经常迟到,今天早上竟然迟到了 30 分钟。你已经采用暗示的方式提醒了他,但情况还是没有改变。你现在要采用一种更加直接的方式向他提出这个问题。悟空在其他方面表现非常优秀,你不希望失去这个员工,但你再也不能对他"频繁迟到"的这个问题听之任之了。

项目经理可以应用"建设性反馈六步法"进行针对性反馈,如表 5-8 所示。

表 5-8 建设性反馈六步法示例

六个步骤	典型话术
就所犯错误的事实达成一致(对事不对人)	悟空,我注意到你今天早上迟到了 30 分钟,这可不像你的风格,我记得你以前总是项目组最早到办公室的那个。你是我们部门的优秀员工之一,我很关心你的情况
了解造成错误的原因	我能理解你一定遇到了一些困难,如果我是你,可能也会出现一些不尽如人意的表现。我想进一步了解是什么原因造成最近的这种迟到问题
说明错误造成的影响与后果(个人与组织)	说真的,这个事情让我现在非常被动,如果我不采取行动,其他团队成员也会受到一定的影响,比如,八戒最近也总是在工作时间请假,照这样下去,项目进展肯定会出现一些延迟
请员工提出改进计划	你有哪些**改进想法**说出来一起听听
双方就改进计划达成一致	听上去这个建议很不错,接下来咱们可以尝试一下。你需要我提供哪些支持
积极表达对员工的期望来结束批评	你非常优秀,期待你做出更大的成绩,加油

在实践中,面谈过程未必会完全按照上述六步的顺序展开。若开始面谈时双方尚未建立信任,员工提出的改进计划可能会**浮于表面**,或是由于一直处在防卫状态无法真正找到自身原因,最终造成双方的绩效面谈无功而返。为了保证每次面谈的效果,项目经理做绩效面谈时需要开启的关键准备如下:

(1)尽量创造一对一的谈话空间,如封闭的会议室或者无人的办公室,面谈过程中保持手机静音,避免过程被打断或被不相关人员与事物干扰。

（2）**以事实、数据和中性语言**开展对话，尽量不要在开始面谈时就下结论，更不要过多指向个人品质，保持对事不对人的原则。

（3）始终保持开放，用**同理心**打开、回应对方的困扰或不满情绪，人很难在有情绪的状态下做出理智决策，所有管理沟通及绩效反馈的核心原则都是"**先处理心情，再处理事情**"。

（4）**控制时间**，要避免谈话陷入无休止的细节争论中，事先列出本次面谈的核心要点，以及需要达成的谈话目标，模拟预演员工可能会抛出的争议点，尝试练习基本的应对话术，可以减少面谈过程中不必要的冲突，提升面谈效率。

（二）负向反馈

如果说建设性反馈对于面谈双方还有商讨余地，气氛也算融洽，负向反馈则会严肃许多，甚至可能出现剑拔弩张的情况。根据面谈双方的信任度和对反馈内容的接受度，可以将反馈方式划分为如下四类：

（1）**狠狠批评**。当双方信任度高，对反馈内容的接受度高时，就可以**直截了当**地进行反馈。例如，项目经理唐僧可以毫不客气地批评八戒："你的这个项目进度简直是在龟速爬行！"

（2）**点到为止**。双方信任度低，但对方愿意接受意见，项目经理就应该**适可而止**。面对一些态度积极的团队新成员，以不挫伤其积极性为出发点。例如，唐僧批评沙僧没有做好项目站立会的准备工作，可以告诉对方工作的注意事项，以及需要重点关注的内容。

（3）**糖衣炮弹**。双方信任度低，对方又是资历深、能力强的员工，对反馈内容的接受度低，在提出批评时就需要注意方式和方法。项目管理者可以借鉴建设性反馈六步法，简化成为"三明治"式批评法[一]：**先夸赞一两**

[一] "三明治"式批评法：由美国著名企业家玫琳凯首先实践而得名，在指出下属的错误时，要先准备称赞他的两个好处：责备前称赞一件，责备后称赞一件，而把责备夹在中间。

条对方的优点，再指出需要改进的地方，最后做一番鼓励。这样既能传达批评，又能让对方感受到支持，效果更佳。

"三明治"式批评法示例：

悟空，你这份工作汇报有条理且行动清晰，可以看出是基于高标准、严要求做出来的（**赞美**）。

建议更正错误数据，以图表代替数据罗列，并增加 SWOT 分析（**批评**），这样就更完美了。

整体来说，汇报表现优秀，期待你的**修改版报告（要求）**。

（4）大棒加胡萝卜。对于彼此信任而自尊心又很强的项目成员，一定要在批评后加上期望和鼓励。例如，唐僧可以对白龙马说："你上次做的方案逻辑有点绕，数据也缺乏说服力，这和你刚刚接手这个新项目有关，希望你加强业务学习，如果有问题可以多问我和悟空，争取让工作尽快步入正轨，加油！"负向反馈方式与要点如图 5-4 所示。

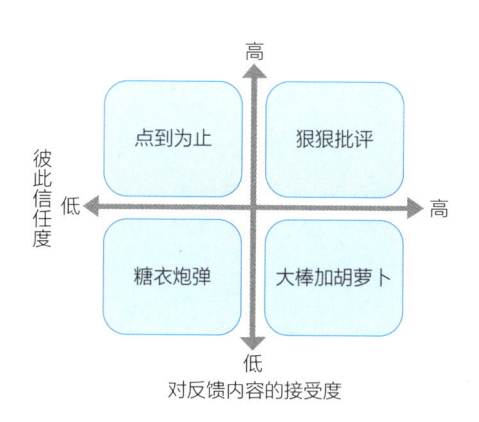

图 5-4 负向反馈方式与要点

结合正向反馈（表扬）、建设性反馈和负向反馈的要点，我们可以总结出以下项目人员的绩效反馈三大原则：

（1）初犯时，运用"三明治"技巧：

1）肯定对方。

2）指出一两点错误。

3）询问对方改进之道。

4）给予支持。

（2）累犯时，运用"汉堡包"技巧[一]：

1）表明对问题的关切。

2）提出改进的要求。

3）令对方知道可能的后果。

4）密切督导及监控。

（3）再犯时，予以惩戒或人事处置，如罚款、通报、转岗、辞退等。

本节作业

（1）沙僧加班加点地推进项目，但是项目交期还是延迟了，项目经理唐僧来找他，准备用"建设性反馈六步法"进行绩效反馈。假如你是唐僧，你准备怎么做绩效面谈？

（2）本节开篇的第十二回故事中，八戒在项目中屡次犯错，已经无可救药，该如何进行绩效反馈？尝试写出你对他进行反馈的思路与面谈要点。

[一] "汉堡包"技巧适用于员工多次犯错误时的绩效反馈：和员工面谈时要表明对问题的关注、重视程度；提出对员工改善工作的严肃要求；让员工知道如果不改正将面临的后果。在以后的工作中要对这个"问题员工"密切监控和督导。

第五节　乙方难当，管好甲方有妙招

第十三回　欲壑难填

取经团队来到某国，国王听说几人的来意后，提出了一个交换条件——要求师徒几人为他开发一个禁军考勤系统，以便监控亲兵卫队的每日动向，确保皇族安全。若项目组同意，项目验收后就会给他们发放通关签证，并派人护送项目组出关。

听到承诺后，悟空这位项目经理兼工程师迅速行动，不出三天，就开发出一个考勤系统。考勤系统上线后使用效果不错，眼看项目就要验收，此时，禁军首领突然提出，希望可以增加指纹考勤功能，避免出现代打卡情况。项目组又加班加点增加了指纹考勤功能，用户试用后连连称赞。

就在悟空兴高采烈地拿着项目验收确认单，准备请禁军首领签字时，没想到对方又提出：希望可以增加人脸识别功能，因为指纹可以造假，用他人的指纹膜打卡的事情时有发生。听到这个新的要求，悟空变得不淡定了：客户的需求就像太平洋的海浪，一波未平一波又起，长此以往，还能完成西天取经项目吗？

"该怎么办才能让甲方确认项目成果，尽快签字验收？"悟空陷入了沉思。

一、怕麻烦，就用变更控制流程

相信做过项目乙方的朋友一定有过这样"刻骨铭心"的经历：项目刚开始时，客户对自己的需求模糊不清、不甚明了。等到你满怀期待地拿着项目验收单去找他们签字时，他们却突然脑洞大开，提出各种"天马行空"的需求，瞬间开启了"花式虐待项目经理"的模式。

多数情况下，项目经理只能硬着头皮答应这些五花八门的需求，结果无形中在项目交付的路上埋下了许多"地雷"。少数情况下，那些经验丰富且头脑灵活的项目经理，会运用娴熟的谈判技巧，适度让步，最终与客户达成"等价交换"——乙方尽力满足新的客户需求，客户则需要为乙方提供新的合同，开启第二期的项目合作，确保乙方的权益。

不论是哪种情况，项目变更都是横亘在甲乙双方之间的一道未解难题。变更会带来风险，不变更又可能引发用户不满，真是两难选择。要解决这个问题，需要我们先跳出自身项目局限，这样才能够客观地看待变更。根据项目管理知识框架（PMBOK）的标准，**只要项目还没结束，任何时刻、项目的任何干系人都有权提出变更**。优秀的项目经理并不是一味拒绝变更，而是要将变更需求进行分类处理，通过建立变更控制流程，更好地驾驭这些变更，把发生在变更中的冲突转变为加强甲乙双方关系的契机。

（一）两种变更类型

可以肯定地说，**凡是项目，必有变更**。根据行业经验来看，需求变更主要分为两类：范围蔓延（Scope Creep）和镀金（Gold Plating）。

1. 范围蔓延

范围蔓延就像无底洞，项目范围在没有经过合理控制的情况下，悄无声息地超出了最初的计划。通常，这种情况发生在客户或项目团队对项目需求的理解发生了改变时，或者是新增的需求被加入了项目中。本节开篇的第十三回故事便属于此类。

范围蔓延的常见原因包括：需求定义不清、需求变更控制不力、客户期望管理不当等。

2. 镀金

镀金则属于另一种"好心办坏事"：在项目执行过程中，项目团队在没有客户明确要求或者客户同意的情况下，**对项目的功能或性能进行额外、超出需求的改进或增强**。虽然这看起来像是对客户的额外"照顾"，但实际上，它可能会导致项目的成本和时间超出预期，甚至可能对项目的质量产生负面影响。例如，悟空在考勤系统中，主动加了一个卡通打卡功能，虽然看上去很炫，但却给项目增加了额外的工作量，客户并不会因为这个功能而多掏钱，打卡效率也未必因此提升。

产生镀金的主要原因通常是项目团队过于热衷追求技术的完美，而忽视了项目的商业目标和管理目标。如果这些问题不能得到有效的管理和控制，那么可能会造成项目成本飙升、进度延误、质量下降，甚至可能导致项目的彻底失败。所以，在项目管理中，控制需求变化就像是驾驭一艘船，项目经理这个船长一定要稳住舵，才能顺利到达目的地。

（二）如何应对变更

为了确保项目能够顺利推进，我们需要在整个项目生命周期中，持续地管理和控制项目范围。

1. 明确项目范围

我们需要明确项目的范围，这包括明确项目的目标、需求、交付物等关键要素，确保大家心中有数。此外，也要清楚哪些内容不在项目范围之内，这样才能有效避免范围的无序扩张。

2. 建立有效的变更控制流程

项目需要建立有效的变更控制流程。任何对项目范围的改变，都应该通过严格的变更控制流程进行。这包括变更的提出、审批、实施和验证等环节。关于变更流程的详细介绍，我们会在后文展开。

3. 强化需求管理

需求管理就像项目的 GPS，我们需要对需求进行收集、分析、确认和跟踪，确保它能够准确反映出客户的真实需要。这样，项目才能在整个生命周期中保持正确的方向，避免迷失在需求的原始丛林中。

4. 良好的沟通

良好的沟通是防止项目范围蔓延和镀金的"护身符"。不仅要保证项目团队内部沟通顺畅，还要与客户、供应商、终端用户等外部人员保持良好的互动。通过这些及时的交流，可以快速发现并解决潜在的范围蔓延和镀金的问题，确保项目顺利进行。

5. 定期进行项目审查和审计

就像定期体检，项目审查和审计是确保项目健康的重要手段。通过定期检查，我们可以及时发现项目中的问题和风险，发现可能导致范围蔓延和镀金的问题和风险，采取有效应对措施，确保项目不偏离轨道。

（三）变更控制流程

图 5-5 为我们展示了一个标准的需求变更整体控制流程，就像一部大片中角色需要配置齐全，变更控制流程中**关键角色也是必不可少的**，主要包括**项目干系人、项目经理、变更管理委员会（Change Control Board, CCB）**和**客户高层**四类。

项目干系人类似项目大戏的**群众演员**，任何受到项目影响的人都可以提出变更申请，可谓"人人都是变更员"。

项目经理则是这部戏剧的**导演**，他需要和项目干系人确认需求，澄清疑惑，通过核对工作分解结构（WBS）的清单，来判断这些需求会不会对项目的进度、成本和范围造成影响。如果**需求在合理范围内**，项目经理可以**直接拍板通过**，更新变更记录，安排相关人员执行变更，并通知提出需求的项目干系人；如果需求不合理，项目经理会果断地说"不"，并将这个决定记录下来，确保每个人心中都有数。

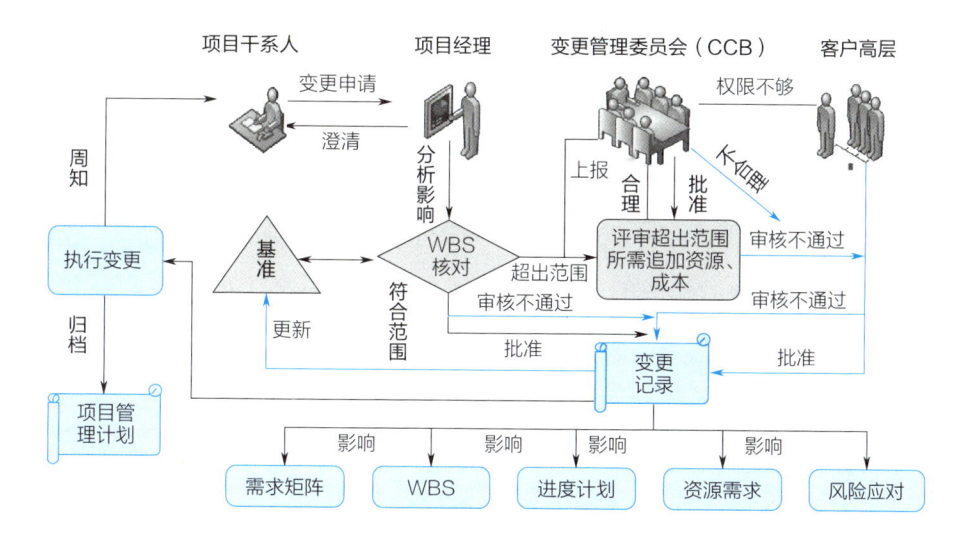

图 5-5 需求变更整体控制流程

变更管理委员会就像"真人秀"的**现场评委**，由项目双方的管理人员、技术专家和商务人员组成。他们的任务是当项目干系人提出的变更需求超出项目基准时，分析、评估所需的额外资源和成本，决定是否批准变更请求。**如果批准，变更就会进入流程；若不批准，也要记录在案，方便大家日后查阅。**

最后，**客户高层**则是这场戏的幕后投资人，若某些变更超出了变更管理委员会的权限，他们就需要出面审批。**无论审批结果如何，都要记录在册，并通过项目组将结果告知提出变更请求的项目干系人。**

值得一提的是，项目管理计划（也叫项目主计划）是有版本的，每次变更后都需要更新主计划，而旧版本也要妥善存档，形成"组织过程资产"[⊖]，

⊖ 任何一种以及所有用于影响项目成功的资产都可以作为组织过程资产，包括两类：①组织指导工作的过程和程序；②存储和检索信息的组织公用知识库。

为今后的项目提供借鉴。

有读者不免会问：为什么需求变更管理流程要搞得这么复杂？难道不是多此一举吗？其实，答案很简单——这可是在利用人们"怕麻烦"的心理，来有效控制那些不必要的变更。

举个例子，想想你某次不愉快的网购经历。如果对买到的商品不满意，你会怎么做？大概率会联系卖家退货。假如卖家要求你上传商品照片、提供第三方检测报告，还要把订单号、发货单号、支付记录统统上传，最后还要手工写一份诚信声明，证明货物不是自己弄坏的，你还会考虑退货吗？人都是"好逸恶劳"的，如果过程极度复杂，而商品价值又不高，大多数买家可能就会选择放弃退货。

我曾负责过一个人力资源数字化项目，为了应对需求变更，我们在项目启动会上就明确了变更流程：最终用户必须用纸质申请单发起请求，经过直属主管、业务总监和IT部门总监三级审批，最后还得经过项目管理委员会的评估通过，才能进行需求变更。正因为有了这个流程，项目推进过程中减少了很多操作层的需求，效率大大提升。

所以，要想管理好项目范围，变更控制流程绝对是关键。聪明的项目经理懂得如何利用这些方法和工具，才能实现事半功倍的效果。

二、登门槛，得寸进尺获得认可

在项目进程中，想要赢得干系人的支持，不妨试试"登门槛效应"[一]。

心理学家弗里德曼和弗雷瑟在1966年进行了一个有趣的实验，结果让人眼前一亮：他们先请求在一组家庭主妇的窗户上挂一个小招牌，大家都欣然答应。过了一段时间，再次上门请求她们在院子里放一个大而不太美

[一] 登门槛效应又称得寸进尺效应，是指一个人一旦接受了他人的一个微不足道的要求，为了避免认知上的不协调，或想给他人留下前后一致的印象，就有可能接受更大的要求。

观的招牌，结果竟有超过一半的家庭主妇同意了。而另一组家庭主妇则被直接要求放那个大招牌，结果只有不到20%的人答应。

同类实验还包括：研究者让助手在两个社区劝说居民在院子里竖一个写着"小心驾驶"的大标语。在第一个社区，大家直接拒绝了，只有17%的人同意。而在第二个社区，研究者先让居民在一份支持安全驾驶的请愿书上签字，几乎所有人都答应了这个小要求。几周后再提竖标语的要求，竟然有55%的人同意了！

在项目管理中，利用"登门槛效应"可以巧妙地"诱导"干系人对项目的投入。比如，可以让某位重要的甲方干系人担任项目的业务培训或技术顾问等角色。在项目验收时，这位付出了精力的甲方干系人，往往会主动为项目辩护，甚至帮助项目组解决一些小缺陷。

在我采访的那些优秀数字化项目经理中，有一位叫老马的项目经理给我留下了深刻的印象。他分享了一段关于项目验收的利用"登门槛效应"的经历，可谓让人耳目一新。为了让客户在最终的项目验收单上愉快地签字，老马聪明地将项目的范围拆分成了若干个更小的价值点。每次，他都只和客户聊这些小价值点的使用体验及遇到的问题。

这样一来，客户在签字时就没有了整体验收的压力，答应得格外痛快。两周后的项目预验收沟通会上，老马自信地把一摞厚厚的项目分项验收单摆到客户经理的面前，诚恳地说："项目成员没有功劳也有苦劳，您看，这些单据就是我们项目工作的成果！"看到这些，各位业务主管毫不犹豫地同意了验收请求。

这就是老马的智慧：把复杂的事情简单化，让客户在轻松愉快的氛围中完成验收。项目管理的精髓，不就是"大事化小、小事做精"吗？

> 当然，作为项目经理，我们得学会设定边界，避免被客户利用"登门槛效应"来套路自己。在一次培训课上，项目经理姚工

分享了一个关于客户需求无限扩展的段子。

某驴肉火烧摊的老板为人热情大方，摊位前总是人头攒动，生意极好。某天早上，一位老太太走了过来，点了两个驴肉火烧。老板一边热情招呼，一边熟练地切肉、装肉，动作如行云流水般。老太太见老板态度好，心里打起了小算盘，想占点便宜，便要求多加点肉。老板毫不犹豫，照办了。

谁知，老太太觉得还不够，立马又喊："老板，再多加点！"老板这次又顺从地加了两片肉。可老太太还是不满足，继续喊："老板，再来点肉，多给点！"这时，老板终于忍不住了，笑着说："老太太，您干脆别买驴肉火烧了，我去给您牵头驴来吧！"这个笑话逗得现场一众学员捧腹大笑，玩笑之余留下更多的，则是关于如何与甲方干系人斗智斗勇的无穷回味。

三、吐槽会，为客户情绪留出口

会议在项目管理中就像水和空气一样，几乎无处不在。无论是方案论证会、项目启动会，还是进度汇报会，每一次的目的都出奇一致——**尽快获得干系人的认同，推动项目顺利验收**。在这些会议中，项目经理可不是个轻松的角色，他们在时间和成本的双重压力下，常常需要使出浑身解数来赢得客户的认可，以期早日实现项目目标。在这场"你来我往"的交战中，经常会擦枪走火，争执不断，拍桌子摔椅子的场面也是层出不穷。

我曾经作为产品经理参与过一个医院数字化标杆项目，项目过程真可谓一波三折。客户对数字化项目期待满满，医院领导更是重金聘请了国际知名的咨询公司制定了一套极具前瞻性的管理方案。接下来，选择了某国内著名的 ERP 项目服务商 Y 公司来实现这个宏大的计划。

Y公司在企业管理软件领域颇有声望，但在医院管理方面却还在摸索阶段，顾问们对医疗行业的了解也相对有限。项目启动后，项目组试图用大量企业管理功能来满足医院的需求，结果发现，无论是业务流程还是产品操作，都与医院的实际情况有着天壤之别。本着尽快完成项目验收的原则，项目经理对用户提出的变更请求采取了拒绝和引导的策略，实在避不开的需求才申请产品经理和开发人员现场支持。可想而知，短期开发的功能缺乏充分验证，客户的抱怨声此起彼伏。

为了平息一线干系人的情绪，项目经理还请公司高层出马，甚至把"釜底抽薪""连环计"都用上了。最终，医院高层下达指令——尽量遵循现有的流程和操作规范，争取项目早日上线。在高压之下，所有干系人都不再出声。这样一来，系统集成顺利实现。Y公司也组织了一系列管理与产品理念培训，持续完成管理价值的输出。经过项目实施方和客户高层的"双向奔赴"，项目终于顺利验收。

项目经理为了体现出对客户的重视，还特意组织了一场盛大的验收庆功会。会议结束后，庆功宴也随之展开，医院的主管领导罗院长也应邀出席。在酒宴上，大家推杯换盏，气氛热烈。此时，Y公司的总经理王总微醺地举起酒杯，走到罗院长面前说："罗院长，咱们的项目上线了，我们想把它打造成行业标杆，您能分享一下项目的应用体验吗？"

"王总，您要不问我还真不好意思说。"罗院放下酒杯，面色凝重，"我最近常在想，我们花了几百万元的投入，难道就是为了买一套软件吗？"

听完这话，王总瞬间沉默，项目组的其他人也陷入了深思。

项目过程可不是一条通天大路，尤其是那些以为项目交付后就能高高挂起的项目经理，恐怕要失望了。以数字化项目为例，项目的进展就像坐过山车（见图5-6），用户和管理者的热情与期待在高低起伏中不断变化。

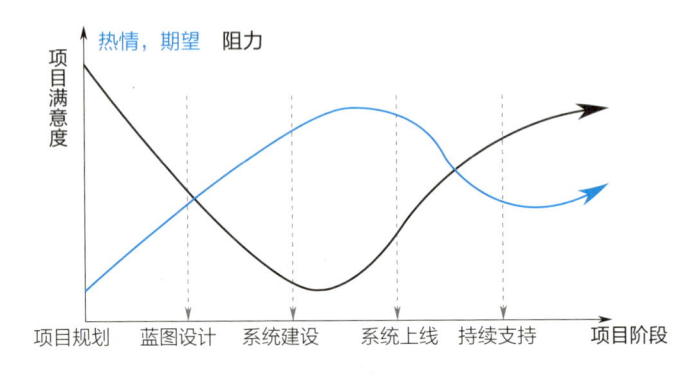

图5-6　数字化项目的力场分析

项目越往后期推进，阻力会先减轻，然后又逐渐增大，而关键用户和干系人的满意度则呈现出先升后降的趋势。如果我们不及时处理好项目中积累的"情绪浓度"，那么在验收时可就要小心了，情绪的"井喷"可能会让你措手不及，甚至带来无法挽回的损失。

各位项目经理一定要记得时刻关注团队和用户的感受，及时"疏通"情绪，确保项目顺利交付，而不是在最后一刻被"情绪洪水"淹没。

无论是数字化项目还是流程改进项目，归根结底都是一场"变革的英雄之旅"——身处其中的各个角色，经历过重重磨砺，实现浴火重生的人生蜕变，最后英雄归来。而在对待这段旅程时，员工们的态度通常分为以下三种：

（1）我不知道它。

（2）我不喜欢它。

（3）我不喜欢你（带来变革的人）。

这三种态度就像层层叠叠的洋葱，一旦员工将对变革项目的不满情绪转移到项目组身上，矛盾就会如火山喷发，言语威胁、冷暴力甚至肢体冲突都可能随之而来。如果此时再有"友商"在旁边添油加醋，项目组要想推进项目可谓难比登天。

组织行为学的专家通过研究发现，在面对变革时，**任何组织内部都会存在"推力"和"阻力"这两股力量**。随着项目的推进，推力和阻力时而携手同行，时而分庭对抗，让人难以捉摸。如果**项目的推力超过18%**，那么**项目就具备启动的条件；而当推力达到68%时，项目基本上就能成功**。想要有效管理变革类项目，可以借鉴 J. 斯图尔特·布莱克在《变革始于个人》一书中提到的策略。

布莱克发现，变革的第一步，是要改变人们脑海中旧有的那幅"心智地图"。这幅地图是人们思维的惯性，决定着他们的行为方式。如果不改变每个人心中的这幅地图，整个组织的变革就会像无源之水，难以成功。

然而，改变个人的过程充满了挑战，主要障碍有三个：要么是看不到变革的必要；要么是看到了却没有采取行动；要不就是行动了但未能坚持到底。最终的结果往往都是失败。作者明确提出了克服这三个障碍的路径，助力每位管理者迎来成功的变革。这三条路径分别是：

（1）**让甲方的相关人看到变革的需要**。要用故事把组织变革的蓝图愿景描述出来，激发员工勇于承担责任、推进变革的决心。

（2）**激励人们行动起来**。利用"登门槛效应"，推进干系人对项目的态度逐渐转变，进而用实际行动支持项目，积小胜为大胜，巩固项目成果。

（3）**帮助人们完成变革**。深化变革，增强人们对变革的信心，扭转人们对变革的态度，并将项目成果融入组织文化和制度中，内化到每个人的行动里。

批斗会和吐槽会就是一个不错的选择，为下一次与客户的合作以及项目的下一个循环奠定良好的心理基础。基于组织变革路径与项目心情曲线的规律，有经验的项目经理会在项目验收会前组织一场"**吐槽大会**"，来稀释关键人的情绪。这种吐槽会主要以批判和发泄用户情绪为主，虽然看似是为了"解决问题"，但实则更像一个情绪的宣泄场。为了让与会者尽情发泄，项目经理甚至会在现场准备烂西红柿和臭鸡蛋！如此，在项目验收前，客户的不满情绪才能真正找到一个出口，对于项目的诸多不满才能适时放下。

本节作业

（1）八戒承接了天庭"银河客运监控系统"项目，要求能对银河运输系统进行实时监控、数据分析和客流预测，计划工期为 6 个月。八戒为了项目尽早验收，把项目精力的 80% 都放到满足天庭高层和管理者的需求上。结果，从玉帝到银河客运部总监都很满意，但一线人员却怨声载道，认为项目占用他们的休息时间，且小道消息说系统一旦上线，会裁减 80% 的工作人员，这搞得人心惶惶。现在项目临近验收，八戒必须拿到关键用户的验收签字才能进行项目收尾，令他头疼的是，关键用户不愿意签字。此时，八戒应该怎么做？

（2）假如你是这个客运监控系统的甲方项目经理，在整个项目推进过程中，要如何监控乙方、第三方供应商，才能保证项目顺利验收交付？

本章总结

（1）监控事：进度是否按照既定计划进行？关键里程碑是否达成？成败攸关要素是否到位？做好风险管理和变更处理。

（2）辅导人：人员的状态和能力是否到位？

（3）监控接口：人与人的接口、人与事的接口，凡是有接口的地方，必然需要监控。

（4）绩效评价：运用挣值分析评估项目进度、成本绩效，预测项目至完工时所需的成本和工作投入。

（5）绩效指标体系：从组织角度建立与战略方向紧密关联的指标体系，并纳入高管的仪表板，形成自上而下的指标体系，为评估项目绩效奠定基础。

（6）监控变更：管理好甲方变更，获得甲方投入的承诺与行动。

（7）做好收尾：设置客户情绪出口，保证项目顺利验收。

附：本章各节作业参考答案

1. 第三节第十一回答案

答案[C]。A选项太多关注干系人的体验，但忽视了绩效数据的整理分析；B选项虽然可行，但做项目效益分析有点早，不是绩效监控要关注的重点；D选项把工作发给佛祖助理是不合适的；E选项虽然可以简短汇报，但不是最佳做法。

2. 第四节第十二回答案

答案［E］。前面已经提出过批评与改进建议，再警告大概率也不会有效果，所以选项A不是最佳选择；选项B的手段比较阴险，不建议；选项C和选项D会让领导当恶人，也不合适。

第六章

及时复盘

如何开展项目复盘

第十四回　乏善可陈

西天取经项目终于顺利验收。为了让这个项目的影响力更上一层楼，观音决定举办一场盛大的经验交流会，邀请你作为主讲人，来分享这段精彩的取经之旅。

可是，等你满怀信心地准备发言稿时，才发现这几年忙着项目验收，连复盘总结都忘记写了。那些灵光乍现的好点子、一试就灵的小妙招，随着时间的流逝早已消失得无影无踪。现在，你煞有介事地端坐在书桌前，脑海里却空空如也，胸中虽有千言万语却不知道如何下笔。最终，你的项目经验报告写得像白开水一般，乏善可陈。

面对即将到来的交流大会，你该如何脱颖而出呢？

第一节　知其然，复盘的前世今生

在和某知名互联网公司的人力资源负责人交流时，我获得了一个鲜为人知的秘密：在这类公司里若想晋升，除了要能"成事"，还得会"复盘"！如果你不会复盘，那就别指望在大厂混得风生水起。无独有偶，我之前服务过的多家企业也非常推崇"三目标工作法"：干成事、带出人、总结方法。显然，大公司对员工都有复盘的高标准、严要求。那么，复盘究竟有何魔力，从而在职场中如此重要呢？

复盘这个词源于围棋，指的是棋手在下完一盘棋后，重新摆一遍棋局，看看自己哪里下得妙，哪里又失误了，甚至探索有没有更好的下法。那么，把复盘搬到企业管理中，就是管理者从过去的经验和实际工作中汲取教训，有效总结经验，提升能力，最终实现绩效的飞跃。

所以，别小看复盘，它不仅是一个简单的总结过程，更是你职业生涯中的"撒手锏"。想要在工作中脱颖而出，复盘绝对是你不能忽视的必修课！

他山之石，缘起与光大

现代管理中所谈及的复盘，来源于美军的AAR（After Action Review，行动后反思）技术，是美国军队于20世纪70年代发明的实务做法（见图6-1），应用于所有部队作战或训练，现在AAR已成为军队训练科目的一部分。西点军校会将历史上失败的作战案例放到教材里，将失败原因一一列出。

图6-1 美军的行动后反思过程

（1）何人参与：包含和行动相关的所有人员，其中有两个关键角色——引导者和观察者、控制人。

（2）复盘什么：不必每件事都进行AAR，选择可从中学到最多或最有价值的事件进行复盘。

（3）在哪复盘：在任何有助于学习的地方，离行动现场越近的地方越好。

（4）何时复盘：趁着记忆犹新，在行动结束之后马上进行。

在国内，联想是复盘领域的先锋，它不仅将复盘引入企业内部，还顺势将其变成了一种组织文化。联想复盘的核心原则如下：

（1）小事及时复盘。行动结束后及时复盘，并制定改进方案，采取行动。

（2）项目阶段复盘。在项目关键阶段及时复盘，调整和优化目标及计划。

（3）大事全面复盘。大项目结束后进行全面复盘，反思经验教训，找到规律。

继联想之后，万达、华为、小米等国内优秀企业也开始实践复盘，这种继承与发扬最终形成了复盘流派纷呈、优秀企业辈出的可喜局面。从华为大学到小米谷仓学院，企业通过复盘形成的方法论逐渐走出企业，融入产业链上下游，赋能行业，推动了全行业企业管理水平的持续提升。

第二节　解其妙，复盘的价值所在

很多读者可能会不以为然："复盘这事儿谁不会啊？我们单位每到月末、季度末和年终都要写工作总结，难道还需要在这里大书特书？"

事实上，复盘可不仅仅是写总结那么简单！想象一下，你在一场激烈的比赛后，除了看看比分，还得分析一下输赢所在，甚至是如何让自己在下一场表现得更出色。复盘就是这样一个全面剖析自我的过程，它能帮你从每一次经历中提炼出宝贵的经验，让你的项目管理技能得到飞速提升。

一、双循环，打通复盘的任督二脉

复盘和总结，听起来似乎是同一回事，但其实它们之间有着显著的区别。总结就像把一场电影的剧情进行简单概括，而复盘则更像导演在放映后仔细分析每一个镜头，思考如何拍得更精彩。

复盘的核心在于从过去的经验中汲取教训，强调的是改进和提升。它不仅是个人成长的助推器，更是团队进步的催化剂。如果我们能把每一次的经历都当作一次学习的机会，那我们很快就会实现个人蜕变。因为复盘不仅让我们从错误中站起来，更让我们在未来的挑战中游刃有余，成为"举一反三"的高手。表6-1分析了复盘与总结在形式、过程、目的和导向四个维度上的差异。

表6-1 复盘与总结的差异分析

维度	复盘	总结
形式不同	复盘需要遵循固定的流程，是一种结构性比较强的分析和归纳	总结的时候，形式比较随意，内容比较简单
过程不同	复盘有一套结构严谨的过程	总结只是简单地回顾，分析过程、得出结论
目的不同	探究结果与目的的差异和根本原因，总结、反思，面向未来	更多还是一种回顾过去
导向不同	复盘以学习为导向，态度中立，不批评不表扬，就事论事	总结以结果为导向，重视目标有没有达成，任务有没有实现

在《学习型组织行动纲领》中，哈佛大学的教授戴维·加尔文曾提到，学习型组织的一个重要标准就是"不再犯同样的错误"。想要避免"重复交学费"，让整个团队能够迅速分享个人或某个部门的经验教训，从而提升组织的整体能力，就必须建立一个有效的复盘机制。

复盘就像是"在战场上学会打仗"（见图6-2）。第一次复盘循环专注于总结实践中的经验，而第二次复盘循环则是为了**面向未来，确保经验得以传承**。例如，项目阶段性复盘是第一次改进，以改善绩效为目标，而项目整体复盘是第二次改进循环，则以总结方法对外输出为目标。

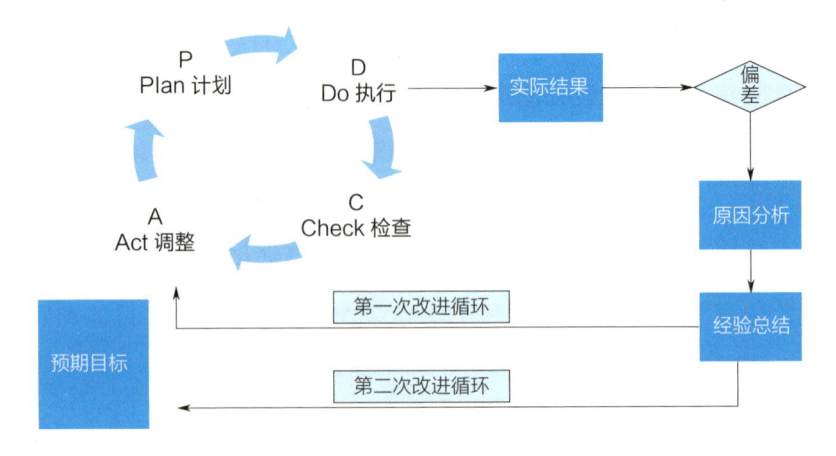

图 6-2 复盘的原理：实现两次改进循环

二、修齐治平，一套复盘打天下

我们可以把经典的"修身、齐家、治国、平天下"模式对应到复盘的多重应用场景。

1. 个人成长，自我反思，修身养性

结合"个人成长 70% 来自工作实践，20% 来自与他人交流，10% 来自正式培训"的人才培养"721 法则"，将复盘应用到个人的学习和成长中，与修身对应。自我反思要注意把握重点，先僵化形式与流程，再优化提升，记录要点并定期回顾，提醒自己，最后才能养成习惯。

2. 事件活动总结，齐家之道

单个团队内或具体的事件活动，对应于"齐家"。所谓事件活动复盘，指的是在工作与生活中，每做完一件事或完成一项活动，就迅速召集相关人员，快速回顾、总结。不是所有事情都需要专门耗费时间进行复盘，但是以下四种情况，可以进行事件级复盘。

（1）新的事：摸索经验教训，为下次做准备。

（2）重要的事：所需资源多，协调部门多，结果影响大，需要格外慎重。

（3）未达预期的事：反映了个人或团队需要提升和改进的地方。

（4）有学习价值的事：新组建团队或团队有人员变动时，通过复盘让成员快速进入工作状态。

3. 项目总结，治国理政

在一个项目或大型事件的关键阶段，花点时间回顾过去的经历是非常必要的。无论是刚完成一个重要的工程，还是公司重组、并购或市场推广活动，复盘都能为未来的决策提供宝贵的参考。

4. 组织运作与战略评估，平天下的智慧

整个企业在一段时间内的战略制定与执行，需要做定期的运作评估。相对于其他几类复盘，战略复盘可能是最"难做"的一种复盘，因为它没有固定的周期，也很难有特别清晰明确的会议或引导流程。毫无疑问，战略复盘对企业发展的意义是不言而喻的。

那么，如何进行战略复盘呢？

（1）**充分利用季度、年度战略回顾会**。在季度末或年底时，高管团队在一起，按照复盘引导的一般逻辑，对照季度初或年初确定的战略和目标，回顾一下实际执行的情况，对这个过程发现的一些重要问题进行研讨，看看他们对公司的战略与目标可能有哪些影响。

（2）**一把手亲自主导、推动**。"定战略"是一把手的核心职责，为此，战略复盘也应该由一把手亲自主导、推动。

（3）**小企业同样需要复盘**。对于小企业，虽然不必有正式的会议安排，但一把手一定要和自己的核心团队及骨干，及时、充分、坦诚地对公司近期目标、现状、内外变化和困难等，进行探讨。

（4）**靠复盘推动"快速迭代"**。选准一个切入点，快速行动，然后尽快

进行复盘，从"试错"中学习，并迅速调整。快速地进行战略复盘，是企业适应当今时代市场竞争挑战的重要制胜法宝。

我曾负责过一家 IT 公司的战略复盘项目，项目的背景是这样的：从 2018 年到 2021 年，公司成功完成了从传统软件包到订阅模式的华丽转身，首次订阅率超过了 95%，续费率稳稳地保持在 90% 以上，3 年收入复合增长率更是达到了 40% 的傲人成绩！公司总裁办决定由人力资源部门牵头，进行一次系统的战略复盘，以期达到总结方法、传承经验的目的。

为了让复盘工作更高效，我将复盘内容拆分成五大系列：**产品、技术、营销、服务和管理**。每个系列都配备了业务领导和专家，形成了各自的小团队。此外，我们还邀请了外部的萃取专家，由他们运用头脑风暴和理论框架来引导团队，最终产生了 20 多个经典案例。这些案例可谓五花八门，有的是新产品从 0 到 1，打破市场的空白；有的是老产品在竞争激烈的战场上奋勇突围，还有一些管理创新，敢于打破组织与文化的舒适圈等。这些生动的案例仿佛将我们重新带回到那段激情燃烧的岁月，每每读起来都让人心潮澎湃。

萃取专家乘胜追击，指导业务人员继续深化探索，最终形成了以案例为血肉、以理论为骨架的一系列战略复盘课程。该系列课程经过公司高层与专家评审后，成功入选总经理人才梯队培养项目的教材库；再由业务领导亲自做讲师传授课程内容，实现了"经验传承，方法迁移，向外赋能"的预期目标。战略转型课程的全面铺开与推广，最终受到高层领导的大力称赞。

一次战略复盘，竟为企业创造了双重价值，实践证明，这笔投入真可谓物超所值！

第三节　取其精，复盘的操作手法

复盘，重在反思、改进与学习，而不在形式。

复盘工作并非要你西装革履、正襟危坐，召集好所有成员，再摆上会议桌，一副煞有介事的样子。其实，只要项目经理有心，随时随地都能进行复盘；就算是一个人，也照样可以进行。接下来，我就来介绍项目管理中最常见的三种复盘类型。

一、三省吾身，个人复盘建习惯

《论语·学而》中记载："吾日三省吾身。"这句话其实就是在提醒我们经常进行个人复盘。每晚临睡前，花上10分钟，把当天的重点工作项目像放电影一样回忆一遍，追问自己几个简单却深刻的问题，便完成了简易版本的复盘。

（1）问结果：例如，某件事今天做得怎么样？哪些方面做得不错，哪些地方又让你觉得有些遗憾？

（2）问收获：例如，这件事让我从中学到了什么？启发了我什么？

（3）问改进：例如，假如让我再去做一次，我会怎么做？为什么？

> **没有白走的路，每一步都算数**
>
> 十年前，我还在某企业大学工作。一次，我和同事聊起培训中的一些困惑，尤其是那些学员故意出难题、拒绝配合的场景。我费尽心思备课，准备了不少笑话，想着要把大家逗乐，结果课堂气氛却冷得像冰窖。讲完笑话后，学员们的反应简直可以

用"无动于衷"来形容,甚至有位同学直截了当地问:"老师,您刚才想表达什么呢?"这让我瞬间尴尬得无地自容,只能匆匆结束课程。

那一刻,我心里满是委屈,觉得学员们简直是故意刁难我。然而,同事轻轻回应了一句:"**没有白走的路,你从这件事中学到了什么?**"这句话像是大海中的灯塔,瞬间点亮了我的思维。我意识到自己像个怨妇,不停地自怨自艾,唠唠叨叨,这对工作改进毫无帮助。最重要的是,未来我该怎么做?

从那以后,我把这句话深深镌刻在心中。每当遇到大事,无论成败,我都会放下情绪,问自己一句:"这件事让我学到了什么?"这不仅是对过去的反思,更是对未来的指引。正是凭借着这种时时自我反思的驱动,我才能一次次突破自我,实现蜕变。

个人经历不会凭空变成经验,复盘才是将沙砾变成金子的"炼金术"。不做复盘,读万卷书就只是一根"内存条",行万里路就只是一名"旅行网红",阅人无数就只是一台"照相机"。其实,个体之间的绩效差异,往往不在于智商的高低,而在于我们如何总结和提炼这些经历,把它们转化为真正的学习和成长。

我在进行招聘面试及晋升评审时,常常会给候选人抛出以下几个问题:"请描述一下在你的职业生涯中对你影响最大的一件事情是什么?为什么?你是如何处理的?"无论对方的回答如何,在我看来并没有绝对的对错之分。我的关注点主要在三个方面:**逻辑表达、反思总结和价值观选择**。这三者结合,足以判断出一个人的基本素质。

如果一个人不能清晰地表达自己的观点,那他在工作中就容易顾此失彼,常常出现漏洞;而如果他无法面对自己的缺点和不足,不善于进行复盘和反思,那他就会堵塞自己成长之路,难以大展宏图;至于价值观的偏移，公私两方面都会给他带来灭顶之灾，小时偷针，长大也可能偷金，这样的故事屡见不鲜。如果能够引以为戒，他的职业发展就会是一条光明坦途。

所以，个人复盘可不是老生常谈的回忆录，而是**要抓住事件中的学习收获、达成目标的最佳行为以及做决策时的价值选择**这三个关键要素。我们要不断发出振聋发聩的灵魂拷问，直面自己的恐惧、自私、怯懦与懒惰，才能真正找到工作的原动力，进而全心投入，能量满满地迎接未来的挑战。

没有白走的路，经历过、获得过、反思过、改进过，你就在蜕变的路上，破茧成蝶的时刻指日可待！

二、日新月异，阶段复盘见真章

个人复盘是为了自我提升，而项目复盘则是为了团队的共同进步，二者缺一不可。把个人复盘的问题框架搬到项目复盘上，并稍作调整，我们就能得到一个清晰的项目复盘流程。

第一步，检查项目成果

复盘第一步，检查当前阶段取得的结果，深入探寻哪些达成了预期目标，哪些明显低于预期目标，作为项目复盘的第一步，评估阶段目标必不可少。

第二步，分析负向偏差

复盘第二步，**重点分析造成负向偏差的原因，通过追问法进行根因排查**，找到出现负向偏差的真正原因。通常情况下，人们在面对问题时，往往会**把责任推给外部因素，习惯"甩锅"**。战略管理中有一句话"所有差距的根因都是由能力不足造成的"，组织能力、个人能力不足往往是造成项目偏差的主要原因。复盘时若能将问题归因到个人，如能力不足、意识不到位、行动不及时等，**基本可以判断追问到位了。**这样才可以进入下一步，制定改进措施。

第三步，检视关键措施

复盘第三步，检视当前阶段采取的关键措施、行为，并对下阶段的行为进行调整。图 6-3 为复盘的 KISS 模型，可以根据需要确定保持（K）哪些活动，改进（I）哪些活动，停止（S）哪些活动，新增（S）哪些活动。

保持 Keep doing	改进 Improve doing
停止 Stop doing	新增 Strart doing

图 6-3 复盘的 KISS 模型

（1）**保持**：那些在过去的工作中表现优异的做法，如高效的工作习惯、成功的策略或良好的团队合作，要继续保持下去，确保团队在未来的工作中继续发光发热。

（2）**改进**：识别出过去工作中的不足之处，如流程冗长、沟通不畅，针对这些问题进行改进，提升团队的工作效率和绩效。

（3）**停止**：找出那些不必要或无效的做法，果断停止，如那些浪费时间和资源的行为或者已经过时的做法，停止这些无谓的行为集中精力做更有意义的事情。

（4）**新增**：在未来的工作中，勇于尝试新的做法或采取新的措施，如新的工作方法、新的技术或新的团队合作模式，为团队的发展注入新的动力和机遇。

项目管理者可别一味地增加新活动，而舍不得停止那些无效的活动。管理是有成本的，每增加一项活动，就要相应地停止一些，确保管理的范围既有效又精准，同时控制成本。这样，才能真正发挥出项目复盘的价值。

第四步，调整"为—事—人"要素

复盘第四步，如果你发现之前制定的改进措施没能奏效，那就该把目光聚焦到"事情"和"人"身上。检视是否某个任务、工作包不合理，或者执行任务的人不合适。通过调整"为—事—人"三要素，将项目逐步调整到正常轨道上。

"为—事—人"三要素改进思路助力职业发展

当我刚踏入职场，成为一名软件测试工程师时，满怀雄心壮志，想着在这个领域大展拳脚。然而，经过一段时间的努力，我发现自己始终无法在测试团队中脱颖而出。原因无他：一方面，我对人机交互的兴趣不大；另一方面，我那三脚猫的计算机基础知识和技能在那些科班出身的同事面前就如同小巫见大巫。

为了提升自己的专业能力，我决定向公司里的产品和技术专家请教，心中默默把一位精明干练的女同事当成我的学习榜样。半年后，当 HR 找我聊职业规划时，我毫不犹豫地说："我希望五年后能成为一名产品经理！"这话说得铿锵有力，牛皮是吹下来了，可这个梦想怎么才能变成现实呢？

经过对公司内部测试到产品经理转岗路径的研究，我意识到，想要顺利转型，我需要在知识储备、项目经验、人脉积累等方面做好准备。于是，我制定了一个职业转型的三步走策略：

第一步，储备目标岗位相关知识。我开始自学财务、供应链和制造等业务知识，还考取了会计资格认证。工作间隙，我会在公司的文件服务器上研读需求文档，分析产品架构逻辑，甚至尝试手绘业务流程和逻辑图。每当遇到不懂的地方，我都会主动找产品专家交流，虚心向他们求教设计思路和注意事项。

第二步，具备基本的知识储备后，我**主动申请参与项目工作，**

借此机会与客户交流，观察项目运作，并担任产品经理的助理。通过这些实践，我逐步掌握了应对客户的基本流程和项目管理规范。万事俱备，就差一个机遇了。

第三步，建立人脉网络。机遇往往可遇不可求，但总是留给有准备的人。我积极参加公司各类培训活动，这些跨业务、跨职能的培训让我结识了不同部门的同事，获取了不少"小道消息"，如哪个新业务在招人、哪个部门有空缺等。此外，公司内部论坛也是一个极好的资源平台，通过参与专题博客和论坛互动，我逐渐积累了一定的人气。

果然，天道酬勤。在我入职的第五年，通过内部引荐，我如愿以偿地转岗，成了一名产品经理，开启了全新的职业篇章。谁说梦想不能成真？只要你愿意努力，机会总会降临！

回顾整个转岗项目，我发现这个过程其实完美诠释了"为—事—人"的改进思路。从最末端的**活动（为）**入手进行改变，像是从一块小小的拼图开始拼起，这是我们能直接干预的基本单元。如果调整了活动却没见到效果，那我们就得把目光投向**事件（事）**本身。就像我从办公室的按部就班，转变为深入一线、灵活应对客户需求，就是事情的变化。

但如果方向调整了，目标还是遥不可及，那就得考虑人员（人）是不是出了问题，如找内部推荐人。与其到处投石问路、乱拜山门，不如抓住要害，直击关键决策者——产品部门的负责人。话虽如此，打铁还需自身硬，个人品牌的打造也是必不可少的。通过双向努力，才能真正实现改进的闭环。

项目复盘虽然有框架，但却不是一成不变的，我们一定不能因循守旧，陷入"刻舟求剑"的误区。要知道，"山不转水转"，时移世易，不同时期、不同阶段，项目复盘的方法也要与时俱进、灵活调整。这背后，组织和文化的支撑是必不可少的，以下是复盘成功的四个关键要素。

1. 领导重视

各级领导都必须高度重视复盘，并身体力行，以身作则来推动复盘。

我曾经服务过的一家公司，每当举行战略动员、年中加油、高管研学等项目时，董事长都会在当天的休息时间，召集高管团队开复盘会。通过这种标杆示范的力量，各级干部在本业务的重点项目中，开始逐渐形成复盘的文化。

2. 专人负责

投入专门的时间、精力和资源是必要的，也是值得的。在项目复盘会中，**引导人**、**主持人**、**决策者**等角色必不可少，高质量的项目复盘会，必须确定具有把控全局能力的引导人或主持人。有复盘文化的企业，会将复盘作为一项管理技能，由人力资源部门开发针对性课程，对全体员工进行内部培训，建设组织级复盘能力。

3. 过程中小结

定期进行阶段性复盘，并形成书面资料。一方面，它能作为工作计划、检查和推进的依据；另一方面，也为后续的工作提供了丰富的素材。

我接触过不少顶级咨询公司的顾问，发现这些咨询顾问之所以看上去充满自信、卓然不群，就在于身后的企业积累了海量的项目案例库。咨询公司对顾问的培养是建立在大量的项目案例库之上的，有了这些案例支撑，顾问便可以快速掌握行业所需要的知识，并尽早投入项目工作，产生工作绩效。

4. 把复盘当成推进工作的一部分

复盘可不能只是走个过场，必须认真对待复盘，落实到位。

我在负责培训项目时，总会在执行表中加入**晚间复盘**这一项。无论培训活动结束得多晚，项目组都会在现场快速复盘。从课程内容、运营支撑到活动设计，大家都会进行差距分析，制定第二天的改进措施，并把责任落实到每个人身上。这种安排，不仅保障了每次培训项目的顺利交付，还逐渐内化成了团队的工作习惯，提升了整体能力。

除了具备复盘的成功要素，还需要对复盘会议的要点了如指掌，掌握以下12项"秘诀"，可以让我们的项目复盘更加有的放矢。

（1）**召集会议**。复盘不是项目经理的独角戏，团队的智慧总是更强大。

（2）**邀请合适的人**。确保参与者都是关键角色，不能遗漏重要干系人。

（3）**任命联络人**。找一个能把大家的想法串联起来的人，确保信息流畅，沟通无碍。

（4）**重温项目的目标和结果**。请大家共同回忆项目的目标是什么，成果又如何，为后续复盘打好基础。

（5）**重温项目的计划或过程**。回顾一下我们的"项目旅程"，看看有没有偏离轨道。

（6）**询问"什么做得很成功"**。勇敢地找出那些闪光的成功点，给团队点个赞。

（7）**分析成功原因**。成功的背后总有秘诀，多找外因才能探究出规律。

（8）**询问"哪些可以做得更好"**。没有完美的项目，找出不足之处，多向自身找原因，才能找到改进的方向。

（9）**找出困难和改进建议**。把问题摆上桌，讨论如何"打破坚冰"，让未来的项目更加顺利。

（10）**确保没有遗漏**。细节决定成败，像侦探破案一样检查每一处，确保每个细节都不被遗忘。

（11）**询问"接下来做什么"**。给大家设定清晰的下一步计划，让复盘成果落到实处。

（12）**整理并分发会议记录**。把会议的结论整理成文，分享给所有参与者，确保大家都能从中受益。

三、条分缕析，整体复盘现得失

项目阶段复盘就像是给你的项目做一次"健康检查"，专注于通过小的调整来使项目步入正轨；而整体复盘则更像是为项目制订一份长远的"养生计划"，确保你的方法可以在未来的项目中继续发光发热。根据在项目管理中多年的经验，我特别为大家推荐两种实用的整体复盘方法：**目标回顾法（GRAI 复盘法）和过程重现法**。

（一）目标回顾法

目标回顾法从项目的**整体目标**出发，深入挖掘目标偏差的根源，并总结出**宝贵的经验**。最终，我们希望通过这些分析，找到规律，制定出一套完善的改进方案。此方法的典型流程如图 6-4 所示。

回顾目标	评估结果
当初的目的是什么（期望的结果）	亮点（与原来目标比）
要达成的目标&里程碑	差距（与原来目标比）
总结规律	分析原因
经验&规律（不要轻易下结论）	成功关键因素（主观/客观）
行动计划（KISS模型）	失败根本原因（主观/客观）
新增：	
停止：	
保持/改进：	

中间圆环：① Goal　② Result　③ Analysis　④ Insight

图 6-4　目标回顾法框架

1. 第一步，回顾目标（Goal，G）

回顾目标时，项目团队可以自己对照检查以下内容：

• 我们原先期望发生什么？当初的目的是什么？目标是什么？注意区分目的和目标。

• 目标是否可以支撑目的达成？两者的逻辑关系是什么？

• 你的目标有区分吗？目标包括两类——**感性目标与理性目标**，感性目标是可以通过定性描述或者被感知的目标结果，如团队融合度提高、组织氛围变好等；理性目标是可以通过观察、观测等量化工具进行测量的结果，如收入增长百分比、人员增长率等。

• 当初的目标是你真正想要的吗？目标与公司的价值观相符吗？（针对与客户相关的关键决策）

• 确立目标的时候有没有关注共同利益，兼顾对方的目标？（针对与客户相关的关键决策）

• 目标明确，并经过分解、达成了共识吗？（针对项目团队，包括甲乙双方）

• 达成目标的策略和举措是什么？有预案吗？（针对进度与风险计划）

2. 第二步，评估结果（Result，R）

对照原定目标评估最终的结果，好的地方有哪些，用"＋"号表示；不理想的地方有哪些，用"－"号表示；分别统计两类符号的数量，**差距大的部分便是复盘的重点。**

（1）评估的思考维度：

• 事件取得了哪些理想的结果和哪些不理想的结果？

• 达到当初既定目标了吗？为什么？

（2）评估结果的基本原则：

• **用数据说话。**尽量用数据说话，尽量用定量方式分析结果。

- **实事求是**。不夸大不缩小，做十说九，而非做八说十。
- **反思自我**。人的本性是趋利避害，做得不好时有防御心理，推卸理由；或者泛泛而谈，不谈自己。这些都会影响项目的复盘质量，需要管控和干预。多问自己，在同样的情况下，对手也遇到了这种问题，你采取了什么方式来解决问题，反思自己的预见性和应变能力。
- **辩证看待**。一切都是最好的安排，失误也有学习价值。成功是否具有偶然性？下次环境变化后是否还能继续成功？这些都需要思考和分析。

3. 第三步，分析原因（Analysis，A）

（1）分析维度。分析原因的要点可以从理性和感性两个维度展开。

1）理性维度：

- **分析成功因素时，多列举客观因素**，精选出真正的客观优势进行对外推广。
- **分析失败原因时，多从自身深挖原因**，狠挑不足，补短板。
- 谨慎检视是不是当初的目的、目标明显有误而导致了失败，否则原因分析可能围绕着错误的目的、目标展开，事倍功半。

2）感性维度：

- 你的所作所为带给对方的感受是什么？
- 对方如何理解你的意图？做出了什么反应？

（2）**分析方法**。分析原因的工具包括 5M1E 法（详见第三章）、数据分析法等。在此，我们要着重讨论一下数据分析法。在数字化时代，**数据分析法**日益成为项目管理中的重要抓手。

不同业务都有各自的分析模型，复盘时可以根据项目的具体指标进行拆解，沿着这些指标的路径，找到问题的根源。让我们来看看几个经典的数据分析方法。

1）**用"杜邦分析法"分析经营偏差**。想要了解企业的经营偏差，杜邦分析法就像一把钥匙，打开了财务绩效的大门。其公式为 ROE[①] = 净利润 / 股东权益，公式可以进一步分解为销售净利率 × 资产周转率 × 权益乘数。其中，销售净利率 =（净利润 / 销售收入），资产周转率 =（销售收入 / 总资产），权益乘数 =（总资产 / 股东权益）。

2）**用销售收入公式分析销售的收入差距**。如果你想知道某段时间内的销售收入如何，可以用销售收入（GMV）= 流量 × 转化率 × 客单价来度量。这个公式主要用在电商类业务上，当然，软件服务的收入分析也同样适用。

3）**用病毒式传播系数 K 因子，分析新用户引流与转换路径**。它会告诉你每个用户能带来多少新用户，公式为 K = 分享率 × 转化率，基线通常为 0.5。K 因子的具体计算方法是（发出邀请数 / 现有用户数）×（新注册用户数 / 总邀请数）。在互联网产品的世界里，这就像是一个用户带动另一个用户的连锁反应，所以也被称为病毒传播因子。

通过这些数据分析工具在项目复盘中的应用，复盘工作会变得更加高效深入，你也能够像福尔摩斯一样，精准定位问题的根源，进而找到解决方案。

（3）**分析步骤**。分析原因时可以将其动作拆解为以下三步。

1）**叙述过程**。叙述过程的目的是让所有参与复盘的人员都知道事件全过程，这样大家才有共同讨论的基础，不必在简单的信息层面浪费时间。

2）**自我剖析**。自我剖析的时候，要尽量客观，要能够对自己不留情面。自我剖析是去分辨事情的**可控因素**，搞清楚到底是因为自己掌控的部分出了问题，还是别的部分出了问题。

[①] ROE（Return on Equity）的中文是"净资产收益率"或"股东权益报酬率"，它是衡量企业盈利能力的核心指标，反映出公司利用股东投入资本（净资产）创造利润的效率。

通过自我剖析，明确自己没有尽力的事情是哪些。在不可控的事情中，自己做出努力的地方是什么？无法着力的是什么？

- 可控的：是否尽量做到了最好？是否至少不低于计划的目标？
- 半可控的：自己可掌控的部分是否做好了？是否为别人完成的部分留出了空间？是否为别人完成工作提供了尽可能的帮助？
- 不可控的：是否提前与别人沟通过？有没有督促？有没有随时跟进事情进展？是否可能部分参与支持？

3）众人设问。通过众人的视角来设问，这样可以突破个人认知的局限。设问要探索多种可能性及其边界。

4. **第四步，总结规律（Insight，I）**

针对过程和原因分析，我们要落实到规律层面，可以一起讨论以下问题。

- 如何使行为的结果（或者对方、客户的反应）与当初的意图一致？
- 你从这个事件中学到了什么？
- 找到了规律之后不能停留在当下，要继续追问，我们有哪些方法论可以形成标准的方法论，进行迭代和改进？

（1）复盘到最后，**必须要有结论**，但是结论不要轻易下，要对结论进行交叉验证。很多时候你们团队当下遇到的问题，在其他团队、其他时间是否还会存在？你们得到的是经验还是规律？人们容易犯的一个倾向是轻易总结出"规律"，从而导致封闭和僵化。

（2）事实上，复盘主要针对的是具体事件的讨论，其得出的结论可能很有局限性。**可以尝试用 A/B 测试的思路验证结论**，如果验证通过，则大规模推广你的结论。

（3）关于复盘的结论，我们可以参照以下几条原则进行检视。

- 我们复盘的结论是否排除了偶发性的因素？复盘的结论是指向了人还是指向了事情？

- 复盘结论的得出，是否经过了 3 次以上的连续追问"为什么"，是否涉及一些根本性的问题，还是仅停留于具体事件/操作层面？

- 是否有类似事件的复盘结果，可以进行交叉验证？

（4）**在落地改进方面**，我们要思考以下问题。

- 开始做什么：基于从复盘总结中学到的经验教训，为了挽回损失、改进当前项目/事件，可以开始做哪些事情？

- 继续做什么：这个阶段另外一个目标是，找出团队表现良好、需要保持下去的领域。

- 停止做什么：经过复盘，可能发现有些做法不当或者失效，建议以后不要做。

表 6-2 展示的是某产品年度销售项目的复盘报告，此样例充分展示了复盘的核心原则。

表 6-2 目标回顾法复盘案例

回顾目标	评估结果	分析原因	总结规律
当初的目的是什么？	对照目标逐一评估结果（业务数据可用表格）包含目标、结果、差距（正负向），达成率等	当初为达成目标，计划有哪些举措？哪些执行了？哪些未执行？计划外又有哪些？	有哪些经验，可以纳入达成目标的攻略
确保 7~9 月业绩目标计划顺利完成	目标 230 万元，完成 210 万元，差 20 万元，完成率 91%	1. ×× 管理 2. 电话量 3. 电话量内容的包含（新分/日程/成交倒打/未成交倒打） 4. 系统管理 5. ×× 的管理	1. 采取 5 个方面过程管控，促进 7 月、8 月目标完成 2. 5 个方向的重视顺序排列

（续）

回顾目标	评估结果	分析原因	总结规律
当初的目标是什么？目标是如何分解的？目标是否达成了共识？过程中目标做了哪些调整？现在看目标是否合理？	结果和目标差距大的（正负向均可），是复盘的重点，请列出	过程中出现的影响目标达成的客观情况有哪些？	有哪些教训，以后不再犯同样的错误
1. 当初的目标230万元 2. 目标年计划指定的 3. 目标是每个人自己上报，达成了共识 4. 目标没有调整 5. 合理	7月、8月达成目标，9月未达成	1. 经济下滑，客户行情不好，采购积极性低 2. 竞品价格下调以及其他方面的影响 3. 公司内部调整	1. 电话量日面过度关注、周面和月面的忽略，导致整体扩面受到影响 2. 电话内容忽略对倒打客户数量的要求设置，导致盘库速度受阻 3. 系统管理中作物的占比调节客户优化监督落实不到位
		对照评估结果列出的复盘重点，逐一进行分析，超出目标的部分，侧重成功的关键原因；低于目标的部分，侧重失败的根本原因	现在回看，目的、目标、策略、举措等如何调整优化，可以有助于达成目标？
		1. 执行人对自身执行要求不够 2. 五项执行过程中细节的偏差 3. 监督、检查力度不够 4. 士气不足 5. 缺乏激励	1. 根据目标达成情况反复循环审查五项落实 2. 五项管理中细节的把控 3. 做好监督 4. 做好个体五项薄弱分析和重点关注 5. 增加团建 6. 建立激励机制

309

- 就差距大的部分进行重点复盘。
- 在原因分析部分,好的要找客观原因,不好的要找主观原因。
- 总结规律要有交叉验证,体现行为举措、事件活动及人员的调整。
- 思考利用机制与制度巩固项目成果,杜绝隐患发生。

(二)过程重现法

与目标回顾法不同,过程重现法通过**重新演绎过去的事件**,以电影回放的方式重现整个过程,确保客观信息没有被遗漏。这种方法包括信息场、思维场和情绪场的重现,旨在厘清项目或行业的实际情况,判断方法和思路的正确性,进而探究规律并总结经验。

1. 过程重现法的步骤

图 6-5 展示的是过程重现法的五个核心步骤。

图 6-5 过程重现法的步骤

(1)S(Situation),**事件背景**。例如,客户严重质疑我方的交付能力,与现场项目经理无法配合。

(2)C(Conflict),**当时出现的冲突**。例如,竞争对手虎视眈眈,不断在背后搞小动作;客户要求我们在一周内完成方案的修订。

(3)O(Option),**面临的选择**。例如,放弃该项目,或者以更加专业的形象和诚恳的态度打动他们。

(4)R(Result),**该选择产生的结果**。例如,充分了解客户情况,精心准备资料，在为客户呈现方案时，赢得了客户的认可。

（5）E（Evaluation），**针对本事件行为决策的评价总结**。例如，自信、专业、诚恳、勤奋是一个顾问的基本素养，挑战也可能是成就自己的机会。

针对过程重现法，复盘引导人可以从下面五个方面进行追问，以保证事件复盘的质量。

（1）这么做的原因是什么？不这么做会有什么影响？

（2）这个过程是分哪几步完成的？

（3）依照大家的经验，哪几个环节比较重要，为什么？

（4）这一步每次都这样操作吗？有没有例外的情况？举个例子。

（5）新手在这里容易出什么状况？能否举一个令人遗憾的案例？

应用过程重现法时，**复盘人一定要跳到局外**，冷眼旁观，站在导演视角不断设问以上1~5个问题，才能打开思维局限，深度反思。若做不到这一点，复盘质量就会受到影响。有条件的组织可以设置引导师或萃取师的角色，带领团队完成过程重现与团队反思。

2. 过程重现法的应用

图6-6为我应用过程重现法帮某建筑客户做的项目复盘案例，读者可以从此案例中看到，过程重现法应用的重要步骤是第三步——务必说清楚面临具体问题时的思考逻辑、问题排查思路，以及最佳选择、决策依据等。

同时，反思评价是对整个过程的升华与反思，是对整个事件过程的流程线、逻辑线和情绪线的综合评价与提炼。好的反思评价应该既有逻辑条理，又有情绪感受，还有认知哲学，唯有此，才能让读者既听到精彩的故事、体验了热闹，又学到有料的知识、理解了门道。

现实中，目标回顾法和过程重现法都是很好的复盘工具，我经常遇到有学员苦恼于如何使用，表6-3是针对两个复盘框架的目的、形式、侧重点、适用场景进行的对比分析。

事件背景	Q：请尽量用简短、清晰的语言描述事件发生的时间、地点，项目类型、建筑面积、合同金额等 A：2021年4月15日，山东省济南市，四星级酒店项目，建筑面积62000m²，合同金额3.25亿元 Q：结合事件特征还需要补充什么背景？ A：地下2层，地上22层，当前结构施工至地上6层	
事件挑战	Q：项目进展到哪个阶段了？投标、履约、结算等 A：履约阶段，地上结构施工中 Q：遇到了什么问题？请详细列出 A：商务经理反映：混凝土实际使用量累计10641m³，计划使用量9712m³，超出计划用量929m³，经反复核对、核算，数据无误	列出与商务成本有关的详细问题

行动选择	Q：面对问题，请分析原因
	A：1. 料单与统计数据不符
	    2. 现场浪费严重，招方不准
	    3. 进场混凝土亏方严重
	    4. 结构施工有误差，现场实体尺寸偏大
	Q：发现的突破点有哪些？
	A：1. 逐张核对料单
	    2. 检查混凝土过泵记录，查看浇筑录像
	    3. 对混凝土进行检测，检查配合比
	    4. 大范围检查现场的结构实体尺寸偏差
		区分问题和原因，针对性寻找突破点

行动选择	Q：摆在面前的可选方案有哪些？
	A：方案1：4月16日-4月17日，安排预算员与混凝土工长核对料单，4月17日18:00前出具统计分析表
	    方案2：……
	    方案3：4月16日-4月17日，安排技术负责人联系第三方检测机构对进场混凝土随机抽样检查，4月18日18:00前出具检测报告
	    方案4：……
	Q：最终选择的方案是哪个？为什么这么选择？
	A：选择方案2和方案3，经确认预算人员已经与混凝土工长逐张核对过料单，数据无误，所以排除方案1；质检员已按质量检查计划对结构实体尺寸偏差进行检查，结构实体的截面尺寸偏差合格率达到90%，并未出现统一偏大的情况，所以排除方案4
		方案里要体现时间节奏和关键人做的关键动作

行动结果	Q：基于确定的方案，采取了哪些具体措施？请细化到关键行动措施 A：措施1：…… 措施2：按正常进行现场混凝土浇筑施工，进行随机抽查，确保第三方检测机构与商混站之间没有关联，抽查的混凝土等级不少于3个，且确保大方量使用的混凝土等级抽样不少于3次	
行动结果	Q：取得的结果是什么？列举对应的具体成果数据、产生的效益等 A：1. 过泵记录与小票偏差在0.5m³以内，有偏大也有偏小，总量偏差在50m³以内 2. 检测报告显示，所有抽样检测的混凝土使用的砂都是尾矿砂，导致混凝土密度达到了2800kg/m³。项目部同搅拌站谈判，超出的量全部由搅拌站承担；且要求搅拌站立马更换用砂，并签订承担质量风险承诺书 Q：相关方评价（项目同事、公司、同行、监理、甲方、政府等） A：对于处置结果，公司对项目部给予了表扬，但对技术负责人进行了批评	结果要有数据，也要有成果

反思评价	Q：总结该事件成功的经验、方法，都有哪些？
	A：1. 商务成本管理中发现的问题背后的原因往往是多面性的（经验）
	    2. 要全面找出问题的可能原因，排除干扰性因素，分析出要因，对要因进行逐一验证（经验）
	    3. 围绕生产的关键要素人、机、料、法、环进行原因分析（方法）
	Q：该事件失败的教训有：
	A：1. 没有做到防微杜渐，直到出现明显的问题后才下决心去解决
	    2. 质量管理敏锐性不够，管理风险识别不全
	    3. 出现混凝土量差时未及时反馈到技术部门，技术与生产、商务管理联动性不足
	Q：如果再做一次，你会怎么做？哪些地方需要改进？计划怎么改进？
	A：我会增加团队复盘会议，项目全体成员参与，以此事件为契机，大家举一反三
	Q：该经验、方法适合的范围有哪些？
	A：适用于解决施工项目管理进度、成本、质量、安全等问题
		方法一定要可以被别人借鉴使用

图6-6 过程重现法应用示例

表6-3 目标回顾法与过程重现法应用对比分析

维度	目标回顾法	过程重现法
目的	获取与目标偏差较大的差异点，找出规律和原因，并制定改进方案	通过剖析决策过程，找到有效的方法和路径
形式	单点突破，聚焦于目标与逻辑	全面系统，完整性强，考虑逻辑和情绪多条主线
侧重点	侧重差距分析，总结经验和发现规律	侧重决策过程的逻辑剖析，以及对事件的体验、反思
适用场景	成员彼此熟悉，共创共研解决方案	有新人加入，转移经验、传授方法

本节作业

选择自己参与的某个项目，运用目标回顾法或过程重现法，完成项目复盘，将复盘结果填入附录9"项目总结复盘表"中。

第四节 摄其魂，复盘的应用心法

第十五回 有口无心

取经项目圆满结束，项目验收后，观音暗示项目团队应该组织一次完整的项目复盘。唐僧听完，赶忙安排了一次项目复盘会，邀请观音列席会议。会议开始，唐僧先对会议定调：大家畅所欲言，本着实事求是的原则，有什么问题都可以提，不要拘谨。

听完这话，悟空首先打开话匣子："这次取经项目的成功，多亏了俺老孙人脉广、本事大，不停搬救兵，才能保护师父取到真经！"

八戒听完非常不满，嘴巴撅得老高："你咋不说好多祸事都是你闯出来的呢？"

"你闯的祸也不比我少！"悟空马上回怼道。

就这样，两人你一言我一语，争吵起来，谁都不肯相让，就连观音都劝不住。

站在旁观者角度，你觉得唐僧作为本次复盘会的召集人和主持人，他做错了什么？（答案与解析见本章总结）

A. 要想做好复盘，需要具备合适的条件，唐僧没有鼓励大家畅所欲言。

B. 唐僧没有创造出鼓励大家坦诚表达的氛围。

C. 唐僧没有定好基调，帮助大家保持开放的心态来参与复盘会。

D. 没有秉持实事求是的原则，鼓励大家互相进行人身攻击。

E. 大搞一言堂，不听他人意见，全程都想掌控会议。

一、有则改之，复盘心法的常见误区

所有工具的成功应用都离不开心法，复盘之术若只学框架不修心法，极易陷入四大误区，就像张无忌初练乾坤大挪移时稍有不慎便会气血逆行。

（1）**自欺欺人式复盘**：选择性失明的认知陷阱。自己骗自己，为了证明自己正确，拼凑资料，只选择有利于自己的证据来印证个人观点，对不利于自己的内容只字不提。

柯达发明了第一台数码相机却选择雪藏技术，在胶片时代末期的复盘会议上，高管们反复论证"消费者更爱胶卷的质感"，对数码技术席卷市场的证据视而不见，最终错失数字化时代的绝佳机会。

（2）**形式主义复盘**：无头苍蝇式的表面功夫。流于形式，走过场，为了复盘而复盘，上来就直奔改进计划，但由于根本没抓到问题的本质，做出来的计划就是铁拳打棉花——抓不到重点。

某跨国集团要求中国区的每个项目都必须完成 60 页复盘报告，结果团队将时间都花在美化 PPT 模板上，最终在激烈的市场竞争中黯然退出。正如当年惠普 130 亿美元收购 Autony 的灾难性决策，复盘时只顾罗列财务数据，却忽视了企业文化的水土不服，最终造成收购工作折戟沉沙。

（3）**"批斗会"式复盘**：责任不在我方的互噬游戏。追究责任，开"批斗会"，互相甩锅，唯恐被牵连。复盘会上，全程吐槽他人，刀口向外，揪住他人的纰漏不放，甚至上升到人格攻击。或者将责任归因于外部，强调客观条件，推卸责任，例如，将项目延期归结于客户需求多变，将销售收入下降归结于外部经济环境不好等。

1986 年，"挑战者"号航天飞机事故复盘时，工程师与管理人员陷入"O 型环供应商责任和发射决策责任"的拉锯战，最终不得不单独成立项目组来协调项目复盘工作。真正的高手从不会说"这招太极拳你没学好全怪你资质差"，因为推诿责怪不能解决项目的任何问题。

特斯拉的"事故解剖室"实践值得每位管理者借鉴：每当自动驾驶系统出现误判，工程师会将事故场景全息投影在环形剧场，所有人必须从环境感知、算法决策到硬件响应进行逐帧推演，绝不允许出现"这归摄像头部门管"的甩锅话术。这种既保留原始数据，又打破思维定式的复盘，正是现代商战的"神功心法"。

（4）**经验主义复盘**：刻舟求剑的思维定式。有些经验丰富的人在复盘时，习惯用旧有的经验来解决新问题，大搞一言堂，不给他人留发言机会，着急表达完观点就散会大吉。

2000 年的百视达坐拥 9000 家线下门店，市值最高达 30 亿美元。当 Netflix（网飞）以"订阅制+邮寄 DVD"模式切入市场时，百视达 CEO

吉姆·凯斯在董事会上嗤笑其模式，认为这种挑战实属"蚍蜉撼大树"。然而，Netflix 接下来的一连串动作打得百视达再也笑不起来。

1）取消滞纳金，破除传统租赁枷锁。

2）用《纸牌屋》独创"数据驱动内容生产"心法吸引融资（用户观看数据决定投资方向）。

3）开发自适应码率技术，增加用户观影体验，保证用户在任何网络环境都能流畅观影。

这三招组合拳帮助 Netflix 短期内获得了大量付费客户，最终成功坐上流媒体视频订阅霸主的宝座，而百视达则黯然退出这场激烈的竞争，逐渐消失在大众视野中。

二、缺一不可，复盘的成功要素

在一次干部培养项目中，负责战略研讨设计的我，常常与高管们打交道，讨论框架和流程。在每次的项目例会上，我偶尔会提到高管的名字，结果有一次因为这件事让我陷入了麻烦。

那天，项目经理再次强调了项目进度汇报的要求。可问题是，这个要求与高管的日程安排有些冲突，我心里一紧，决定当场问一句："这个要求有弹性空间吗？"没想到，这句话一下子点燃了项目经理的怒火。他当场指责我搞特殊，拿领导的鸡毛当令箭，气氛瞬间变得紧张起来。

当我们冷静下来再回头看这场冲突时，虽然我的出发点是好的，但项目经理却误解了我的意图，以为我在指责他的安排，想要抢风头。他对此非常不满，毕竟他希望能牢牢掌控项目，而我无意中的一问，恰好触动了他的神经，导致了这场不愉快的对峙。

这次冲突让我体会到了在项目复盘中，心态的重要性。所以在后续的项目复盘中，我都会有意识地建设项目复盘氛围，保证复盘在适宜的土壤中进行。行业实践表明，复盘成功有以下七个关键要素：

（1）**开放心态**。就是在复盘时：

- 避免因欠考虑而把要通知、要奖励的人遗漏。
- 谨慎地避免隐瞒事实。
- 认真聆听，同理倾听，发现与会人员异常的情绪。
- 定期与你的团队有互动，寻求反馈。
- 接纳与会人员的情绪，确保高效产出。
- 鼓励团队发表不同意见，允许批评意见。

此外，复盘主持人或负责人对"开放的方式"要敏感，注意言语的表达方式，如：

- 以"我还有"代替"我只有"。
- 以"是的，同时"代替"是的，但是"。

（2）**坦诚表达**。我们的任何语言和行为，都传递了思想和情绪，蕴藏着能量，从而影响他人的行为和绩效，坦诚表达就是：

- 用身体去感觉情绪，为情绪命名。
- 勇于说出自己的情绪感受。
- 理解他人的感受和情绪。
- 有时，你需要把抱怨变为请求，比如，某位同事平时讲话太啰唆，你可以尝试说"我们尽量高效发言，把握时间"。
- 有时，你需要敢于拒绝，勇敢地说"不"，不要委屈自己的内心去承担不属于自己的工作。

（3）**实事求是**。不要让自己太过陷入故事情节，即那些看似真实但从逻辑上看讲不通、非事实并夹带了太多自己的个人感受的情节。

- 展示真相——任何人都毋庸置疑的事情，如营销数据、人员数量等。
- 复盘时要区分个人表达的是"真相"而不是"故事情节"。
- 尽量以数据化、可视化的形式呈现你的结论/分析。

（4）**集思广益**。破旧立新，邀请局外人或新伙伴发表非主流看法，尽一切可能去承认少数派的观点并加以讨论。

- 团队研讨，可以采用团队共识法、世界咖啡法、头脑风暴、六顶思考帽等方法。
- 复盘时，再次回顾那些被抛弃的方案，探寻新的可能。
- 考虑意见相左的方案，请成员扮演"异见者"角色。

（5）**反思自我**。转换我们的角色，保持适度回应的能力，反思自我主要包括以下四步：

第一步，接受现实，想象一个有吸引力的结果。

第二步，表达感谢，关注共同的利益。

第三步，问问自己："我在这里是什么角色"。

第四步，向前看、向内转，将注意力转移到目标上。

（6）**刨根问底**。深度剖析，切勿浅尝辄止，真正找到可被复用的方法，以及问题的本质。成功时，向外看，多找客观原因；失败时，向内看，多找主观原因。

（7）**重在行动**。所有的复盘，最终都要落实到行动上，我们既不能一蹴而就、跳过其他步骤直接找行动，那样会陷入只见树木不见森林的尴尬，又不能停留在议而不决，只有口号没有行动是复盘的大忌。多问问以下三个问题并针对性地进行"为—事—人"的调整：

- 方法对不对？
- 人对不对？
- 事情本身对不对？

表6-4为评估项目整体复盘的评分表，在组织团队复盘时，负责人可以据此评估本次复盘是否达到预期目标，反思后续的改进方向。

表6-4 复盘评分表及说明

层级	评分项目	具体要求
1	不合要求	未看出学以致用的复盘方法论，修改、优化复盘报告
2	基本达标	复盘报告整体结构完整，内容翔实，基本符合复盘模板的要求
3	逻辑思路	各步骤之间，复盘报告各页之间，有逻辑关联，复盘思路清晰
4	抓住重点	能从结果评估中找到主要的正负向差距，作为复盘重点，在分析时围绕重点展开
5	数据分析	回顾目标和评估结果用数据量化，分析原因用数据说话
6	事在人为	分析原因找到"人"和"为"，即使是客观原因也能反思到自己的"为"，后续举措也落实到"人"和"为"
7	解决问题	回顾目标、回顾过程以及分析原因时，发现的影响目标达成的问题，在举措中都有解决方案
8	迭代攻略	复盘后的经验教训，纳入达成目标的攻略中，持续迭代
9	目标分解	后续的目标，有分解，分解合理
10	举措落地	后续达成目标的举措，看起来围绕目标达成展开，且能支撑目标达成，具有可行性

注：1. 评分说明：第1项，为不符合要求，直接获得总分，不超过6分（及格分）；第2项，为基本达标，符合要求，可获得6分（及格分）。

2. 第3-10项，共8项，每项符合可得0.5分，叠加第2项的6分，即为学员的总分；如8项都符合，加上6分及格分可得满分10分。

本章总结

（1）为什么复盘？复盘的缘起与价值：调整"为—事—人"，长本事，提业绩，达目标。

（2）复盘是什么？"修身、齐家、治国、平天下"的利器。

（3）复盘怎么做？

- 个人复盘用好三问。
- 项目复盘走好四步，重在调整"为—事—人"。
- 整体复盘着重得失分析，总结经验教训，沉淀方法论。
- 复盘心法掌握七个关键要素，避免掉"坑"。

附：本章各节作业参考答案

第四节 第十五回答案

答案 [B]。显然，会议出现混乱是由于唐僧没有在会议开始时说清楚，要求大家本着帮助他人成长的出发点来坦诚表达。其他选项都只说对了一半。

尾声
项目管理一指禅

"一指禅"的故事来自中国禅宗，禅宗是不限于借用言语文字传道的。六祖慧能以后有一位大禅师，名叫"俱胝禅师"，有人问他什么是"道"，他回答得很简单，每次都是举起一根食指示人，说道："就是这个！"这个是什么？谁也不知道，可问他的人却懂了，悟了道。

有一次大禅师出门了，不在家，一个跟了他很多年的小沙弥在守庙。这天有个人来找大禅师，小沙弥说师父不在，你要问道问我好了。问道的人便请小沙弥告诉他什么是道，小沙弥学着师父的模样，举起一根食指向那个问道的人说："这个！"那个问道的人很高兴，跪下来叩头，因为问道的人真懂了，悟了道。

等师父回来了，小沙弥把这件事原原本本地告诉了师父。师父听完进了门。一会儿背着手出来，要小沙弥再说他怎样向人传道，小沙弥再比画着伸出一根食指说："这个！"师父放在背后的手一挥，手上拿了一把利刃，将小沙弥的那根食指砍断了。小沙弥手指被砍，大叫一声："唉哟！"这时候，师父再问他："什么是道？"小沙弥习惯性地伸出食指说："这个"，但此时他已经没有了食指。小沙弥却突然大悟，原来这就是"道"。

曾几何时，我在接手项目时，总是忍不住幻想着能找到"项目管理之道"，以为唯有如此才可以高枕无忧，项目前途才会一片光明。直到十几年过去，我才发现哪里有什么"银弹"！就如禅宗的"一指禅"故事那样，所谓"如是我闻"，看到的就是"道"，听到的就是"道"。敢问项目之路在哪里？经过了一次次的摸爬滚打，我才发现道在脚下，在眼里，更在心里。

终于在有一日，跳出项目的千丝万缕再回看来时路，我才有了醍醐灌

321

顶的领悟，原来，所谓"项目管理一指禅"，也无外乎凝练成了24个字：

- **追问目的**：探寻项目目的，追问项目发起人的目的，设计项目目标。
- **全面推演**：凡事预则立，项目的落地是建立在全面推演、制订计划的基础上的，有预案才有执行。
- **标杆打样**：最难的项目任务交给能力与意愿最强的人去执行，打好样才能做好经验复用，也才能完成项目的重点事项。
- **监控节点**：接口多风险，节点是监控重点，人与人之间的任务衔接，工作之间的咬合，人与事情之间的交互，都是节点。
- **过程激励**：阶段成果需要巩固，项目绩效要评估，过程中要及时激励团队成员，才能一鼓作气达成目标。
- **及时复盘**：要及时做项目复盘，传承经验，凝练方法，将高绩效变成组织级的能力。

在方法论之下，构建"人—时—事"的三维视角，既能躬身入局，又能做旁观者清，按照图1的项目管理"作战地图"开展工作，才能一路过关斩将，修得正果。

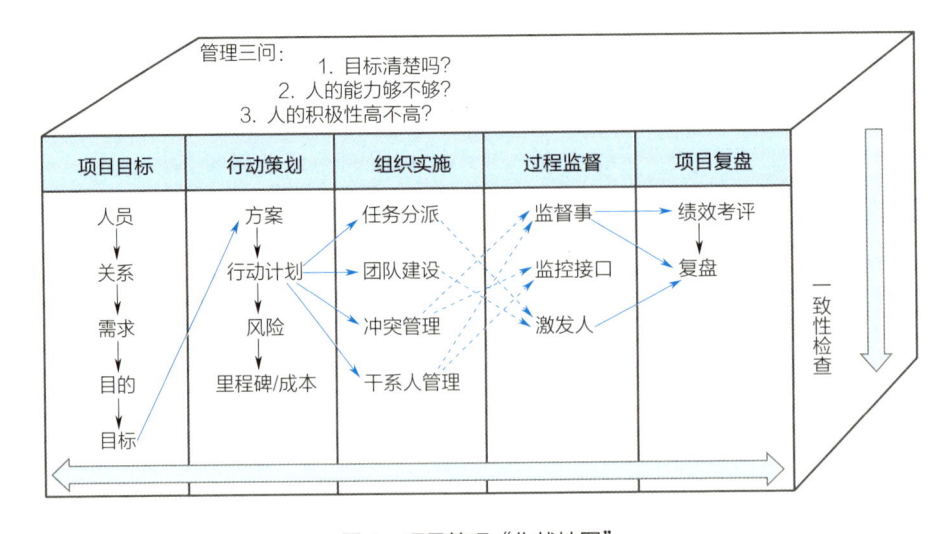

图1 项目管理"作战地图"

附录
项目管理常用模板

附录1　项目策划书/任务书

项目策划书/任务书				
一、项目基本情况				
项目名称		项目编号			
制作人		审核人			
项目经理		制作日期			
二、项目描述				
1.项目背景与目的（所有的项目均起始于某个商业问题，该部分简要描述这些问题）				
2.项目目标（包含质量目标、工期目标、费用目标和交付产品特征的主要描述）				
三、项目里程碑计划（包含里程碑的时间和成果）				
四、评价标准（说明项目成果在何种情况下将被接受）				
五、项目假定与约束条件（说明项目的主要假设条件和限制性条件）				
六、项目主要干系人（包括高管、客户、职能部门主管、供应商、项目赞助人、项目经理、项目组成员等）				
姓名	类别	部门	职务	

附录2 项目干系人登记册

项目干系人登记册

姓名	部门	职务	对项目的期望	利益（用1~10分描述）	权力（用1~10分描述）	影响力（用1~10分描述）	参与度状态（当前）	参与度状态（期望）	优先级	管理策略

附录 3 WBS 及任务分工表

WBS 及任务分工表

一、项目基本情况

项目名称		项目编号	
制作人		审核人	
项目经理		制作日期	

二、工作分解结构（R, 执行人；A, 负责人；C, 咨询人；I, 被通知人）

分解代码	任务名称	包含活动	工时估算	人力资源	其他资源	费用估算	工期	张三	李四	王五	赵六	吴七
1.1												
1.2												
1.3												
2.1												
2.2												
2.3												

附录4 项目进度计划表

项目进度计划表

一、项目基本情况

项目名称		项目编号	
制作人		审核人	
项目经理		制作日期	

二、项目进度表

周	0					1							2				责任人	关键里程碑
任务	7.8	7.9	7.10	7.11	7.12	7.13	7.14	7.15	7.16	7.17	7.18	7.19	7.20	7.21	7.22		

附录 5 项目风险管理表

项目风险管理表

一、项目基本情况

项目名称		项目编号	
制作人		审核人	
项目经理		制作日期	

二、项目风险管理

风险发生概率的判断准则：

- 高风险：> 60% 发生风险的可能性
- 中风险：30%~60% 发生风险的可能性
- 低风险：< 30% 发生风险的可能性

序号	风险描述	发生概率	影响程度	风险等级	风险应对计划	责任人	开放/关闭
1							
2							
3							
4							
5							

附录6 项目沟通计划表

项目沟通计划表

一、项目基本情况

项目名称		项目编号	
制作人		审核人	
项目经理		制作日期	

二、项目沟通计划

干系人	所需信息	时间频率	方式	责任人

附录7　项目状态报告表

项目状态报告

一、项目基本情况

项目名称		项目编号	
制作人		审核人	
项目经理		制作日期	
当前项目状况	□ 按计划进行	□ 比计划提前	□ 落后计划
汇报周期			

二、当前任务状态（简要描述任务进展情况）

关键任务	状态指标	状态描述

三、本周期内的主要活动（对本周期内的主要交付物进行总结）

四、下一个周期的活动计划（描述活动需要与项目计划，和 WBS 相对应）

五、财务状况

六、上期遗留问题的处理（说明上一个汇报周期内问题的处理意见和处理结果）

七、本期问题与求助（说明本次汇报周期内需要解决的问题和需要寻求的帮助）

附录8　项目变更管理表

项目变更管理表					
一、项目基本情况					
项目名称				项目编号	
制作人				审核人	
项目经理				制作日期	
二、历史变更记录					
序号	变更时间	涉及项目任务	变更要点	变更理由	申请人	审批人
1						
2						
三、请求变更信息（建议的变更描述以及参考资料）					

1. 申请变更的内容

2. 申请变更的原因

四、影响分析			
受影响的基准计划	1. 进度计划	2. 费用计划	3. 资源计划
是否需要成本/进度影响分析？	□是		□否
对成本的影响			
对进度的影响			
对资源的影响			
变更程度分类	□高	□中	□低
若不进行变更有何影响			
申请人签字		申请日期	
五、审批结果			
审批意见		审批人		日期	

附录9　项目总结复盘表

项目总结复盘表

一、项目基本情况

项目名称		项目编号	
制作人		审核人	
项目经理		制作日期	

二、项目完成情况总结

1. 时间总结

开始时间		计划完成日期		实际完成日期	

时间（差异）分析

2. 成本总结

计划费用		实际费用	

成本（差异）分析

3. 交付结果总结

计划交付结果

实际交付结果

未交付结果

交付结果（差异）分析

三、项目经验、教训总结

签字	日期

致谢

"十年磨一剑,霜刃未曾试。"十多年前初入培训圈,在领导的鼓励与期许下,在优秀同侪的激发下,我曾立志要写一本专业书籍,这颗梦想的种子一播就是十年。对于做教育的人而言,教学相长,写书是一种鞭策和激励,是绝佳的自我反思与学习方式。自从下定决心写书之后,我就开始有意识地为自己的书籍积累素材,收集案例,反思方法,而今终于到了瓜熟蒂落的时刻,十年的心血化作墨香付梓。

写书过程着实不易,虽不至于悬梁刺股,但熬夜、加班、赶工是家常,纠结、质疑、迷茫更是便饭。在此,尤其感谢写作过程中给予我大力支持的同道好友:感谢张月强、钟东霖两位老师的倾情作序,感谢田俊国、程志超、范为英、钱勇、李磊、李宏兵等各位师友给予的大力推荐与恳切建议,感谢各位老同事与老朋友的热情鼓励,也感谢各位学员无私的案例分享。你们每个人的支持成就了书籍内容的精彩!

最后,还要由衷地感谢我的家人,感谢我的母亲刘女士帮我承担了一应家务,做好全家后援保障;感谢我的先生老马,无条件支持我的事业与工作选择;感谢我两位可爱的女儿乐乐和萱萱,她们让我有机会践行权变领导理论并领悟其精髓。道不远人,万事皆项目,家庭即修道场,在自我修行的路上,每个人都不孤单。